Elisabeth Schmutz

KINDER PSYCHISCH KRANKER ELTERN

Prävention und Kooperation von Jugendhilfe und Erwachsenenpsychiatrie

Eine Arbeitshilfe auf der Basis von Ergebnissen des gleichnamigen Landesmodellprojektes

Impressum

Elisabeth Schmutz
Kinder psychisch kranker Eltern
Prävention und Kooperation von Jugendhilfe und Erwachsenenpsychiatrie
Eine Arbeitshilfe auf der Basis von Ergebnissen des gleichnamigen Landesmodellprojektes

ISBN 978-3-932612-39-8

Institut für Sozialpädagogische Forschung Mainz e. V. (ism)
Flachsmarktstraße 9
55116 Mainz
06131 24041 0
www.ism-mainz.de

Gestaltung:
ansicht kommunikationsagentur, Haike Boller, Wiesbaden
www.ansicht.com

Foto:
istockphoto

Mainz 2010

Herstellung:
Books on Demand GmbH, Norderstedt

Inhaltsverzeichnis

1. Einführung

Kinder psychisch erkrankter Eltern sind als Zielgruppe der Kinder- und Jugendhilfe, aber auch der (Gemeinde-)Psychiatrie in den vergangenen Jahren stärker ins Blickfeld gerückt. Dazu haben verschiedene Forschungsarbeiten in beiden Handlungsbereichen ebenso beigetragen wie das Engagement von betroffenen, inzwischen erwachsenen Kindern psychisch erkrankter Eltern und auch für das Thema sensibilisierten Fachkräften (vgl. Lenz 2005, Lenz 2008, Mattejat/Lisofsky 2008, Schone/Wagenblass 2002, Schone/Wagenblass 2006).

Wie verschiedene Untersuchungen zeigen, ist die Anzahl psychisch erkrankter Eltern sowie der zu ihnen gehörenden Kinder beachtlich. So wird davon ausgegangen, dass circa ein Viertel der stationär behandelten psychisch erkrankten Erwachsenen Kinder hat (Lenz 2005, S. 46). Im Jahr 2002 haben bundesweit 591.608 Patientinnen und Patienten zwischen 20 und 55 Jahren eine stationäre psychiatrische Behandlung beendet (Bundesamt für Statistik 2004). Dies bedeutet, dass ungefähr 150.000 Väter und Mütter stationär behandelt wurden. Es ist also anzunehmen, dass allein von einer stationären psychiatrischen Behandlung eines Elternteils in einem Jahr mindestens 150.000 Kinder betroffen sind. Pretis und Dimova gehen insgesamt von 500.000 unter 18-Jährigen aus (Pretis & Dimova 2004), die mindestens einen psychisch erkrankten Elternteil haben. Dem 13. Kinder- und Jugendbericht zu Folge sind sogar „1,6 Mio. Minderjährige in Deutschland vom Erleben psychischer Krankheit bei einem oder bei beiden Elternteilen betroffen“ (BMFSFJ 2009, S. 108). Genaue Zahlen sind allerdings schwer zu ermitteln, da nicht alle Menschen, die unter einer psychischen Erkrankung leiden, eine entsprechende Behandlung in Anspruch nehmen.

Weiter zeigen Forschungsarbeiten, dass Kinder psychisch erkrankter Eltern einem erhöhten Risiko unterliegen, selbst psychisch zu erkranken (vgl. bspw. Remschmidt/Mattejat 1994). Dabei ist die Art und Angemessenheit der Krankheitsbewältigung durch die Eltern ein wesentlicher Einflussfaktor (vgl. Lenz 2008). Gleichzeitig kann festgehalten werden, dass – wie schon im 10. Kinder- und Jugendbericht 1998 beschrieben – bestehende Hilfeangebote für die betroffenen jungen Menschen und deren Familien unzureichend ausgestaltet sind und die Folgen der psychischen Erkrankung eines Elternteils für die Kinder zumeist unberücksichtigt bleiben. So spielt trotz des in den letzten Jahren erheblichen Umbaus in der Jugendhilfe, hin zu bedarfsgerechteren, ambulanten und lebensweltorientierten Angeboten und Konzepten, das Thema „psychische Erkrankung von Eltern" immer noch eine marginale Rolle.

Hinzu kommt, dass bedarfsgerechte (präventive) Hilfesysteme und Unterstützungsstrukturen wenig entwickelt sind und aufgrund der fehlenden frühzeitigen Angebote die Einbindung der Kinder- und Jugendhilfe oftmals erst in Krisensituationen erfolgt. Immer deutlicher wird, dass hier eine Lücke in der sozialen Infrastruktur besteht, die Folgeprobleme für die betroffenen jungen Menschen und ihre Eltern, aber auch für die Leistungen im psychiatrischen Bereich und in der Kinder- und Jugendhilfe nach sich zieht. Zugleich ist für die Kinder- und Jugendhilfe festzustellen, dass der Umgang der Fachkräfte mit psychisch erkrankten Elternteilen und deren Kindern oftmals von Unsicherheit geprägt ist. Hier bestehen deutliche Qualifizierungsbedarfe, um mehr Handlungssicherheit zu gewinnen.

In Rheinland-Pfalz ist das Thema „Kinder psychisch kranker Eltern" bereits ab Mitte der 1990er Jahre verstärkt ins Blickfeld gerückt. So hat das Land Rheinland-Pfalz schon in den Jahren 1997 bis 1998 im Landkreis Birkenfeld ein Projekt mit dem Ziel unterstützt, effektive regionale Kooperationsstrukturen zu schaffen, „um den betroffenen Kindern und ihren Familien individuelle Hilfen zugänglich zu machen" (Lisofsky/Schmitt-Schäfer, 2006, S.19). Ergebnis dieses Projektes war ein von Akteuren aus Jugendhilfe und Psychiatrie gemeinsam entwickeltes Manual zur Risikoeinschätzung. Dieses soll die Fachkräfte beider Professionen in die Lage versetzen, genauer einschätzen zu können, wie groß das Risiko für die betroffenen Kinder ist, selbst zu erkranken oder andere Beeinträchtigungen zu erfahren (ebd.).

Mit dem Landesmodellprojekt „Kinder psychisch kranker Eltern. Prävention und Kooperation von Jugendhilfe und Erwachsenenpsychiatrie" wurde ein weiterer Rahmen geschaffen, um konkrete Handlungsansätze zu entwickeln. Die in diesem Kontext gewonnenen Erkenntnisse werden mit der vorliegenden Arbeitshilfe präsentiert sowie Fach- und Leitungskräften in Psychiatrie und Jugendhilfe zur Umsetzung zur Verfügung gestellt. Um Verstehen und Nachvollziehbarkeit zu erleichtern, wird im Folgenden das Landesmodellprojekt hinsichtlich Gegenstand, Fragestellung, Zielsetzung und Vorgehensweise skizziert. Im Anschluss daran wird der Aufbau dieser Arbeitshilfe vorgestellt, so dass auch eine zielorientierte und selektive Nutzung einzelner Ergebnisse möglich wird.

1.1 Zum Landesmodellprojekt „Kinder psychisch kranker Eltern"

Das Landesmodellprojekt „Kinder psychisch kranker Eltern. Prävention und Kooperation von Jugendhilfe und Erwachsenenpsychiatrie" wurde seitens des MASFG (später MASGFF) in Auftrag gegeben und in der Zeit von Mai 2006 bis Dezember 2008 vom Institut für Sozialpädagogische Forschung Mainz e. V. (ism) in Kooperation mit drei Modellstandorten in Rheinland-Pfalz durchgeführt. Gegenstand des Landesmodellprojektes war die Zielgruppe der Kinder psychisch erkrankter Eltern mit ihrer spezifischen Lebenssituation, den darin enthaltenen Bewältigungsanforderungen und Unterstützungsbedarfen. Um geeignete Hilfeansätze entwickeln zu können, sollte diese Zielgruppe zunächst sowohl quantitativ als auch qualitativ eingehender beschrieben werden. Außerdem sollte der Frage nachgegangen werden, welchen Hilfe- und Unterstützungsbedarf die Kinder und ihre Eltern für sich selbst sehen, was sie als hilfreich erleben und was für sie weniger zugänglich ist. Zudem sollten zu diesem Themenkomplex die Einschätzungen der Fachkräfte in Jugendhilfe und Erwachsenenpsychiatrie eingeholt werden. Darüber hinaus sollte herausgearbeitet werden, welche Kooperationspartner für die Entwicklung angemessener Unterstützungsstrukturen für Kinder psychisch erkrankter Eltern wesentlich sind, welche Kooperationsstrukturen es bereits gibt, wie diese bedarfsorientiert weiterqualifiziert werden können und welche neu erschlossen werden müssen.

Mit diesem Landesmodellprojekt wurde eine doppelte Zielsetzung verfolgt. Zum einen sollte die Kooperation von Jugendhilfe und Psychiatrie gestärkt, ausgebaut und weiterentwickelt werden. Zum anderen sollten entlang der spezifischen Bedürfnisse der Kinder und ihrer psychisch erkrankten Eltern bedarfsgerechtere Hilfen und Angebote entwickelt werden. Dabei sollte ein besonderer Fokus auf frühzeitige, niedrigschwellige und präventive Ansätze gelegt werden.

Fragestellung und Zielsetzung des Projektes erforderten zunächst eine Bestandsaufnahme und Bedarfsanalyse durchzuführen. Hierzu wurde ein mehrdimensionales und methodenplurales Vorgehen gewählt. So wurde zum einen eine Zielgruppenanalyse in den beteiligten Kliniken der Erwachsenenpsychiatrie, den Jugendämtern, den Kinder- und Jugendpsychiatrien und den Erziehungs- bzw. Lebensberatungsstellen durchgeführt. Mit diesem Zugang sollten der Umfang der Zielgruppe sowie zentrale Merkmale bestimmt werden. Zum anderen wurden Expertinneninterviews mit Fach- und Leitungskräften in Jugendhilfe und Erwachsenenpsychiatrie geführt. Gegenstand dieser Interviews war sowohl die Kooperation zwischen den beiden Leistungsbereichen als auch die spezifische Bedarfslage von Kindern psychisch erkrankter Eltern sowie bewährte und auch fehlende Angebote. Dabei wurde gezielt nach den Erfahrungen und Einschätzungen der Fach- und Leitungskräfte gefragt. Neben den Fachkräften sollten auch die Kinder selbst und psychisch erkrankte Eltern gehört werden. Kinder wurden im Rahmen von fünf Einzelinterviews im face-to-face-Kontakt zu ihrem Erleben befragt. Mit betroffenen Eltern wurde an jedem Standort ein Gruppeninterview durchgeführt.

Als weiterer Zugang der Bestandsaufnahme wurde eine Erhebung aller bisher in Rheinland-Pfalz bestehenden Angebote für Kinder psychisch erkrankter Eltern durchgeführt. Diese Erhebung wurde zum Ende des Projektes noch einmal wiederholt und die Ergebnisse in einem Projekteatlas zusammengeführt. Der Projekteatlas steht unter **www.ism-mainz.de** zum Download zur Verfügung.

Sämtliche Ergebnisse der Bestandsaufnahme wurden sowohl in der projektbegleitenden Steuerungsgruppe als auch in den Modellstandorten vorgestellt und diskutiert. Auf dieser Basis wurden dann geeignete Ansatzpunkte für die Weiterentwicklung der Kooperation zwischen Jugendhilfe und Erwachsenenpsychiatrie sowie für konkrete Unterstützungsangebote für die betroffenen Kinder und ihre Eltern herausgearbeitet.

1.2 Zum Gebrauch dieser Arbeitshilfe

Die vorliegende Arbeitshilfe gliedert sich in drei Abschnitte. So werden in einem ersten Teil zentrale fachliche Erkenntnisse aus Wissenschaft und Forschung zur Zielgruppe Kinder psychisch erkrankter Eltern aufgezeigt. Im zweiten Teil werden die im Verlauf des Landesmodellprojektes erarbeiteten praktischen Handlungsansätze ausführlich beschrieben. In einem dritten Teil werden schließlich die Ergebnisse der Bestandsaufnahme differenziert nach den einzelnen methodischen Zugängen vorgestellt. Um eine zielorientierte Nutzung des gesamten Materials zu erleichtern, sollen die inhaltlichen Schwerpunktlegungen hier im Überblick skizziert werden.

Die fachliche Einführung zum Forschungsstand (Kapitel 2) fokussiert auf spezifische Merkmale in der Lebenssituation von Kindern psychisch erkrankter Eltern und daraus resultierende Anforderungen an geeignete Unterstützungsstrukturen. Dazu wird zum einen der Wissensstand der Forschung zusammengefasst. Zum anderen wird aufgezeigt, welche weiterführenden Erkenntnisse im Zuge des Landesmodellprojektes gewonnen werden konnten. In diesem Teil finden sich wesentliche inhaltliche Begründungslinien für die anschließend dargestellten Handlungsansätze.

Der zweite Teil umfasst sämtliche handlungsorientierten Projektergebnisse. Diese sind nach inhaltlichen Aspekten gegliedert:

- **Geeignete Handlungsstrategien zur Implementierung und Weiterentwicklung der Kooperationsstrukturen zwischen Jugendhilfe und Erwachsenenpsychiatrie:** Hier werden zum einen die im Projektverlauf entwickelten Kooperationsstrukturen beschrieben und hinsichtlich ihrer Übertragbarkeit für andere Standorte reflektiert. Außerdem werden konkrete Handlungsansätze zur Stärkung der Kooperation im Einzelfall wie auch auf der fallübergreifenden Ebene vorgestellt. Um den Transfer in andere Kontexte zu erleichtern werden dazu konkrete Maßnahmen vorgeschlagen. (Kapitel 3)
- **Erkenntnisse und konkrete Maßnahmen, die die Sensibilisierung für die Situation der Kinder fördern:** Hier werden entwickelte Leitfragen und Handlungsansätze hinsichtlich ihrer zentralen Inhalte vorgestellt und fachlich eingeordnet. Die in diesem Zusammenhang erarbeiteten Instrumente werden beschrieben und hinsichtlich der intendierten Nutzung erläutert. An dieser Stelle wird u. a. ein Leitfaden für die Aufnahme in den Kliniken sowie ein Informationsflyer für Eltern vorgestellt. Außerdem werden in einem Exkurs relevante Aspekte zu psychischer Erkrankung und Kindeswohlgefährdung reflektiert. (Kapitel 4)
- **Möglichkeiten niedrigschwelliger Hilfen für Kinder psychisch erkrankter Eltern:** Hier werden zunächst die im Projektverlauf gewonnenen Erkenntnisse hinsichtlich der spezifischen Anforderungen an die Gestaltung von bedarfsgerechten Hilfeangeboten und Unterstützungsstrukturen beleuchtet. Im Anschluss daran wird auf das Angebot der Eltern-Kind-Gruppe genauer eingegangen. Zudem werden die Möglichkeiten und Grenzen von Patenschaften für betroffene Kinder ausgelotet sowie Ansätze für niedrigschwellige Beratungsangebote aufgezeigt. (Kapitel 5)

- **Zentrale Finanzierungsfragen:** Die im Projektkontext erarbeitete Synopse zu Finanzierungsmöglichkeiten nach den Sozialgesetzbüchern V, VIII, IX und XII wird hier vorgestellt und kommentiert. Anschließend werden Möglichkeiten der Mischfinanzierung geprüft und mögliche Entwicklungslinien aufgezeigt. (Kapitel 6)
- **Empfehlungen zur Weiterentwicklung der bestehenden Hilfeangebote und zur Stärkung der sozialen Infrastruktur für psychisch erkrankte Eltern und ihre Kinder:** Im Sinne einer Zusammenfassung werden die zentralen Ansatzpunkte für die Verbesserung der Unterstützungsstruktur für diese Zielgruppe hier gebündelt. Dabei werden auch notwendige Rahmenbedingungen und Voraussetzungen für die gelingende Umsetzung aufgezeigt. (Kapitel 7)

In Kapitel 8 werden schließlich – im Sinne einer Vertiefung – die Ergebnisse der Bestandsaufnahme zur Situation von Kindern psychisch erkrankter Eltern an den drei Modellstandorten entlang der oben aufgezeigten methodischen und inhaltlichen Zugänge ausführlicher beschrieben. Auf Grund der Anlage des Projektes begrenzen sich die gewonnenen Daten zunächst auf den Bereich der Modellstandorte. Um ihre Aussagekraft zu stärken, werden sie darum soweit möglich zu Befunden anderer Untersuchungen in Bezug gesetzt. Auf dieser Basis lassen sich eine Reihe von Begründungssträngen für die zuvor skizzierten Unterstützungsstrukturen für Kinder psychisch erkrankter Eltern und ihre Familien gewinnen. Auch können diese Ergebnisse als Bezugspunkte für weitere fachliche Entwicklungs- und Planungsprozesse dienen.

1.3 Dank

Die Erkenntnisse des Landesmodellprojektes wären ohne die Mitwirkung einer Vielzahl von Akteuren nicht zu erreichen gewesen. Darum sei an dieser Stelle allen Fach- und Leitungskräften, betroffenen Eltern und jungen Menschen ein herzliches Dankeschön gesagt.

Die Modellstandorte waren Stadt und Landkreis Bad Kreuznach, Stadt Ludwigshafen sowie der Rhein-Hunsrück-Kreis. An allen drei Standorten wurde ein Gremium mit Vertreterinnen und Vertretern der im Projekt zu beteiligenden Institutionen und Einrichtungen etabliert. Dazu gehörten

- **für den Bereich der Jugendhilfe:** das örtlich zuständige Jugendamt, mindestens ein leistungserbringender Träger der Jugendhilfe, eine Erziehungs- oder Lebensberatungsstelle;
- **für den Bereich der Psychiatrie:** die jeweils örtlich zuständige Erwachsenen- sowie Kinder- und Jugendpsychiatrie (Klinik), Einrichtungen und Dienste der Gemeindepsychiatrie (Sozialpsychiatrischer Dienst, Betreutes Wohnen, Tagesstätte u. ä.);
- **Sonstige:** Suchtberatungsstellen, Sozialpädiatrische Zentren, eine niedergelassene Kinder- und Jugendpsychiaterin, ein Kinderarzt und ein Betreuungsverein.

Zudem gab es eine Steuerungsgruppe, in der neben einzelnen Vertreterinnen und Vertretern der drei Standorte aus Psychiatrie und Jugendhilfe auch Vertreterinnen und Vertreter des MASGFF und des ism beteiligt waren. Die Aufgabe der Steuerungsgruppe war die kontinuierliche Begleitung des Gesamtprojekts. Hier wurden die weiteren Projektschritte zwischen den Standorten abgestimmt, die verschiedenen Ergebnisse zusammengetragen sowie mit Blick auf den landesweiten Transfer ausgewertet.

Das Projekt wurde außerdem von Prof. Dr. Albert Lenz vom Deutschen Netzwerk für seelische Gesundheit sowie von Dr. Mike Seckinger vom Deutschen Jugendinstitut in München begleitet. Dies geschah im Rahmen von halbjährlichen Treffen mit dem ism zum fachlichen Austausch bezüglich des Projektverlaufes einerseits und aktuellen bundesweiten Entwicklungen zum Thema „Kinder psychisch kranker Eltern“ andererseits.

Ein herzliches Dankeschön gilt last but not least allen Mitwirkenden an den Erhebungsschritten der Bestandsaufnahme (Zielgruppenanalyse, Interviews). Ein besonderer Dank gehört dabei den Eltern und jungen Menschen, die sich ebenfalls für Interviews zur Verfügung gestellt haben, und uns damit wichtige Einblicke in ihr Erleben gewährt haben.

2. Kinder psychisch erkrankter Eltern: Besonderheiten ihrer Lebenssituation und daraus resultierende Anforderungen an Unterstützungsstrukturen

Kinder psychisch erkrankter Eltern wachsen insofern unter besonderen Bedingungen auf, als sich aus der psychischen Erkrankung der Mutter bzw. des Vaters spezifische Belastungsfaktoren im alltäglichen Zusammenleben sowie in der Gestaltung von Erziehungs- und Entwicklungsprozessen ergeben. So sind mit der psychischen Erkrankung oftmals Beeinträchtigungen verbunden, die die betroffenen Eltern in der Wahrnehmung ihrer Erziehungsaufgaben einschränken. Außerdem gehen mit einer psychischen Erkrankung häufig weitere Belastungsfaktoren und psychosoziale Risiken einher, wie beispielsweise Arbeitslosigkeit, Armut, konfliktreiche familiäre Beziehungen, soziale Isolation etc. Wenn aber Belastungsfaktoren kumulieren, bedarf es nach den Erkenntnissen der Risikoforschung einer erhöhten Aufmerksamkeit für die Situation der Kinder. Dabei geht es insbesondere um die Frage, inwieweit und ggf. welche Maßnahmen zur Förderung des Kindeswohls angezeigt sind.

Neben den zu beachtenden Belastungen für das Aufwachsen von Kindern psychisch erkrankter Eltern konnte die Resilienzforschung eine Reihe von Faktoren aufzeigen, die Kinder und Eltern in der Bewältigung dieser Herausforderungen unterstützen. Dabei kommt im Hinblick auf die Kinder insbesondere unterstützenden Bezugspersonen sowie alternativen Erfahrungsmöglichkeiten eine besondere Bedeutung zu. Bezogen auf die Eltern stellt der Umgang mit der Erkrankung Dreh- und Angelpunkt für gelingende Bewältigungsprozesse dar.

Im Folgenden werden zentrale Erkenntnisse zu den Wesensmerkmalen psychischer Erkrankung, zu relevanten Auswirkungen auf die Gestaltung des familiären Alltags sowie zu geeigneten Anknüpfungspunkten für Unterstützungsstrukturen aufgezeigt. Damit wird zugleich ein fachlicher Bezugsrahmen für die Ergebnisse des Landesmodellprojektes „Kinder psychisch kranker Eltern. Prävention und Kooperation von Jugendhilfe und Erwachsenenpsychiatrie“ gesteckt, die in den nachfolgenden Kapiteln detaillierter ausgeführt werden.

2.1 Psychische Erkrankung: Wesensmerkmale und Ausmaß der Betroffenheit

Mit dem Begriff der psychischen Erkrankung[1] werden erhebliche Abweichungen im Erleben und Verhalten eines Menschen beschrieben, die Krankheitswert haben. Dabei kommt es zu Veränderungen im Denken, Fühlen und Handeln, unter denen der betroffene Mensch selbst leidet und/oder sein familiäres, berufliches und soziales Umfeld. Die Bestimmung als Krankheit steht in der Geschichte der Psychiatrie in engem Zusammenhang mit Erklärungsmodellen für ihre Entstehung und angemessene Behandlung. Heute wird weitgehend auf ein bio-psycho-soziales Modell Bezug genommen, das vom Zusammenwirken von biologischen, psychodynamischen, sozialen und gesellschaftlichen Faktoren ausgeht. Hinzu kommt die Annahme, dass eine besondere Verletzlichkeit gegeben sein muss, damit es zu einer psychischen Erkrankung kommt (Vulnerabilitätsmodell). „Das Zusammentreffen und Zusammenwirken ungünstiger Faktoren in Verbindung mit dieser Verletzlichkeit kann eine Erkrankung“ (Grabert 2007, S. 14) auslösen.

[1] Inzwischen wird an Stelle des Begriffs der Erkrankung eher der Begriff der Störung verwendet, um nach wie vor bedeutsamen Stigmatisierungsprozessen entgegen zu wirken. In Analogie zur Zielgruppenbezeichnung „Kinder psychisch erkrankter Eltern“ wird aber der Begriff der Erkrankung weiter genutzt.

Darüber hinaus bietet das Modell der Salutogenese (vgl. Antonovsky 1997) gerade auch für die Behandlung und Begleitung psychisch erkrankter Menschen bewältigungs- und ressourcenorientierte Perspektiven, an die Unterstützungsangebote für Kinder psychisch erkrankter Eltern anschließen[2]. Entgegen der herkömmlichen Dichotomisierung versteht Antonovsky Gesundheit und Krankheit als zwei Pole eines Kontinuums. Demnach gibt es kein Entweder-Oder, sondern vielmehr mehr oder weniger große Anteile von gesund und krank. Außerdem wird hier Gesundheit nicht als Normalstatus angesehen, sondern als ein Zustand, der immer wieder hergestellt werden muss. In diesem Prozess gilt es nicht allein die Risikofaktoren, sondern ebenso die positiven Wirkfaktoren herauszuarbeiten.

Auf dieses Modell der Salutogenese wird im Rahmen der Psychiatrie insbesondere im Zusammenhang mit chronischen psychischen Erkrankungen zurückgegriffen. So wird der Blick für die subjektive Seite und darin enthaltene Selbsthilfepotentiale geschärft. Dazu gehören sowohl individuelle Strategien, „die chronisch psychisch Kranke in ihrem Lebensalltag entwickelt oder (wieder)entdeckt haben, sowie (...) Gesundheitsressourcen, die ihnen in ihrem sozialen Umfeld zur Verfügung stehen, bzw. die sie für sich aktivieren und mobilisieren" (Grabert 2007, S. 19). Diese herauszuarbeiten, zugänglich und nutzbar zu machen, sind zentrale Aufgaben der Psychoedukation, das ist die Schulung der Betroffenen im Umgang mit ihrer Erkrankung. Dies gilt in besonderer Weise hinsichtlich des Zusammenlebens mit Kindern und der Wahrnehmung von Erziehungsverantwortung.

Psychische Erkrankungen sind heute keine Seltenheit. So geht eine Untersuchung an der TU Dresden davon aus, dass 27 % der EU-Bevölkerung im Verlauf ihres Lebens mindestens einmal eine psychische Störung wie z. B. eine Depression, bipolare Störung, Schizophrenie, Alkohol- oder Drogenabhängigkeit, Panikstörung o. ä. erleiden (vgl. Meyer 2006). Viele von ihnen erkranken nur einmalig, episodisch oder kurzzeitig. 40 % der Betroffenen erkrankt chronisch. Das heißt diese Personen sind über Jahre, z. T. sogar von

[2] Auch der 13. Kinder- und Jugendbericht (BMFSFJ 2009) nutzt das Modell der Salutogenese als ein zentrales Modell zur Analyse der Gesundheitssituation von jungen Menschen und zur Entwicklung von angemessenen Strategien der Prävention und Gesundheitsförderung.

der Adoleszenz an und bis ans Lebensende betroffen. Für den Verlauf und die Dauer der Erkrankung ist u. a. relevant, wie frühzeitig die Störung erkannt und eine Behandlung in Anspruch genommen wird.

Psychisch erkrankte Menschen haben im Durchschnitt genauso häufig Kinder wie psychisch gesunde (vgl. Mattejat 2008). Wie eingangs bereits aufgezeigt, gibt es allerdings keine verlässlichen Zahlen dazu, wie viele Kinder insgesamt bei einem psychisch erkrankten Elternteil aufwachsen. Ausgehend von epidemiologischen Erkenntnissen sowie von Daten der Gesundheitsversorgung ergeben sich Größenordnungen zwischen 175.000 und 3 Millionen Kindern, die einen Elternteil mit einer psychischen Störung erleben bzw. die Notwendigkeit einer stationären Behandlung erfahren. Für die Prävention und Unterstützung der Familien bedeutsam ist der Befund mehrerer Untersuchungen, dass Kinder psychisch erkrankter Eltern einem erhöhten Risiko unterliegen, selbst zu erkranken. So entwickeln bis zu 60 % dieser Kinder bereits im Verlauf der Kindheit psychische Auffälligkeiten bzw. Störungen (vgl. Mattejat 2008).

Die Statistiken der Krankenkassen zeigen eine deutliche Zunahme psychischer Erkrankungen. So hat sich nach dem BKK Gesundheitsreport (2005) die Anzahl der Krankmeldungen insgesamt seit Beginn der 1990er Jahre zwar fast halbiert, die Diagnosegruppe der psychischen Störungen hat sich aber als einzige in diesem Zeitraum mehr als verdoppelt. Diese Entwicklung wird in engem Zusammenhang mit den tief greifenden sozialen Veränderungen im Arbeitsleben wie auch im familiären und sozialen Umfeld gesehen. Entsprechend zeigen sich als wesentliche krankheitsauslösende Faktoren vor allem drei Felder, nämlich übermäßige Anforderungen am Arbeitsplatz, Arbeitslosigkeit bzw. Arbeitsplatzunsicherheit und familiäre Ursachen (vgl. BKK Bundesverband 2005).

Vor dem Hintergrund fortschreitender gesellschaftlicher Modernisierungsprozesse und den damit einhergehenden Veränderungen in der Arbeitswelt wie auch in den privaten Lebensverhältnissen lässt sich für die Zukunft ein weiterer Anstieg psychischer Erkrankungen prognostizieren. Damit ist zugleich davon auszugehen, dass die Zahl der Kinder psychisch erkrankter Eltern wächst und somit die aufgeworfenen Fragen nach Risikopotentialen und adäquaten Unterstützungsmöglichkeiten in Erziehung und Entwicklung für eine wachsende Gruppe von Familien bedeutsam ist.

In welcher Weise und in welchem Maße sich die psychische Erkrankung eines Elternteils beeinträchtigend auf die Versorgung, Betreuung und Erziehung eines Kindes auswirkt, ist u. a. abhängig von der Art und Schwere der Erkrankung sowie der Art und Chronizität der Symptome. Außerdem ist von Bedeutung, wie oft es zu wiederholten akuten Krankheitsphasen kommt, wie lange die symptomfreien Zeiten dazwischen sind und wie diese zur Kompensation von Beeinträchtigungen genutzt werden können. Darüber hinaus erhöhen sich die Belastungen für die Kinder, wenn die psychische Erkrankung in Verbindung mit einer weiteren Störung („Komorbidität“) wie beispielsweise einer Suchterkrankung oder Suizidalität auftritt oder aber die familiäre und psychosoziale Lebenssituation weitere Risikofaktoren aufweist. So begünstigen psychische Erkrankungen Partnerschaftskonflikte und hochstrittige Trennungsprozesse, Störungen in der Eltern-Kind-Beziehung und soziale Isolation der Familie. Außerdem sind psychisch erkrankte Erwachsene besonders häufig von Arbeitslosigkeit, Armut und schwierigen Wohnverhältnissen betroffen. Daraus gehen zusätzliche Bewältigungsanforderungen an die ganze Familie hervor.

In der Lebenssituation von Kindern psychisch erkrankter Eltern verdichten sich so gewissermaßen die Herausforderungen der Spätmoderne für das Aufwachsen junger Menschen. Wie der 13. Kinder- und Jugendbericht aufzeigt, kommt in diesem Kontext der Stärkung und Befähigung von Kindern und Jugendlichen für die gelingende Bewältigung komplexer Anforderungen eine hohe Bedeutung zu. Hier liegt ein zentraler Ansatzpunkt für Prävention und Gesundheitsförderung für Kinder psychisch erkrankter Eltern, aber auch der nachwachsenden Generation allgemein (vgl. BMFSFJ 2009).

2.2 Auswirkungen psychischer Erkrankung auf die Gestaltung des familiären Alltags und die Wahrnehmung von Erziehungsverantwortung

Um die Auswirkungen psychischer Erkrankung auf Erziehung und Entwicklung eines Kindes einschätzen zu können, ist es hilfreich sich der zentralen Anforderungen an das familiale Aufwachsen von Kindern zu vergewissern. So ist es Kernaufgabe der elterlichen Erziehung ihre Kinder in ihrem Entwicklungsprozess zu begleiten und sie in der Entwicklung von Lebenskompetenzen zu unterstützen. Dieser Erziehungsprozess vollzieht sich im Wesentlichen im alltäglichen Zusammenleben von Eltern und Kindern, in der Art und Weise des Umgangs und der Kommunikation miteinander. So entwickeln sich Kompetenzen insbesondere durch die jeweils eigene Erfahrung, deren Reflexion und Anpassung an neue Anforderungen. Nach Tschöpe-Scheffler (2007) ist die Basis einer solchen entwicklungsfördernden Erziehung die eindeutige Verantwortungsübernahme und Rollenklarheit der Eltern gegenüber ihren Kindern. Darauf aufbauend wird die Entwicklung des Kindes durch „fünf Säulen" (ebenda, S. 40), nämlich emotionale Wärme, Achtung, Beteiligung der Kinder an Alltagsgestaltung und Entscheidungsfindungen, klare Strukturen und verbindliche Regeln sowie eine allseitige Förderung unterstützt.

Für Eltern, die psychisch erkrankt sind, stellen sich je nach Ausprägung der Erkrankung besondere Herausforderungen in der Gestaltung eines solchen förderlichen Erziehungsprozesses. So beeinträchtigen psychische Erkrankungen oftmals die Feinfühligkeit der Betroffenen. In der Folge können sie (in den stärker von der Erkrankung geprägten Phasen) die Signale des Kindes nur begrenzt wahrnehmen und somit nur eingeschränkt auf die Bedürfnisse der Kinder eingehen. Dabei geht es insbesondere um drei basale Bedürfnisse, nämlich das Bedürfnis nach Existenz („Versorgung und Schutz"), sozialer Bindung („sichere Bindung") und Wachstum („Förderung"), die es alters- und entwicklungsgerecht zu befriedigen gilt.

Aber auch entlang der von Tschöpe-Scheffler skizzierten fünf Säulen einer entwicklungsfördernden Erziehung (vgl. Tschöpe-Scheffler 2007) lassen sich Einschränkungen in Folge einer psychischen Erkrankung aufzeigen. So kann an die Stelle von emotionaler Wärme eher emotionale Kälte treten, weil die eigenen Gefühle nicht (mehr) zugänglich sind oder ausgedrückt werden können. Übermäßige Angst auf Seiten des betroffenen Elternteils zu Überbehütung führen und nimmt dem Kind den notwendigen Raum für eigene Erfahrungen. Auch die Achtung gegenüber dem Kind und die Wertschätzung seiner Person und seines Tuns können aufgrund der Erkrankung und des dadurch bedingten Denkens und Wahrnehmens verloren gehen. Abwertungen und erniedrigende Zuschreibungen, aber auch rigide Umgangsweisen können beispielsweise die Folge sein.

Eine psychische Erkrankung hat darüber hinaus oftmals starke Auswirkungen auf den Alltag (vgl. Lenz 2008). Die alltäglichen Aufgaben wie die Zubereitung von Mahlzeiten, das Aufräumen der Wohnung etc. können nur noch schwer ausgeführt werden. Wenn die Mutter oder der Vater krankheitsbedingt diesen Aufgaben nicht mehr nachkommen kann, werden je nach Alter der Kinder wesentliche Grundbedürfnisse der Versorgung nicht mehr gestillt. Zugleich können für die Kinder Halt und Sicherheit gebende Alltagsstrukturen verloren gehen. In solchen Konstellationen kommt es oftmals zur Rolleumkehr zwischen Eltern und Kindern, so dass Kinder altersunangemessen Verantwortung für die Alltagsgestaltung und die Sorge für die Eltern übernehmen (Parentifizierung). Phasenhafte Krankheitsverläufe führen überdies zur Verunsicherung der Kinder, da sie ihre Eltern mal präsent und fürsorglich, mal begrenzt auf ihre eigenen Bedürfnisse und wenig erreichbar erleben. In der Folge kann kein konstantes und verlässliches Bild der Eltern entstehen kann.

Die Auswirkungen der Erkrankung erhalten für die Kinder aber auch abhängig von ihrem Alter und den jeweils anstehenden Entwicklungsaufgaben unterschiedliche Brisanz. So geht es für Kinder in den ersten Lebensjahren primär darum, sichere Bindungen zu Mutter und Vater aufbauen zu können. Die Beeinträchtigung psychisch erkrankter Eltern in ihrer Feinfühligkeit, aber auch mangelnde Verlässlichkeit und Konsistenz in der Beziehungsgestaltung sind hier besonders belastend. Für Kinder ab dem Kindergartenalter gewinnen der Aufbau von Gleichaltrigenbeziehungen und die Entdeckung ihres engeren (sozialen) Umfeldes an Bedeutung. Übergroße Ängste der Eltern oder auch die Vermeidung von sozialen Kontakten, die oftmals mit einer psychischen Erkrankung einhergehen, stellen in dieser Entwicklungsphase besonders zu beachtende Belastungen und Risikofaktoren für die kindliche Entwicklung dar. Mit Beginn der Pubertät wird das Autonomiestreben der Kinder bedeutsamer und für die Entwicklung einer eigenständigen Identität notwendig. In dieser Phase können besondere Belastungen aus krankheitsgeprägten Beziehungsstrukturen hervorgehen, die den Heranwachsenden die Loslösung erschweren, die Entwicklung eigener Lebenskonzepte behindern und die jungen Menschen in Loyalitätskonflikte verstricken.

Es lassen sich keine linearen Zusammenhänge zwischen den Auswirkungen psychischer Erkrankung und Risiko behafteten Entwicklungsprozessen der Kinder herstellen. Vielmehr gilt es in jedem Einzelfall zu klären, welche Belastungen sich für die Kinder aus der konkreten Ausprägung der psychischen Erkrankung im Kontext der gegebenen Lebensbedingungen und bei den aktuell anstehenden Entwicklungsaufgaben ergeben.

Neben diesen konkreten Auswirkungen der Erkrankung auf das Zusammenleben im Alltag, auf Alltagsorganisation und Beziehungsgestaltung ist zudem die Art und Angemessenheit der Krankheitsbewältigung durch das betroffene Elternteil wie auch durch andere Erwachsene in der Familie (Partner/Partnerin, Großeltern etc.) relevant (vgl. Lenz 2008). So ergeben sich für die Kinder wie auch für die ganze Familie zusätzliche Belastungen, wenn die psychische Erkrankung nicht akzeptiert oder gar geleugnet wird. Gleiches gilt, wenn keine aktive Auseinandersetzung mit der Erkrankung und ihren Auswirkungen für die Familie möglich ist und die Erkrankung als gegeben hingenommen wird. So bleiben die Kinder mit ihren Fragen und Sorgen bezüglich ihres alltäglichen Erlebens innerhalb der Familie allein und lernen zudem nicht, aktiv mit schwierigen Situationen umzugehen und angemessene Lösungen zu suchen. Fehlende Erläuterungen seitens der Erwachsenen können außerdem

– insbesondere bei kleineren Kindern – dazu führen, dass sie bei sich selbst die Ursachen für das veränderte Verhalten des erkrankten Elternteils suchen und sich so zusätzlich mit Schuldgefühlen belasten.

Bezogen auf den Umgang mit der Erkrankung ist außerdem von Bedeutung, inwieweit es den betroffenen Eltern und anderen erwachsenen Bezugspersonen gelingt, die alltagspraktische Organisation und Aufgabenverteilung innerhalb der Familie auf die Möglichkeiten und Grenzen in Folge der Erkrankung abzustimmen, ggf. auch die eigenen beruflichen Anforderungen und schulischen Unterstützungsstrukturen für die Kinder anzupassen sowie informelle Hilfemöglichkeiten im sozialen Umfeld zu nutzen. Hierbei geht es zum einen darum die Grenzen der Leistungsmöglichkeiten zu akzeptieren und darauf abgestimmt Entlastungs- und Unterstützungsmöglichkeiten im Alltag zu schaffen, so dass einerseits ausreichend Ressourcen für die Bewältigung der Erkrankung verfügbar bleiben und andererseits eine Überforderung der Kinder vermieden wird. Je besser es gelingt, so als Familie die Erkrankung zu akzeptieren und einen angemessenen Umgang damit zu entwickeln, desto besser können auch die Kinder mit den Einschränkungen des erkrankten Elternteils zurecht kommen.

Schließlich gehört zu einem angemessenen Umgang mit der Erkrankung auch die Inanspruchnahme professioneller Hilfe, soweit diese erforderlich ist. Diese umfasst sowohl die medizinischpsychiatrische Behandlung als auch die therapeutische oder beraterische Unterstützung zur Stärkung und Erweiterung der eigenen Bewältigungskompetenzen im Hinblick auf die Erkrankung aber auch die sonstigen Anforderungen im familiären, beruflichen und sozialen Umfeld. Psychische Erkrankungen sind behandelbar. Ohne Behandlung verfestigen sich psychische Störungen aber oftmals zu chronischen Krankheitsverläufen mit zunehmend gravierenderen Symptomen, die wiederum zu einer erhöhten Belastung für die Kinder wie auch für die gesamte Familie führen. Dennoch zeigt die oben bereits erwähnte Studie an der TU Dresden, dass sich nur ein Viertel aller Betroffenen mit psychischen Störungen in Behandlung befindet (vgl. Meyer 2006). Oftmals vergehen mehrere Jahre bis eine Behandlung wahrgenommen wird. Die Akzeptanz der Erkrankung und die Bereitschaft zur Inanspruchnahme von Behandlung und sonstiger Unterstützung stellen somit einen zwar wichtigen, dennoch für Betroffene oftmals sehr schwierigen Schritt dar. Vor diesem Hintergrund sind die Erarbeitung von Behandlungsbereitschaft sowie die Inanspruchnahme von Hilfe- und Unterstützungsangeboten mit Blick auf Kinder psychisch erkrankter Eltern als besonders bedeutsame Maßnahmen zur Krankheitsbewältigung wie auch zur Förderung des Kindeswohls anzusehen.

Insgesamt zeigen Forschungsarbeiten, dass das Erziehungsverhalten der Eltern einen zentralen Faktor für die Entwicklung der Kinder darstellt. Danach wirken sich insbesondere ungünstige Erziehungspraktiken nachhaltig negativ aus. Dazu gehören vor allem strenge und strafende Erziehungsmaßnahmen, inkonsistentes Belohnungs- und Bestrafungsverhalten, unzureichend begründete und/oder widersprüchliche Anweisungen und Regeln, Uneinigkeit der Eltern im alltäglichen Erziehungsverhalten sowie mangelnde emotionale Wärme und geringes Einfühlungsvermögen der Eltern gegenüber ihrem Kind (vgl. Lenz 2008). Wie oben gezeigt, kann solches Erziehungsverhalten in engem Zusammenhang mit der psychischen Erkrankung stehen. Umso wichtiger sind darum die Akzeptanz der Erkrankung und die Behandlungsbereitschaft, um diese Auswirkungen der Erkrankung bearbeitbar zu machen.

Für psychisch erkrankte Eltern ist vor diesem Hintergrund die Unterstützung in der Entwicklung von adäquaten Erziehungskompetenzen von besonderer Bedeutung. Dabei geht es sowohl um die Entwicklung ihres Erziehungsverhaltens als auch um die Stärkung von Bewältigungskompetenzen und die Erweiterung von Selbstwirksamkeit, also der Überzeugung auf Prozesse und Entwicklungen durch das eigene Handeln Einfluss nehmen zu können. Denn wie sich Eltern selbst den Herausforderungen des Alltags und Lebens stellen, ist zugleich ein wichtiger Orientierungspunkt für die Kinder in der Entwicklung ihrer eigenen Bewältigungskompetenzen. Die Selbstwirksamkeitserwartungen der Eltern, ihre Kompetenzen Bewältigungsressourcen zu aktivieren und ggf. auch auf unterstützende Beziehungen im sozialen Netzwerk zurückzugreifen, beeinflussen die Entwicklung von Lebenskompetenzen auf Seiten der Kinder. So stärken Erfahrungen der Selbstwirksamkeit das Vertrauen in die eigenen Bewältigungs- und Anpassungsleistungen. „Demgegenüber lassen frühe Erfahrungen von Hilflosigkeit und der Unmöglichkeit, belastende Lebensereignisse selbst zu steuern, eine eher resignierte Haltung des Ausgeliefertseins entstehen“ (Tschöpe-Scheffler 2007, S. 37f).

Die Behandlung und Unterstützung psychisch erkrankter Eltern im Hinblick auf die Erweiterung ihrer Bewältigungskompetenzen ist somit letztlich nicht nur für ihre eigene Alltagsbewältigung sondern auch mit Blick auf die Entwicklung ihrer Erziehungsfähigkeit von Bedeutung. Hierüber „sollen die Eltern in die Lage versetzt werden, die Grundbedürfnisse der Kinder zu befriedigen und sie bei der Bewältigung von Belastungen, alltäglichen Anforderungen und der anstehenden Entwicklungsaufgaben kompetent zu unterstützen“ (Lenz 2008, S. 113). Allerdings setzt dies Krankheitseinsicht, Behandlungsbereitschaft sowie die Bereitschaft zur Inanspruchnahme von Hilfe- und Unterstützungsangeboten voraus. Darauf hinzuarbeiten und dafür zu werben, ist insofern gleichermaßen von Bedeutung. Außerdem gilt es parallel dazu zu prüfen, inwieweit das Kindeswohl ausreichend gesichert ist bzw. inwieweit hierzu flankierende Hilfen notwendig sind.

2.3 Aus der Perspektive der Kinder: Belastungspotentiale und Schutzfaktoren

Aus der Perspektive der Kinder resultieren aus der psychischen Erkrankung des Elternteils vielfältige Belastungen, die je nach Krankheitsverlauf mehr oder weniger lange anhalten bzw. immer wiederkehren. Dazu gehören „Schuldgefühle und Trennungsängste, Angst vor eigener Erkrankung, anklammerndes Verhalten des erkrankten Elternteils, Verantwortungsübernahme für jüngere Geschwister und Haushaltsführung, Rollenzuweisung als Schlichter und Bündnispartner in den elterlichen Auseinandersetzungen und Erfahrungen der Ausgrenzung und Stigmatisierung im sozialen Umfeld“ (Lenz 2008, S. 43).

Die psychische Erkrankung eines Elternteils ist somit als ein kritisches Lebensereignis anzusehen, das neben den altersbedingten Entwicklungsaufgaben und sonstigen Alltagsanforderungen in Familie, Kindertagesstätte/Schule und sozialem Umfeld zusätzliche Bewältigungsanforderungen an die Kinder stellt. So sind sie oftmals „stärker auf sich gestellt, müssen mehr als andere Kinder mit Stress und Konflikten in der Familie umgehen, mit ihren Problemen in der Schule und in der Freizeit alleine fertig werden und mit ihrer Einsamkeit zurecht kommen" (ebenda, S. 72). Je nach Belastungsgrad und Widerstandsfähigkeit des jeweiligen Kindes können diese mit dem kritischen Lebensereignis einhergehenden Belastungen Überforderung bis hin zur Erschöpfung mit gesundheitlichen Auswirkungen und/oder psychischen Auffälligkeiten auf Seiten der Kinder zur Folge haben.

Wie die Kinder damit zurecht kommen, wird wesentlich dadurch bestimmt, auf welche Bewältigungsressourcen sie zurückgreifen können. Dabei sind sowohl soziale als auch personale Ressourcen bedeutsam. Soziale Ressourcen resultieren aus der sozialen Einbindung des Kindes und der es unterstützenden Personen innerhalb der Familie und im sozialen Umfeld. Personale Ressourcen umfassen habitualisierte Handlungsmuster und kognitive Überzeugungssysteme des Kindes. Dazu gehören beispielsweise das Selbstwertgefühl, das Gefühl auf die Umwelt Einfluss nehmen zu können, Problemlösekompetenz und anderes mehr. Personalen Ressourcen wird eine hohe Bedeutung im subjektiven Einschätzungsprozess von Anforderungen und Bewältigungsmöglichkeiten zugewiesen. „Soziale Ressourcen stellen gewissermaßen einen ‚Begleitschutz' individueller Lebensgeschichten dar, sie helfen bei der Bewältigung von neuen Rollenanforderungen und sonstigen Entwicklungsaufgaben, wirken als Puffer bei Krisen und belastenden Lebenssituationen, vermitteln Geborgenheit und Zugehörigkeit, schaffen und erhalten Identität, sichern Selbstwert und Selbstbewusstsein" (ebenda, S. 55).

Personalen und sozialen Ressourcen wird im Kontext der Resilienzforschung zudem eine wichtige Funktion für gelingende Entwicklungsprozesse und die psychische Widerstandsfähigkeit gegenüber schwierigen Lebensbedingungen zugewiesen. Nach Lenz sind dabei im Hinblick auf Kinder psychisch erkrankter Eltern zum einen generelle und zum anderen spezifische Schutzfaktoren (vgl. Lenz 2008) maßgeblich. So ist es für Kinder psychisch erkrankter Eltern zunächst zentral, über die Erkrankung der Mutter bzw. des Vaters aufgeklärt zu werden. Nach Befunden der Resilienzforschung ist die alters- und entwicklungsgerechte Aufklärung der Kinder über die Erkrankung und Behandlung des Elternteils einer der wichtigsten Schutzfaktoren. „Ausreichendes Wissen erhöht die Widerstandsfähigkeit der Kinder gegenüber den Belastungen, die sich aus dem familiären Zusammenleben mit dem kranken Elternteil ergeben“ (Lenz 2008, S. 143f). Dabei geht es vor allem um die Information an sich, dass die Mutter oder der Vater krank ist. Das ist für Kinder bedeutsam, um irritierende Verhaltensweisen des betroffenen Elternteils einordnen zu können. Information und Aufklärung schaffen zugleich einen Rahmen für die Fragen und Sorgen des Kindes, die im alltäglichen Erleben und Beobachten des familiären Geschehens entstehen. Darüber hinaus ist es wichtig, dass das Kind einen Ansprechpartner hat, dem es vertraut und an den es sich mit seinen Fragen und Sorgen wenden kann. Sofern die Eltern dieser Aufgabe nicht ausreichend nachkommen können, sollte nach Möglichkeit eine weitere Bezugsperson diese Funktion übernehmen.

Da die psychische Erkrankung oftmals die Verlässlichkeit des betroffenen Elternteils einschränkt und schwer ein konsistentes Erziehungsverhalten aufrecht erhalten werden kann, stellt eine weitere Bezugs- und Vertrauensperson neben dem erkrankten Elternteil, die verlässlich ansprechbar und erreichbar ist, einen weiteren zentralen Schutzfaktor für diese Kinder dar. Dies kann das andere Elternteil, ein Großelternteil, eine andere verwandte oder auch eine sonstige Bezugsperson aus dem sozialen Umfeld sein. Dabei geht es wesentlich darum, für das Kind Gelegenheiten zu alternativen Beziehungserfahrungen zu schaffen. Dazu gehören insbesondere Erfahrungen von Kontinuität und Verlässlichkeit, Aufmerksamkeit und Interesse für seine Anliegen u. ä.

Wie oben bereits aufgezeigt, wirken sich psychische Erkrankungen oftmals so auf den Alltag aus, dass Orientierung und Sicherheit gebende Strukturen (regelmäßige Zeiten, entsprechende Aufgabenerledigung etc.) schwer aufrechterhalten werden können. Je jünger aber die Kinder sind, desto wichtiger sind für sie verlässliche Alltagsstrukturen, die Halt geben und Situationen einschätzbar machen. Insofern besteht ein weiterer wichtiger Schutzfaktor in der Absicherung von Alltagsstrukturen gerade auch für die schwierigen und stärker belasteten Zeiten. Dies kann über zuvor getroffene Vereinbarungen, wer wann welche Aufgabe übernimmt oder wo das Kind (zeitweise) betreut und versorgt werden kann (z. B. Tagespflege, Patenschaft etc.), erreicht werden. Wichtig ist dabei, diese Lösungen möglichst in den „stabilen" Zeiten gemeinsam mit Eltern und Kindern zu entwickeln und so vorzubereiten, dass sie im Bedarfsfall abrufbar sind. Hilfreich ist auch, die Vereinbarungen schriftlich festzuhalten, z. B. in einem Krisenplan (vgl. Lenz 2008).

Schließlich liegt ein zentraler Schutzfaktor auch darin, einer möglichen Parentifizierung entgegenzuwirken. Parentifizierung meint die Umkehrung der Eltern- und Kindrollen. Im Zuge der Parentifizierung übernimmt das Kind nicht nur bestimmte Aufgaben im Familienalltag, sondern auch spezifische Funktionen der Eltern- oder auch Partnerrolle. Damit einher gehen oftmals spezifische, aber implizite Aufträge des jeweiligen Elternteils an das Kind. Solche unangemesssenen Rollenzuweisungen können sein:

- □ „Kinder werden zu Friedensstiftern und Schiedsrichtern in konfliktreichen Partnerschaften,
- □ Kinder übernehmen Verantwortung für Haushaltsführung, Tagesstrukturierung und Medikamenteneinnahme,
- □ Kinder sind zuständig für die Versorgung und Pflege jüngerer Geschwister,
- □ Kinder sind gezwungen, nach der Trennung der Eltern schneller erwachsen zu werden und mit einem Elternteil den Verlust zu teilen,
- □ Kinder sollen den nicht verfügbaren kranken Partner ersetzen und
- □ Kinder sollen den Lebenstraum der Eltern realisieren" (Lenz 2008, S. 28).

Im Sinne einer gelingenden Bewältigung der Situation in Folge der psychischen Erkrankung eines Elternteils ist es entsprechend bedeutsam, so weit als möglich für die Kinder die Kindheit bzw. die Kinderrolle zu erhalten. Dazu gehören das Aufrechterhalten der Generationengrenzen und die dazu gehörende Rollenklarheit ebenso wie alters- und entwicklungsangemessene Verantwortungsübernahme im Familienalltag. In diesem Rahmen kann ein gewisses Maß an Verantwortungsübernahme für die Kinder auch förderlich sein, vorausgesetzt, die Kinder erhalten dafür entsprechende Anerkennung und Wertschätzung seitens der Eltern und Freiräume zur selbstbestimmten Gestaltung bleiben erhalten.

2.4 Schlussfolgerungen für die Entwicklung geeigneter Unterstützungsstrukturen für Kinder psychisch erkrankter Eltern und ihre Familien

Die psychische Erkrankung eines Elternteils stellt einen Risikofaktor für die Entwicklung der Kinder dar. Dies trifft umso mehr zu, wenn weitere Belastungsfaktoren in der Familie hinzukommen. Die Erkenntnisse der Resilienz- und Copingforschung zeigen aber, dass sich Kinder auch in Familien mit einem psychisch erkrankten Elternteil angemessen entwickeln können, wenn entsprechende Voraussetzungen und unterstützende Bedingungen gegeben sind. Dieses Wissen gilt es für die Unterstützung der betroffenen Familien entsprechend nutzbar zu machen.

Wie die bisherigen Ausführungen zeigen, erfordert die psychische Erkrankung eines Elternteils Bewältigungsprozesse auf drei Ebenen. Zum einen geht es um die Bewältigung der Erkrankung durch das betroffene Elternteil selbst wie auch die gesamte Familie. Zum anderen muss ein adäquater Umgang mit den Auswirkungen der Erkrankung auf den Familienalltag und die Beziehungsgestaltung gefunden werden. Schließlich gilt es für die Kinder die notwendigen Entwicklungsfreiräume zu erhalten und sie in der Bewältigung ihres subjektiven Erlebens zu unterstützen. Dies gilt umso mehr als das Gelingen dieses Bewältigungsprozesses einen zentralen Einflussfaktor auf die seelische Gesundheit der Kinder und somit zugleich einen wesentlichen Aspekt von Prävention darstellt.

Vielfach sind Familien bisher mit diesen Aufgaben auf sich allein gestellt und damit oftmals überfordert. Angesichts der Häufigkeit psychischer Erkrankung und dem Ausmaß der Betroffenheit von Familien bedarf es hier dringend einer entsprechenden Weiterentwicklung der sozialen Infrastruktur, die Unterstützungsmöglichkeiten im niedrigschwelligen Bereich und im Vorfeld von Hilfen zur Erziehung oder anderen intervenierenden Hilfen anbietet. Dabei gilt es die oben beschriebenen bewältigungsfördernden Aspekte zu berücksichtigen und daraufhin passende Unterstützungsangebote zu entwickeln. Dazu bedarf es allerdings multiprofessioneller Fachkompetenz aus dem Bereich der Kinder- und Jugendhilfe wie auch der Psychiatrie. Wie beide Handlungsbereiche gelingend zusammenwirken und entsprechende Kooperationen gestalten können, damit hat sich das Landesmodellprojekt „Kinder psychisch kranker Eltern. Prävention und Kooperation von Jugendhilfe und Erwachsenenpsychiatrie" beschäftigt. In der Zusammenschau der Ergebnisse lassen sich daraus Handlungsansätze auf fünf Ebenen gewinnen, die sich grafisch wie folgt darstellen lassen:

Ergebnisse der Bestandsaufnahme:
Ansatzpunkte für bedarfsgerechte Unterstützungsstrukturen

Öffentlichkeitsarbeit zum Thema „psychische Erkrankung"
Ziel: Enttabuisierung und Entstigmatisierung

Sensibilisierung von Fachkräften und sonstigen Verantwortlichen bzgl. der Situation von Kindern psychisch kranker Eltern

Weiterentwicklung und Stärkung der Kooperation von Jugendhilfe und Psychiatrie

Systematische Verankerung des Themas Elternschaft in psychiatrischer Behandlung

Qualifizierung des bestehenden Hilfesystems für Bedarfe von Kinder psychisch kranker Eltern

Ausbau niedrigschwelliger Hilfen

Gewissermaßen als flankierende Maßnahme zu allen zielgruppenspezifischen Handlungsstrategien braucht es eine breite Öffentlichkeitsarbeit mit dem Ziel der weiteren Enttabuisierung psychischer Erkrankung und der Entstigmatisierung von Betroffenen. Zudem bedarf es der systematischen Sensibilisierung von Fachkräften und sonstigen Verantwortlichen in Politik, Verwaltung, Gesundheit und Sozialer Arbeit für die besondere Situation von Kindern psychisch kranker Eltern. Auf der Fachebene gilt es darüber hinaus die Kooperation zwischen Erwachsenenpsychiatrie und Jugendhilfe im Sinne der Kinder und ihrer Familie weiterzuentwickeln und zu stärken. Dazu bedarf es sowohl auf der Fallebene wie auch auf fallübergreifender Ebene strukturell verankerte Formen der Zusammenarbeit. Innerhalb des Handlungsfeldes der Erwachsenenpsychiatrie ist es zudem notwendig in Behandlung und Therapie zentrale Aspekte der Elternschaft systematischer zu berücksichtigen. In Bezug auf konkrete Leistungsangebote in der Jugend- und Eingliederungshilfe ist weniger die Entwicklung neuer Angebote als vielmehr die zielgruppenspezifische Qualifizierung des bestehenden Hilfesystems angezeigt. Schließlich erfordern die aufgezeigten Unterstützungsbedarfe den gezielten Ausbau niedrigschwelliger Hilfen, die insbesondere verlässliche Alltagsstrukturen und Bezugspersonen für die Kinder gewährleisten helfen und Gelegenheiten des Austausches für Kinder und Eltern eröffnen. Im Folgenden sollen diese fünf Handlungsansätze inhaltlich ausgeführt werden, bevor in den nachfolgenden Kapiteln Möglichkeiten der methodischen Umsetzung und Instrumente im Sinne einer Arbeitshilfe vorgestellt werden.

2.4.1 Öffentlichkeitsarbeit mit dem Ziel der Enttabuisierung psychischer Erkrankung

Psychische Erkrankung ist nach wie vor ein gesellschaftliches Tabuthema, obwohl die Anzahl der Menschen steigt, die mindestens einmal in ihrem Leben einer psychiatrischen Behandlung bedürfen. Der Realität des Lebens steht somit eine gewisse Verneinung und Abwehr gegenüber, die es den Betroffenen oftmals schwer macht ihre psychische Erkrankung zu akzeptieren und entsprechende Hilfen in Anspruch zu nehmen. Viele psychisch erkrankte Menschen und mit ihnen ihre Familien führt diese Situation in die soziale Isolation. Kinder psychisch erkrankter Eltern sind davon besonders betroffen, wenn sie in Folge der elterlichen Erkrankung im Alltag alleine zurecht kommen müssen und nach außen, insbesondere Gleichaltrigen gegenüber ein Geheimnis wahren bzw. abwertende Zuschreibungen ertragen müssen, wie die jungen Menschen in den Interviews berichten.

Die gesellschaftliche Tabuisierung setzt sich meist in der Familie bzw. den engen sozialen Beziehungen fort und prägt entsprechend den innerfamiliären Umgang mit der psychischen Erkrankung. In diesem Kontext stellen die oben als zentralen Bewältigungsfaktoren aufgezeigten Aspekte wie Krankheitseinsicht und Behandlungsbereitschaft der betroffenen Eltern oder auch die Information und Aufklärung der Kinder große Herausforderungen dar. Vor diesem Hintergrund braucht es eine Öffentlichkeitsarbeit, die sich sowohl an Betroffene als auch an die Gesamtbevölkerung richtet. Betroffenen gilt es dabei Mut zu machen, sich auf Diagnostik, Behandlung und Therapie einzulassen. Eltern gilt es darüber hinaus zu vermitteln, dass die Inanspruchnahme von Unterstützungsangeboten in der Versorgung, Betreuung und Erziehung ein wichtiger Teil des Umgangs mit der Erkrankung und für ihre Kinder förderlich ist. Im Hinblick auf die Bevölkerung bleibt dafür zu werben, dass eine psychische Erkrankung kein Makel sondern eine Erkrankung wie jede andere ist, die behandelt werden kann.

Fachverbände im Bereich der Psychiatrie ebenso wie die Verbände von Betroffenen und Angehörigen sind seit Jahren in der Öffentlichkeitsarbeit tätig. Die Kinder als Angehörige psychisch erkrankter Eltern rücken auch hier zunehmend in den Blick. In diesem Zusammenhang ist eine Reihe von hilfreichen Arbeitsmaterialien entstanden, die Kinder, Jugendliche, Eltern und Fachkräfte ansprechen.[3] Darüber hinaus wurde im Rahmen des Landesmodellprojektes ein Flyer für Eltern entwickelt, der über das MASGFF in Rheinland-Pfalz verteilt wurde und Eltern zur Inanspruchnahme von Beratung und

[3] Mehr dazu z. B. auf **www.kipsy.net** oder **www.psychiatrie.de**

Hilfe ermutigen soll (vgl. Abschnitt 5.3). Außerdem wurde im Rahmen der Bestandsaufnahme sowohl von Fachkräften als auch von den befragten Eltern und jungen Menschen angeregt, gezielt über die Regeleinrichtungen (Kindertagesstätten und Schulen) über psychische Erkrankung zu informieren sowie Behandlungs- und sonstige Hilfemöglichkeiten aufzuzeigen.

2.4.2 Sensibilisierung von Fachkräften für die besondere Situation von Kindern psychisch erkrankter Eltern

Kinder psychisch erkrankter Eltern befinden sich insofern in einer besonderen Situation, als mindestens ein Elternteil an einer (chronischen) psychischen Erkrankung leidet, die zu mehr oder weniger starken Beeinträchtigungen in der Alltagsgestaltung und im (familiären) Zusammenleben führt. Hinzu kommen die bereits skizzierte gesellschaftliche Tabuisierung psychischer Erkrankung sowie die Unsicherheit vieler Menschen im Umgang mit Betroffenen. Kinder psychisch erkrankter Eltern wachsen hier oftmals in einem von Begrenzungen wie auch von Verunsicherungen geprägten Kontext auf. Zudem fehlt vielen Kindern eine Person, mit der sie vertrauensvoll darüber reden können. So sind sie sowohl im Hinblick auf die Bewältigung ihrer jeweiligen Entwicklungsaufgaben als auch der spezifischen sich aus der Erkrankung der Eltern ergebenden Anforderungen vor besondere Herausforderungen gestellt. Für eine gelingende Bewältigung sind sie auf angemessene Unterstützung angewiesen.

Kinder sind immer von der psychischen Erkrankung eines Elternteils mitbetroffen. Insofern bedarf es der Sensibilisierung für die Bedarfe der Kinder nicht nur im Rahmen der Kinder- und Jugendhilfe, sondern auch aller anderen Leistungsbereiche, die Hilfen, Behandlung und Therapie für die psychisch erkrankten Eltern anbieten. Die Situation der Kinder, genauer die Auswirkungen der Erkrankung auf die Alltagsgestaltung und Wahrnehmung der Erziehungsaufgaben durch die Eltern sind immer mitzudenken. Dabei geht es in erster Linie um eine kompetenzorientierte Einschätzung mit den Eltern (und Kindern), inwieweit die Wahrnehmung der Erziehungsverantwortung durch die Erkrankung beeinträchtigt ist und welche Veränderungen in der Ausübung derselben im Krankheits- bzw. Gesundheitsverlauf zu erwarten sind. Auf dieser Basis gilt es weiter zu klären, welche Entlastung, aber auch ergänzende Unterstützung kontinuierlich, welche phasenweise erforderlich ist, damit ein ausreichend entwicklungsfördernder Rahmen für das Kind innerhalb der Familie gewährleistet werden kann.

Sensibilisierung für die Situation von Kindern psychisch erkrankter Eltern bedeutet auch, in Diagnostik sowie Hilfe- und Behandlungsplanung die Bedarfe von Eltern und Kindern in ihrem Wechselspiel zu betrachten. Dies erfordert mögliche Handlungsschritte bezogen auf Eltern oder Kinder hinsichtlich ihrer Aus- und Nebenwirkungen zu reflektieren. So können Interventionen bezogen auf das Kind, die die psychisch erkrankte Mutter nicht mittragen kann, dazu führen, dass sich ihr Gesundheitszustand auf Grund dieser zusätzlichen Belastung verschlechtert, was wiederum Auswirkungen auf die Kontakt- und Beziehungsgestaltung zu ihrem Kind haben kann.

Kinder psychisch erkrankter Eltern unterliegen dem erhöhten Risiko selbst zu erkranken. Der Umgang mit der elterlichen Erkrankung und die Stärkung der eigenen Bewältigungskompetenzen stellen zentrale Einflussfaktoren darauf dar, wie sich ein Kind auch mit einem psychisch erkrankten Elternteil gesund entwickeln kann. Was das einzelne Kind diesbezüglich an Unterstützung braucht, gilt es in jedem Einzelfall zu klären. Die systematische Frage nach der Entwicklung der Kinder, auch flankierend zur Begleitung des betroffenen Elternteils im Umgang mit der Erkrankung ist dabei von besonderer Bedeutung.

Fachkräfte beschäftigt immer wieder die Frage, welches Maß an Förderung der Kinder seitens der Eltern noch ausreichend ist, und wann die Grenze zur Kindeswohlgefährdung erreicht ist. Dabei ist die Sensibilisierung für die Situation der Kinder psychisch erkrankter Eltern gerade auch bedeutsam, um einer möglichen Kindeswohlgefährdung frühzeitig entgegenwirken zu können. Im Sinne des oben aufgezeigten kompetenzorientierten Zugangs geht es dabei wesentlich darum, die Eltern in ihrer Elternschaft und ihrer eigenen Sorge anzusprechen. Die Aussagen der Mütter in den Gruppeninterviews haben deutlich gemacht, wie viele Gedanken und Sorgen sie sich selbst um die Entwicklung ihrer Kinder machen. Hieran gilt es anzuknüpfen und möglichst frühzeitig gemeinsam über notwendige Entlastungs- und mögliche Unterstützungsangebote nachzudenken – gerade auch mit Blick auf eine ausreichende Entwicklungsförderung für die Kinder.

2.4.3 Weiterentwicklung und Stärkung der Kooperation von Jugendhilfe und Erwachsenenpsychiatrie

Wie in der Betrachtung der Ergebnisse aus der Bestandsaufnahme vielfach deutlich wurde, erfordert die Entwicklung von angemessenen Unterstützungsstrukturen für Kinder psychisch erkrankter Eltern die Kooperation von Jugendhilfe und Erwachsenenpsychiatrie. Auch ergibt sich aus den Ausführungen zur Sensibilisierung für die Situation der Kinder, dass für die parallel vorzunehmenden Einschätzungsprozesse zu den Kompetenzen der betroffenen Eltern in Abhängigkeit von ihrer Erkrankung sowie zum Entwicklungsstand der Kinder ein Zusammenwirken der Professionen unerlässlich ist.

Dieser fachlichinhaltlichen Notwendigkeit stehen allerdings strukturell versäulte Leistungsbereiche gegenüber, die auf unterschiedlichen Rechtsgrundlagen beruhen. Vor diesem Hintergrund kommt der Identifizierung von geeigneten Ansatzpunkten für die Initiierung, Entwicklung und Stärkung leistungsbereichsübergreifender Kooperationsbeziehungen besondere Bedeutung zu. Im Zuge der Bestandsaufnahme wie auch der Diskussion der Ergebnisse an den Modellstandorten konnten hierzu verschiedene Möglichkeiten herausgearbeitet werden. Dazu gehören die fallübergreifende Zusammenarbeit aller im Hinblick auf die Zielgruppe relevanten Institutionen sowie Formen der überinstitutionellen Fallberatung. Diese werden im nächsten Kapitel genauer vorgestellt.

Darüber hinaus konnte im Rahmen der Zielgruppenanalyse, aber auch der ExpertInneninterviews festgestellt werden, dass Familien mit einem psychisch erkrankten Elternteil oftmals mit einer Vielzahl von Institutionen und

Professionen in Kontakt stehen. So arbeiten die Familien nach den Ergebnissen der Zielgruppenanalyse in den projektbeteiligten Jugendämtern neben Jugendamt und Erwachsenenpsychiatrie im Durchschnitt noch mit zwei weiteren Institutionen zusammen. Allerdings gibt es nach Aussagen der befragten ExpertInnen zwischen den Fachkräften häufig keinen direkten Kontakt und auch keine inhaltliche Abstimmung hinsichtlich der Aufträge und Zielsetzungen der einzelnen Hilfen. Je nach Krankheitsbild des betroffenen Elternteils ist ein solches Nebeneinander der helfenden Instanzen für die Familie, gerade auch für die Kinder nicht förderlich. So birgt die fehlende Koordination und Abstimmung der Hilfen die Gefahr in sich, dass konkurrierende Aufträge bearbeitet und gegenläufige Ziele verfolgt werden. Damit aber wird die Familie eher verunsichert bzw. mit der Priorisierung und Auswahl der für sie relevanten Schritte überfordert. Entsprechend gilt es hier dringend Lösungen für eine systematische Abstimmung paralleler Hilfen zu entwickeln, auch wenn diese von verschiedenen Leistungsträgern gewährt werden. Ansatzpunkte dazu lassen sich in Formen der gemeinsamen Fallberatung sowie in der verwaltungsinternen Klärung von Schnittstellen zwischen der Hilfeplanung nach § 36 SGB VIII im Rahmen des Jugendamtes und der Teilhabeplanung im Rahmen der Eingliederungshilfe finden.

2.4.4 Systematische Verankerung des Themas Elternschaft in die psychiatrische Behandlung und Therapie

Zu einer gelingenden Kooperation von Jugendhilfe und Erwachsenenpsychiatrie im Hinblick auf Kinder psychisch erkrankter Eltern gehört auch die Klärung, wer was zur gemeinsamen Zielerreichung, nämlich der Entwicklung von bedarfsgerechten Unterstützungsstrukturen für Eltern und Kinder beitragen kann. Wie sich im Zuge der fachlichen Erkenntnisse wie auch der Ergebnisse der Bestandsaufnahme gezeigt hat, liegt ein wichtiger Beitrag der Psychiatrie in den Einschätzungsprozessen zu den Auswirkungen der Erkrankung auf die Alltagsgestaltung mit den Kindern und die Ausübung der Erziehungsverantwortung. Diesen Einschätzungsprozess gilt es im Rahmen der Behandlung und Therapie auch mit den Eltern zu gestalten. Im Fokus stehen dabei zum einen das Verstehen der je eigenen Dynamik von Kognition, Affekten und

Handlungen sowie daraus sich ergebender Schwierigkeiten und Grenzen in der häuslichen Erziehungssituation und zum anderen die Erarbeitung von Unterstützungsbedarfen und -möglichkeiten. Um Elternschaft in diesem Sinne systematischer in der psychiatrischen Behandlung zu verankern, haben sich im Zuge der Bestandsaufnahme und der dazugehörenden Ergebnisdiskussion insbesondere drei Ansatzpunkte gezeigt:

- Um die Elternschaft systematischer zum Thema machen zu können, ist es zunächst erforderlich bei jeder Aufnahme in die Psychiatrie (oder auch in die ambulante Behandlung) ausdrücklich danach zu fragen, ob die Patientin oder der Patient minderjährige Kinder hat und mit diesen zusammenlebt. Mit dieser Frage wird sichtbar, wie das Thema Elternschaft für die jeweilige Patientin bzw. den Patienten relevant ist. Darüber hinaus kann diese Frage den Betroffenen auch Erlaubnis geben, ihre Sorgen bezüglich der Versorgung ihrer Kinder u. ä. zum Ausdruck zu bringen, wie weiter unten entlang des Leitfadens für das Aufnahmegespräch in den Kliniken ausgeführt wird.
- Zentraler Bestandteil der psychiatrischen Behandlung ist die Psychoedukation. In diesem Rahmen ist es für Eltern bedeutsam auch angemessene Strategien des Umgangs mit den Auswirkungen ihrer Erkrankung auf ihr Erziehungsverhalten erarbeiten zu können. In diesem Kontext können Gruppenangebote oder auch gezielte Trainings unterstützende Maßnahmen für Eltern sein. Beispielhaft wurde dazu in den Gruppeninterviews mit Eltern das soziale Kompetenztraining benannt. Ein solches Training kann auch gezielter zu Erziehungsfragen bzw. zur Entwicklung von alternativen Lösungsoptionen für Alltagssituationen mit Kindern weiterentwickelt werden. Denkbar wären auch Gruppenangebote zu Fragen der Elternschaft analog zu Gesprächsgruppen zu verschiedenen Krankheitsbildern.
- Elternschaft systematischer in der psychiatrischen Behandlung zu verankern, bedeutet schließlich auch in Nachsorge und Eingliederungshilfe zu prüfen, welche Alltags- und Lebensfragen nicht allein bezogen auf die erkrankte Person sondern auch im Hinblick auf deren Erziehungsverant-

wortung zu beachten sind. So gilt es Fragen der Tagesstruktur sowohl hinsichtlich der Bedarfe des erkrankten Elternteils als auch bezüglich der Anforderungen an Kontinuität und Verlässlichkeit für die Kinder zu beleuchten. Ähnlich sind auch Aspekte des Wohnens mit Blick auf die Bedürfnisse der Eltern und der Kinder zu bearbeiten. Ebenso gilt es bei Fragen zum Umgang mit der Erkrankung auch die Information und Aufklärung der Kinder einzubeziehen.

Eine solche Berücksichtigung der Auswirkungen der Erkrankung auf die Alltagsgestaltung mit Kindern und auf die Wahrnehmung von Erziehungsaufgaben ist ein wichtiger Beitrag der Psychiatrie zu Einschätzungsprozessen im Verantwortungsbereich der Kinder- und Jugendhilfe hinsichtlich der Erziehungsfähigkeit der Eltern bzw. einer drohenden Kindeswohlgefährdung. Letztlich sind solche Einschätzungen immer in der Kooperation zu erarbeiten. Dabei sind eine entsprechende Sensibilität für die Bedürfnisse der Kinder und ein sorgfältiges Abwägen der erzieherischen Möglichkeiten und Grenzen seitens der Eltern gefordert. Zielsetzung sollte dabei stets sein, über die Gewährung entsprechender Unterstützungsangebote ein für die Kinder förderliches Zusammenleben in der Familie erhalten zu können.

2.4.5 Zielgruppenspezifische Qualifizierung bestehender Hilfeangebote

Wie die Ergebnisse der Bestandsaufnahme zeigen, gibt es wenige Hinweise darauf, dass für Kinder psychisch erkrankter Eltern neue besondere Hilfeangebote zu entwickeln wären. Entwicklungsbedarfe zeigen sich allenfalls hinsichtlich der Mutter-Kind-Behandlung sowie niedrigschwelliger Hilfen. Wenn die bestehenden Hilfesysteme im Rahmen der Eingliederungshilfe wie auch der Kinder- und Jugendhilfe zunächst ausreichend erscheinen, so haben sich doch deutliche Qualifizierungsbedarfe innerhalb der bestehenden Angebotsstrukturen erwiesen. Dazu gehört zum einen die Sensibilisierung der Fachkräfte für die besondere Situation von Kindern psychisch erkrankter Eltern, wie sie oben bereits beschrieben wurde. Zum anderen markieren die Fachkräfte aber auch konkrete Fortbildungs- und kontinuierliche Beratungsbedarfe.

Für die Kinder- und Jugendhilfe besteht ein besonderer Qualifizierungsbedarf bezüglich Grundwissen zu den Strukturen und Leistungen der Psychiatrie sowie in der Erweiterung von Kompetenzen im Umgang mit psychisch erkrankten Menschen. Dies sind notwendige Voraussetzungen, damit beispielsweise im Rahmen der Hilfen zur Erziehung eine bedarfsgerechte Elternarbeit auch mit psychisch erkrankten Eltern gestaltet werden kann. Als zielführende Formen der Qualifizierung haben sich hierzu zum einen Inhouse-Fortbildungen und zum anderen regelmäßige Fallberatungen mit einem Psychiater bzw. einer Psychiaterin erwiesen. Inhouse-Fortbildungen ermöglichen zugleich eine gemeinsame fachliche Qualifizierung eines Arbeitsbereiches sowie die (Weiter-)Entwicklung von Standards des fachlichen Handelns. Die regelmäßige Fallberatung schafft einen Raum für das Lernen am Fall und dicht am Alltag. Solche fachlich begleiteten Reflexionsprozesse unterstützen oftmals den Übertrag von abstrakteren Fortbildungsinhalten in konkrete Handlungsstrategien der Praxis.

Im Unterschied zur Kinder- und Jugendhilfe genügt es für die Psychiatrie die Strukturen und Leistungsmöglichkeiten sowie die Zugangswege zur Kinder- und Jugendhilfe zu kennen. Denn hinsichtlich der Schnittstellengestaltung ist die Psychiatrie stärker gefordert mit den Eltern an der Motivation für die Inanspruchnahme von Hilfen zu arbeiten. Dies kann weitgehend mit den eigenen fachlichen Mitteln geschehen, wenn eine entsprechende Sensibilität für die Bedarfe der Kinder erreicht ist.

Schließlich können professionsübergreifende Fortbildungseinheiten wichtige Impulse für die Initiierung und Entwicklung von Kooperation geben. In diesem Rahmen wird ein wechselseitiges Kennenlernen der verschiedenen Leistungsbereiche sowie zentraler Institutionen und Professionen möglich. Außerdem können fachliche Einschätzungsprozesse zur Lebenssituation von psychisch erkrankten Eltern und ihren Kindern diskursiv erarbeitet werden. So kann zugleich ein fachlicher Abstimmungsprozess vollzogen werden. Dies erleichtert die Zusammenarbeit im Einzelfall und die Verständigung auf eine gemeinsam getragene Zielsetzung.

2.4.6 Ausbau niedrigschwelliger Hilfen für psychisch erkrankte Eltern und ihre Kinder

Wie bereits aufgezeigt bedarf es im Hinblick auf Kinder psychisch erkrankter Eltern vor allem des Ausbaus und der Weiterentwicklung von niedrigschwelligen Hilfen. Diese lassen sich ausgehend von den Ergebnissen der Bestandsaufnahme zum Teil bisher „nur" entlang ihrer jeweiligen Zielsetzung und Funktion umreißen. Dies gilt insbesondere für Angebote zur Entlastung, für Bezugspersonen und die Aufklärung der Kinder. In welcher Form und strukturellen Einbindung diese als Angebot unterbreitet werden können, ist in Abhängigkeit von den jeweiligen Zugängen zur Familie und Bezügen zu anderen Leistungen zu klären. Gruppenangebote und Beratungsmöglichkeiten als weitere niedrigschwellige Hilfen sind dagegen eher strukturell geformt, bedürfen aber auch einer entsprechenden institutionellen Anbindung, damit sie zugänglich und erreichbar werden.

Angebote, die die Eltern in ihren Versorgungs-, Betreuungs- und Erziehungsaufgaben entlasten, haben sich im Zuge der Ergebnisdarstellung zur Bestandsaufnahme als zentrale Unterstützungsstruktur herauskristallisiert. Wichtig ist dabei, dass sich die Entlastungsangebote flexibel an den Gesundheitszustand der jeweiligen Eltern anpassen können. Die Eltern sollen grundsätzlich in der Elternverantwortung bleiben und diese so weit als möglich auch selbst ausfüllen. Dies erfordert, dass sich der Umfang der Entlastungsangebote immer an den Belastungsgrenzen der Eltern bemisst. Mit zunehmender Stabilität und wieder gewonnenen Kräften sollen sie möglichst viele Aufgaben wieder selbst wahrnehmen. Für die gesamte Familie förderlich ist es, wenn bei wiederkehrender Notwendigkeit von Entlastungsangeboten, diese möglichst von den gleichen Personen erbracht werden können. Dies erspart sowohl Eltern wie auch Kindern ein immer wieder neues Kennenlernen von fremden Personen und das wiederholte Offenbaren der eigenen Geschichte.

Insbesondere wenn es neben dem erkrankten Elternteil keine weitere verlässliche Bezugsperson für die Kinder gibt, braucht es Angebote, die die Familie in der Suche nach einer solchen unterstützenden Person helfen. Dies kann im Rahmen eines bestehenden Dienstes geschehen, beispielsweise mit dem Allgemeinen Sozialen Dienst, wie eine Mutter es im Interview beschrieben hat. Wichtig erscheint aber, diese Leistung des gemeinsamen Sondierens entsprechend als Unterstützungsangebot im Hinblick auf diesen zentralen Schutzfaktor für die Kinder zu konnotieren.

Kann eine solche Person im sozialen Umfeld gefunden werden, die sich in einem bestimmten Rahmen verpflichtet, als Ansprechpartner und Bezugsperson für die Kinder zur Verfügung zu stehen und sich entsprechend mit ihnen vertraut zu machen, gilt es zu klären, welche Begleitung und Unterstützung diese Person braucht. Auch dies ist als wichtige niedrigschwellige Hilfe anzusehen, die zu einer entwicklungsfördernden Stärkung der familiären Lebenssituation beitragen kann. Dabei geht es insbesondere um die Gewährleistung, dass diese unterstützende Person bei Unsicherheiten und in Krisenzeiten auf entsprechende Anlaufstellen zurückgreifen kann.

Konkrete Unterstützung wünschten sich die Mütter in den Interviews bei der Aufklärung ihrer Kinder bezüglich ihrer Erkrankung. Angesichts der hohen Bedeutung, die der Information und Aufklärung der Kinder für die gelingende Bewältigung ihrer Lebenssituation zuzuschreiben ist, erscheint es lohnenswert über Möglichkeiten nachzudenken, wie Eltern eine solche Unterstützung gewährt werden kann.

Als weiteres niedrigschwelliges Angebot sind hier fachlich begleitete Gruppenangebote für Eltern und Kinder zu erwähnen. Solche Gruppenangebote bieten einen geschützten Rahmen mit anderen Eltern bzw. anderen Kindern in ähnlicher Situation. Über den Erfahrungsaustausch werden die Vereinzelung aufgehoben und wechselseitige Anteilnahme ermöglicht. Darüber hinaus können ausgewählte Themen gemeinsam bearbeitet und Selbsthilfepotentiale hierüber aktiviert und gestärkt werden. In Kapitel 6 werden Möglichkeiten der praktischen Umsetzung solcher Gruppenangebote beschrieben.

Schließlich sind auch gut zugängliche, möglichst dicht am Alltag der psychisch erkrankten Eltern verankerte Beratungsmöglichkeiten als niedrigschwellige Hilfen anzusehen. Geeignete Orte für solche Beratungsangebote können die Kliniken, Kindertagesstätten oder auch die Häuser der Familie sein. Wichtig ist für psychisch erkrankte Eltern oftmals, dass sie möglichst spontan und kurzfristig Beratungsgespräche in Anspruch nehmen können und diese gut erreichbar sind.

Die aufgezeigten Möglichkeiten niedrigschwelliger, alltagunterstützender Angebote für psychisch erkrankte Eltern und ihre Kinder markieren zentrale Aspekte, die in der Planung und Entwicklung von Unterstützungsstrukturen für Kinder psychisch erkrankter Eltern besondere Berücksichtigung finden sollten. Sowohl nach den Ergebnissen der Bestandsaufnahme wie auch den Erkenntnissen anderer Forschungsarbeiten ist diesen Aspekten eine besondere Wirksamkeit hinsichtlich der Stärkung der Kinder zuzuschreiben. In den nachfolgenden Kapiteln werden die beschriebenen Handlungsansätze ausformuliert und hinsichtlich ihrer praktischen Umsetzungsmöglichkeiten konkretisiert.

3. Entwicklung von Kooperationsstrukturen zwischen Jugendhilfe und Erwachsenenpsychiatrie: geeignete Ansatzpunkte und unterstützende Instrumente

Wie oben bereits aufgezeigt sind die Entwicklung und Ausgestaltung von Unterstützungsstrukturen für Kinder psychisch erkrankter Eltern unabdingbar auf die Kooperation von Jugendhilfe und Erwachsenenpsychiatrie angewiesen. Denn die oftmals komplexen Bedarfslagen von psychisch erkrankten Eltern und ihren Kindern sind in der Summe auf so unterschiedlichen Ebenen gelagert, dass ein Hilfesystem alleine diese nicht adäquat beantworten kann. So geht es im Hinblick auf die Kinder zum einen um die Förderung in ihrer individuellen und sozialen Entwicklung, zum anderen aber auch bei Bedarf um die Behandlung von individuellen Beeinträchtigungen, die sich bereits in Folge der spezifischen innerfamiliären Belastungen entwickelt haben. Analog geht es bezogen auf die Eltern um die Behandlung der psychischen Erkrankung und um die Beratung und Unterstützung in der adäquaten Wahrnehmung ihrer Erziehungsaufgaben.

Vor dem Hintergrund dieser inhaltlichen Anforderungen verlangt die Entwicklung von bedarfsgerechten Unterstützungsstrukturen für Familien mit einem psychisch erkrankten Elternteil das Zusammenwirken mehrerer Hilfesysteme mit ihren jeweiligen Leistungsmöglichkeiten. Dazu gehört die Kinder- und Jugendhilfe mit ihren Angeboten zur Förderung der jungen Menschen in ihrer individuellen und sozialen Entwicklung sowie der Beratung und Unterstützung von Eltern in der Ausübung ihrer Erziehungsverantwortung. Darüber hinaus ist es ihre Aufgabe, junge Menschen vor Gefahren für ihr Wohl zu schützen. Die psychiatrische und psychotherapeutische Behandlung und Begleitung der psychisch erkrankten Eltern ist die originäre Aufgabe der Erwachsenenpsychiatrie. Hierbei sind die vielfältigen Angebote im stationären, ambulanten und komplementären Bereich einzubeziehen. Schließlich sind hinsichtlich möglicher Bedarfe der Diagnostik und Behandlung der Kinder auch die Bereiche der Frühförderung und der Kinder- und Jugendpsychiatrie (ambulant und stationär) zu berücksichtigen.

Somit ist eine Vielzahl an Institutionen und Professionen in der Entwicklung von Unterstützungsstrukturen für Kinder psychisch erkrankter Eltern relevant. Im Verlauf des Landesmodellprojektes „Kinder psychisch kranker Eltern" wurde dazu folgende Liste der zu beteiligenden Akteure zusammengestellt:

Kinder- und Jugendhilfe	□ Jugendamt □ Erziehungsberatung □ Einrichtungen und Dienste der Hilfen zur Erziehung
Erwachsenenpsychiatrie	□ Sozialpsychiatrischer Dienst im Gesundheitsamt □ Klinik der Erwachsenenpsychiatrie □ Niedergelassene Psychiaterinnen □ Niedergelassene Psychotherapeutinnen □ Einrichtungen und Dienste der Eingliederungshilfe
Kinder- und Jugendpsychiatrie	□ Klinik der Kinder- und Jugendpsychiatrie □ Niedergelassene Kinder- und Jugendpsychiaterinnen □ Niedergelassene Kinder- und Jugendlichen-psychotherapeutinnen
Sozialpädiatrie	
Gesetzliche Betreuung	

Diese Vielzahl der fachlich angezeigten Kooperationspartner spiegelt sich, wie die Zielgruppenanalyse in den projektbeteiligten Jugendämtern gezeigt hat, in der Hilfeerbringung der einzelnen Familien wider. So arbeiten die Familien, die mit dem Jugendamt in Kontakt stehen, im Durchschnitt mit vier verschiedenen Institutionen und Professionen zusammen. Dieser Befund zeigt, wie bedeutsam die Kooperation über die verschiedenen Leistungsbereiche hinweg in der Fallarbeit ist. Die parallel gewährten Hilfen müssen abgestimmt werden, sonst besteht die Gefahr, dass unterschiedliche Ziele verfolgt bzw. die Bedarfe von Eltern und Kindern nicht angemessen ausgelotet werden.

Dieser fachlichen Notwendigkeit der Kooperation der beteiligten Hilfesysteme steht ein stark versäultes Sozialleistungssystem gegenüber, das auf unterschiedlichen Rechtsgrundlagen fußt und entsprechend unterschiedlichen Grundprämissen folgt. Außerdem sind für die Kinder- und Jugendhilfe, den medizinischen sowie den komplementären Bereich unterschiedliche Kostenträger zuständig. Wie kann Kooperation vor diesem Hintergrund gelingen?

Im Zuge von Praxisentwicklungs- und Begleitforschungsprojekten konnten inzwischen eine Reihe von Faktoren herausgearbeitet werden, die zum Gelingen interinstitutioneller Kooperation beitragen (vgl. z. B. van Santen/Seckinger 2003, Moos/Schmutz 2005a, Müller 2007). Diese sollen im Folgenden vorgestellt werden. Daran anschließend wird aufgezeigt, welche Vorgehensweisen und Methoden sich im Rahmen des Landesmodellprojektes „Kinder psychisch kranker Eltern“ als kooperationsfördernd erwiesen haben und wie diese auch über den Projektkontext hinaus zur Entwicklung von Unterstützungsstrukturen für Kinder psychisch erkrankter Eltern genutzt werden können.

3.1 Gelingensfaktoren der Kooperation von Institutionen und Professionen unterschiedlicher Leistungsbereiche

Kooperation zwischen den Leistungsbereichen ist bezogen auf Kinder psychisch erkrankter Eltern zum einen auf der Ebene der Fallarbeit, zum anderen aber auch auf der Ebene der Bedarfsanalyse und der Weiterentwicklung des Hilfesystems erforderlich. Um Kooperation auf beiden Ebenen angemessen aufbauen und ausgestalten zu können, bedarf es fallübergreifender Kooperationsstrukturen, die die fachliche Verständigung und Abstimmung von Vorgehensweisen befördern. Fallübergreifende Kooperationsstrukturen schaffen so zugleich die notwendige Rahmung, damit Kooperation auch in der Fallarbeit systematisch berücksichtigt und umgesetzt wird. Andernfalls bleibt die Zusammenarbeit im Einzelfall stark von den jeweils fallzuständigen Fachkräften abhängig.

Im Aufbau von gelingenden Kooperationsstrukturen sind insbesondere drei Dimensionen zu berücksichtigen. Zum einen gilt es ein gemeinsames Fach- und Fallverständnis der beteiligten Akteure zu entwickeln, ohne dass die spezifischen Aufträge und Leistungsmöglichkeiten verloren gehen. Zum anderen bedarf es konkreter Vereinbarungen zur Gestaltung der Zusammenarbeit, die für alle verbindlich sind. Außerdem braucht es die regelmäßige Reflexion der Zusammenarbeit zur Vergewisserung und ggf. auch Neuausrichtung. Diese Anforderungen gelten gleichermaßen für die fallübergreifende Kooperation wie auch für die Zusammenarbeit im Einzelfall. Je mehr es allerdings gelingt, auf fallübergreifender Ebene diese Fragen so zu klären, dass sie für den Arbeitsalltag der beteiligten Institutionen und Dienste relevant werden, desto mehr können sich die Verständigungsprozesse in der Fallarbeit auf die Konkretisierung fallspezifischer Aspekte begrenzen. Im Folgenden werden darum zunächst die allgemeinen Anforderungen an den Aufbau gelingender Kooperationsbeziehungen beschrieben.

3.1.1 Entwicklung eines gemeinsamen Fach- und Fallverständnisses

Die Kooperation von Institutionen und Professionen aus dem Bereich der Jugendhilfe und der Erwachsenenpsychiatrie ist ein anspruchsvolles Vorhaben. Dies gilt umso mehr als die relevanten Institutionen und Professionen ihre Arbeitsvollzüge und Handlungsstrategien jeweils an den für den eigenen Zuständigkeitsbereich geltenden Grundprämissen ausrichten. Damit Kooperation gelingen kann, bedarf es darum zuallererst des wechselseitigen Kennenlernens dieser Grundprämissen und der damit verbundenen Handlungslogiken in den jeweiligen Bereichen. Dazu gehört die Vermittlung von Wissen zur Verfasstheit und Angebotsstruktur der einzelnen Leistungsbereiche, zu

Zugängen und Anspruchsvoraussetzungen im Hinblick auf die Inanspruchnahme von Hilfen sowie zu Grundprinzipien der Leistungserbringung, ggf. auch zur Finanzierung.

Zur Entwicklung eines gemeinsamen Fach- und Fallverständnisses ist außerdem bedeutsam, sich gemeinsam mit der besonderen Lebenssituation von Kindern psychisch erkrankter Eltern zu beschäftigen und hierüber ein gemeinsames Verständnis von der spezifischen Bedarfslage psychisch erkrankter Eltern und ihrer Kinder zu erarbeiten. Dabei geht es nicht um die Auflösung der unterschiedlichen professionellen Sichtweisen von Jugendhilfe und Psychiatrie. Vielmehr soll die Blickrichtung der jeweils anderen Institution und Profession nachvollziehbar und über die perspektivendifferenzierte Betrachtung der zielgruppenspezifischen Bedarfslage die Komplexität der Lage angemessen erfassbar werden.

Hilfreich ist die Erarbeitung von Schlüsselbegriffen der jeweiligen Handlungsbereiche (z. B. Diagnostik, Hilfeplanung, Sozialraumorientierung, Lebensweltorientierung etc.). Besonders erkenntnisreich ist es dabei, Begriffe, die in mehreren Handlungsfeldern relevant sind, hinsichtlich ihrer jeweiligen inhaltlichen Füllung zu vergleichen und hiermit möglichen Missverständnissen in der Kommunikation vorzubeugen. So wurde beispielsweise im Verlauf einer Fallberatung im Rahmen des Landesmodellprojektes „Kinder psychisch kranker Eltern“ nach geraumer Zeit des Ringens um Verständigung plötzlich deutlich, dass mit dem Begriff des Betreuten Wohnens von den beteiligten Fachkräften der Jugend- und Eingliederungshilfe sehr unterschiedliche Hilfeangebote verbunden werden. Wird im Rahmen der Jugendhilfe damit in der Regel ein stationäres Hilfeangebot für ältere Jugendliche und junge Erwachsene bezeichnet, meint dieser Begriff im Rahmen der Eingliederungshilfe stets eine ambulante Begleitung. Erst mit der Auflösung dieses Missverständnisses wurde es möglich, den Hilfebedarf von Mutter und Kind genauer zu konkretisieren und über die Passgenauigkeit des Angebotes weiter nachzudenken. Solche Begriffsklärungen können zu Schlüsselerkenntnissen werden, die das wechselseitige Verstehen nachhaltig befördern.

Mit der Entwicklung eines gemeinsamen Fach- und Fallverständnisses geht somit eng das Kennen- und Verstehenlernen der Kooperationspartner, ihrer jeweiligen Herangehensweisen und Leistungsmöglichkeiten einher. Es sollte dabei um die wechselseitige Achtung sowie das Wissen darum gehen, dass bedarfsgerechte Unterstützungsstrukturen für Kinder psychisch kranker Eltern nur im Zusammenwirken aller relevanter Institutionen und Professionen erreicht werden können.

3.1.2 Vereinbarungen zur Gestaltung der Zusammenarbeit

Gelingende Zusammenarbeit braucht verlässliche Strukturen und verbindliche Vereinbarungen zu deren Ausgestaltung. Dies setzt zunächst eine eindeutige Entscheidung für die Mitwirkung im Kooperationsprozess durch die jeweilige Institution (auf Leitungsebene) voraus. Dazu gehört die Benennung von Vertreterinnen und Vertretern, die die jeweilige Institution mit möglichst hoher Kontinuität im Kooperationsprozess vertreten und entsprechend dazu beauftragt sind. Damit geht die Bereitstellung von entsprechenden personellen bzw. zeitlichen Ressourcen, ggf. auch die Verankerung dieser Aufgabe in der Stellen- oder Tätigkeitsbeschreibung einher.

Für die Entwicklung tragfähiger Kooperationsstrukturen hat es sich bewährt verbindliche Orte und zeitliche Rhythmen für Treffen zu vereinbaren, die Kontinuität in der Zusammenarbeit gewährleisten und zugleich am inhaltlichen Klärungs- und Erarbeitungsbedarf ausgerichtet sind. Darüber hinaus ist es förderlich, Kommunikationswege in der Zusammenarbeit zu klären, so dass ein möglichst gleicher Informationsstand gewährleistet werden kann.

Neben den Vereinbarungen zur Gestaltung der implementierten Kooperationsorte beruht eine gelingende Kooperation auch auf geklärten Formen der Zusammenarbeit im Fall. Dies kann erreicht werden, wenn die Verfahrensabläufe in den einzelnen Institutionen wechselseitig transparent gemacht sowie Ansprechpartner benannt und Zuständigkeiten geklärt werden. Es hat sich bewährt, wenn für Anfragen aus einem anderen Handlungsfeld jeweils ein Ansprechpartner zur Verfügung steht, der dann ggf. Anfragen und Anliegen innerhalb der eigenen Institution weiterleitet.

Um Vereinbarungen zur Zusammenarbeit zu sichern und diese auch für den Fall personeller Wechsel nachvollziehbar zu halten, kann es hilfreich sein diese in einer Kooperationsvereinbarung schriftlich festzuhalten. Die Inhalte der Kooperationsvereinbarung ergeben sich aus den Ergebnissen des zuvor vollzogenen Klärungs- und Aushandlungsprozesses, wobei Kernelemente des gemeinsamen Fach- und Fallverständnisses ebenso eingehen wie die Vereinbarungen zur konkreten Zusammenarbeit. So kommt der Kooperationsvereinbarung dahingehend eine unterstützende Funktion zu, dass die erarbeitete Zielsetzung und inhaltliche Ausrichtung auch im weiteren Arbeitsprozess als Orientierung erhalten bleiben.

3.1.3 Regelmäßige Reflexion der Zusammenarbeit

Eine gelingende Kooperation zeichnet sich schließlich auch dadurch aus, dass die beteiligten Akteure der Kooperation selbst Sinnhaftigkeit und Nützlichkeit zumessen und entsprechend bereit sind, sich in der Zusammenarbeit zu engagieren. Damit diese Voraussetzungen aber auf Dauer erhalten bleiben, bedarf es der regelmäßigen Reflexion der Zusammenarbeit hinsichtlich der Ergebnisse und Zieldienlichkeit des Handelns.

Vor diesem Hintergrund ist es empfehlenswert Vereinbarungen zur Zusammenarbeit als Meilensteine festzulegen, zu denen die bisherigen Entwicklungsprozesse in der Kooperation bilanziert und die Fortführung der Zusammenarbeit überprüft wird. Dabei gilt es stets eine doppelte Perspektive im Blick zu behalten, nämlich die Strukturen und inhaltliche Ausrichtung der Zusammenarbeit einerseits und die Entwicklung von bedarfsgerechten Unterstützungsstrukturen für Kinder psychisch erkrankter Eltern andererseits. Hierzu bedarf es in regelmäßigen Abständen einer Bestandsaufnahme, um Optimierungsbedarfe im Erreichten zu identifizieren und weitere Entwicklungsperspektiven herauszuarbeiten.

Die beschriebenen Anforderungen einer gelingenden Kooperation gilt es je nach Kontext auf fallübergreifender und auf Einzelfall-Ebene zu konkretisieren. Dabei können unterschiedliche Aktivitäten und Foren den Klärungs- und

Entwicklungsprozess unterstützen. In der nachfolgenden Übersicht werden die im Verlauf des Landesmodellprojektes erprobten Ansätze benannt. In den nachfolgenden Abschnitten werden diese im Einzelnen näher ausgeführt.

Leistungsbereich übergreifende Kooperationsstrukturen: Ansatzpunkte zur Förderung von Aufbau und Entwicklung	
Arbeitskreis / Runder Tisch „Kinder psychisch kranker Eltern“	
Gemeinsame Fortbildung (Fachkräfte der beteiligten Institutionen)	**Überinstitutionelle Fallberatung bzw. Helferkonferenz**
Gemeinsame Fachtage (Fach- und Leitungskräfte aller beteiligten Institutionen)	**Anonyme Fallberatung**
Verwaltungsinterner Workshop (Jugendamt, SPDi, Sozialamt)	**Zusammenwirken von Jugendhilfe und Eingliederungshilfe in der**
Fallrekonstruktion als Methode: Gemeinsames Lernen aus	

3.2 Überinstitutioneller Arbeitskreis

Für den Aufbau tragfähiger Kooperationsstrukturen braucht es einen verbindlichen Kommunikationsort, damit eine gemeinsame fachliche Ausrichtung der beteiligten Akteure erarbeitet werden kann. In diesem Gremium (Arbeitskreis, Runder Tisch o. ä.) sollten möglichst viele der relevanten Institutionen und Dienste durch die Leitungskräfte oder eine entsprechend beauftragte Person vertreten sein. Diese sollten kontinuierlich an den Treffen teilnehmen und in ihre Institution hinein eine Multiplikationsfunktion wahrnehmen.

Der regionale Einzugsbereich für eine solchen Arbeitskreis oder Runden Tisch kann sich entweder an der Kommune (entsprechend dem Zuständigkeitsbereich des Jugendamtes) oder an der psychiatrischen Versorgungsregion orientieren. Entsprechend kann ein solcher Arbeitskreis als eine Arbeitsgruppe nach § 78 SGB VIII, im Rahmen der PSAG (d. h. Psychosozialer Arbeitskreis) oder auch im Kontext des lokalen Netzwerkes zur Förderung von Kindeswohl und Kindergesundheit implementiert werden.

Wie die Erfahrungen der Standorttreffen im Rahmen des Landesmodellprojektes „Kinder psychisch kranker Eltern" gezeigt haben, sind drei (halbtägige) Treffen im Jahr ein angemessener Turnus, um in eine fachliche Verständigung einzutreten und einen kontinuierlichen Entwicklungsprozess zu gestalten. Hilfreich ist es, wenn die Treffen durch eine Person bzw. Institution moderiert und dokumentiert werden. Darüber hinaus empfiehlt es sich zu klären, wer Informationen und Kommunikationsbedarfe zwischen den Treffen bündelt, koordiniert und für entsprechende Weiterleitung sorgt. Im Rahmen des Landesmodellprojektes wurden die Aufgaben der Moderation und Koordination durch die wissenschaftliche Begleitung erbracht. Alternativ ist eine rollierende Koordination vorstellbar, wobei ein Beauftragungszeitraum auf jeden Fall mehrere Treffen umfassen sollte (z. B. sechs Treffen in zwei Kalenderjahren). Nur so können Kontinuität im Arbeitsprozess gesichert und Routine in der Zusammenarbeit entwickelt werden.[4]

Für das Kennen- und Verstehenlernen kann es zieldienlich sein, dass sich von Treffen zu Treffen je eine Institution (oder Profession) mit ihrem Aufgabenfeld und Leistungsangebot vorstellt. Zudem kann dieser Prozess dadurch unterstützt werden, dass die Treffen reihum in den Räumlichkeiten der beteiligten Akteure stattfinden und – soweit passend – ein Einblick in die Arbeit vor Ort ermöglicht wird. Darüber hinaus können gemeinsame Fallrekonstruktionen die Entwicklung eines gemeinsamen Fach- und Fallverständnisses unterstützen.[5]

Fallübergreifende Kooperationsorte bieten schließlich günstige Gelegenheiten, damit sich die Ansprechpartner für das Thema „Kinder psychisch kranker Eltern" aus den beteiligten Institutionen und Professionen jenseits von fallspezifischen Fragestellungen kennenlernen und Wege der Zusammenarbeit miteinander erarbeiten können. Dabei gilt es vor allem Verfahrensabläufe, Zuständigkeiten und relevante Schnittstellen zu klären. Zentrale Fragestellungen sind dabei beispielsweise:

[4] Werden Arbeitskreise oder Runde Tische zum Thema „Kinder psychisch kranker Eltern" im Rahmen der lokalen Netzwerke Kindesschutz implementiert, können ggf. die Moderation und Koordination auch durch die Netzwerkkoordinatorinnen bzw. -koordinatoren erbracht werden.

[5] Das Vorgehen für eine solche Fallrekonstruktion wird weiter unten in einem eigenen Abschnitt ausführlicher vorgestellt.

- □ Wann soll / kann die Jugendhilfe auf jeden Fall mit der Psychiatrie Kontakt aufnehmen?
- □ Welche Informationen sind für die Psychiatrie seitens der Jugendhilfe wichtig, damit sie eine Einschätzung zur aktuellen Situation vornehmen kann?
- □ Wie kann die Psychiatrie außerhalb der üblichen Dienstzeiten mit dem Jugendamt Kontakt aufnehmen, wenn eine Mutter in die Klinik aufgenommen werden musste und die Versorgung der Kinder nicht ausreichend geklärt ist?

Der Aufbau verlässlicher fallübergreifender Kooperationsstrukturen braucht Zeit. Erfahrungen aus Praxisentwicklungsprojekten zeigen, dass drei Jahre für die Implementierung und nachhaltige Verankerung von Kooperationsstrukturen ein zu veranschlagender Zeithorizont sind. Die Klärung der aufgezeigten Fragestellungen und thematischen Aspekte kann dabei eine Stütze für den Aufbauprozess darstellen indem diese Zug um Zug bearbeitet, erste Vereinbarungen getroffen, überprüft und reflektiert werden. Als Muster für die Tagesordnung der einzelnen Treffen bietet sich entsprechend an:

3.3 Fortbildungen, Fachtage, Workshops als Instrumente der Kooperationsentwicklung

Gemeinsame Fortbildungen, Fachtage und Workshops sind weitere Instrumente, um auf breiterer Basis in den beteiligten Institutionen und Diensten ein gemeinsames Fach- und Fallverständnis zu entwickeln. Dabei geht es um Möglichkeiten der Präsentation der verschiedenen Handlungsbereiche sowie des fachlichen Austausches. Darüber hinaus wird der Blick aller Beteiligten für die besondere Situation von Kindern psychisch erkrankter Eltern sowie den spezifischen Unterstützungsbedarfen geschärft. Im Rahmen des Landesmodellprojektes „Kinder psychisch kranker Eltern“ wurden alle drei Formen von Veranstaltungen erprobt. Im Folgenden sollen der Aufbau sowie ihre zentralen Inhalte skizziert werden. Zugleich werden hierüber die unterschiedlichen Akzentuierungen hinsichtlich Teilnehmerkreis und Zielsetzung hervorgehoben.

3.3.1 Institutionsübergreifende Fortbildung

Im Rahmen des Landesmodellprojektes „Kinder psychisch kranker Eltern“ wurde eine fünftägige Fortbildungsreihe mit Fach- und Leitungskräften aus allen drei Modellstandorten durchgeführt. Vor dem Hintergrund der hier erworbenen Erfahrungen ist eine solche institutionsübergreifende Fortbildung insbesondere im Rahmen eines bestehenden bzw. sich entwickelnden Kooperationszusammenhangs zu empfehlen.

Gegenstand und Zielsetzung einer solchen Fortbildung sind die Sensibilisierung für die besondere Situation von Kindern psychisch erkrankter Eltern sowie die Vermittlung von geeigneten Unterstützungsmöglichkeiten. Darüber hinaus können in diesem Rahmen konkrete Handlungsansätze für eine verbesserte Zusammenarbeit vor Ort erarbeitet werden. Dazu bedarf es zum einen der Information über Rechtsgrundlagen, Handlungsstrukturen und fachliche Grundprämissen der beiden Handlungsbereiche Psychiatrie und Jugendhilfe. Zum anderen sollten zentrale Schnittstellenthemen aus den verschiedenen Perspektiven betrachtet und konkrete Handlungsmöglichkeiten erarbeitet werden. Dabei geht es insbesondere um die Themenkreise Erziehungsfähigkeit und Kindeswohlgefährdung, Resilienz und Bewältigungsressourcen sowie die Aufklärung der Kinder über die Erkrankung der Eltern. Daraus ergeben sich folgende Fortbildungsthemen:

- Überblick zu den bisherigen Erkenntnissen bezüglich der besonderen Lebenssituation von Kindern psychisch erkrankter Eltern
- Einführung in die Kinder- und Jugendhilfe hinsichtlich Unterstützungsmöglichkeiten für Kinder psychisch erkrankter Eltern und ihre Familien
- Einführung in die psychiatrischen Versorgungsstrukturen
- Information und altersgemäße Aufklärung der Kinder über die Erkrankung
- Unterstützungsmöglichkeiten für Kinder und psychisch erkrankte Eltern auf der Basis der Erkenntnisse aus der Resilienz- und Copingforschung
- Psychische Erkrankung und Kindeswohlgefährdung

Damit die Fortbildung aktivierende Impulse im Aufbau von Kooperationsstrukturen setzen kann, ist es empfehlenswert, dass teilnehmende Fachkräfte auch in ihrem Arbeitsalltag zumindest teilweise mit anderen vertretenen Institutionen oder Diensten (potentiell) kooperieren. Eine solche institutionsübergreifende Fortbildung kann umso stärker Kooperation fördernd wirken, als möglichst viele der folgenden Institutionen vertreten sind:

- □ Allgemeiner Sozialer Dienst des Jugendamtes
- □ Einrichtungen und Dienste der Jugendhilfe, incl. Beratungsstellen
- □ Sozialpsychiatrischer Dienst
- □ Ärzte aus den Kliniken der Erwachsenenpsychiatrie
- □ Sozialer Dienst der Kliniken der Erwachsenenpsychiatrie
- □ Gemeindepsychiatrische Angebote/Eingliederungshilfe
- □ Kinder- und Jugendpsychiatrie
- □ Frühförderung / sozialpädiatrisches Zentrum

3.3.2 Gemeinsame Fachtage von Psychiatrie und Jugendhilfe

Im Hinblick auf eine gelingende Zusammenarbeit von Jugendhilfe und Psychiatrie lassen sich aus den bisherigen Erkenntnissen zwei zentrale Wissensbestände identifizieren, über die möglichst alle Fachkräfte in der Begleitung von psychisch erkrankten Eltern oder ihren Kindern verfügen sollten. Dies ist auf Seiten der Psychiatrie das Wissen um die vielfältigen Unterstützungsmöglichkeiten für Eltern und Kinder im Rahmen der Kinder- und Jugendhilfe sowie die Zugänge zu denselben. Für Fachkräfte der Kinder- und Jugendhilfe steht die Qualifizierung für den Umgang mit psychisch erkrankten Menschen im Vordergrund. Dabei geht es nicht um ein ausgefeiltes Wissen um psychische Erkrankungen, sondern vielmehr um die Auswirkungen psychischer Erkrankungen und adäquate Formen des Umgangs damit.

Gemeinsame Fachtage für Fach- und Leitungskräfte aus Psychiatrie und Jugendhilfe können hier einen Rahmen schaffen, in dem wechselseitig Wissensbestandteile aus diesen Themenfeldern vermittelt und zugleich der Austausch miteinander angeregt wird. Dabei ist zu empfehlen, möglichst viele Institutionen - und zwar sowohl leistungsgewährende als auch leistungserbringende - in der Region einzubinden und somit einen fachlichen Diskurs auf breiter Ebene zu verankern. Die Federführung für einen solchen Fachtag sollte nach Möglichkeit beim Steuerungsgremium des Gesamtprozesses liegen. Alternativ können auch Jugend- und Gesundheitsamt im Rahmen ihrer Gesamtverantwortung als öffentlicher Träger dazu einladen.

Fachkräfte der Kinder- und Jugendhilfe bekunden einen hohen Bedarf, mehr über psychische Erkrankungen zu wissen. Oftmals besteht eine große Unsicherheit im Umgang mit dem Besonderen und Anderen, das psychisch erkrankte Menschen zeigen. Der Rahmen eines solchen Fachtages ist geeignet, Grundinformationen zu dieser Fragestellung zu vermitteln. So hat es sich im Rahmen des Landesmodellprojektes bewährt, dass die Krankheitsbilder, von denen Eltern am häufigsten betroffenen sind, vom Chefarzt der örtlich zuständigen Klinik vorgestellt und hinsichtlich ihrer Auswirkungen auf die Alltagsgestaltung und die Wahrnehmung von Erziehungsaufgaben erläutert werden. Hierüber kann zugleich deutlich werden, welche Einschätzungsprozesse seitens der Psychiatrie erforderlich sind, um eine Diagnose oder auch eine Prognose zum weiteren Verlauf der Erkrankung stellen zu können bzw. festzustellen welche Grenzen zu beachten sind.

Für die Fachkräfte der Psychiatrie ist es maßgeblich, die Breite der Hilfeangebote seitens der Kinder- und Jugendhilfe kennenzulernen, um für die Inanspruchnahme von unterstützenden Hilfen aus dem Bereich der Kinder- und Jugendhilfe werben und kompetent vermitteln zu können. Hierzu ist es zieldienlich, wenn das regional zuständige Jugendamt im Rahmen eines solchen Fachtages das verfügbare Angebotsspektrum vorstellt. Besondere Aufmerksamkeit sollte dabei präventiven und niedrigschwelligen Unterstützungsmöglichkeiten zugemessen werden, die ohne gesonderten Antrag in

Anspruch genommen werden können und somit allen Bürgerinnen und Bürgern offen stehen. Dieses sollte durch eine Präsentation der Zugangswege und Entscheidungsverfahren bei intensiveren Hilfebedarfen ergänzt werden. Dazu ist es hilfreich das Hilfeplanverfahren in seinen wesentlichen Schritten und den dazu notwendigen Zeiträumen zu erläutern. Außerdem sollte das doppelte Mandat der Kinder- und Jugendhilfe - nämlich sowohl dienstleistungsorientiert Hilfen zur Verfügung zu stellen als auch den Schutzauftrag für junge Menschen in gefährdenden Kontexten wahrzunehmen - transparent und nachvollziehbar werden. Denn oftmals ist auch bei den Fachkräften der Psychiatrie das Bild vom Jugendamt stark von den Maßnahmen bei Kindeswohlgefährdung geprägt.

Kooperation wird allerdings nicht nur durch die Vermittlung von Wissensbausteinen, sondern ebenso durch Kommunikation zwischen den beteiligten Fach- und Leitungskräften sowie das persönliche Kennenlernen und miteinander ins Gespräch kommen gefördert. Damit ein solcher Fachtag eine kooperationsfördernde Wirkung entfalten kann, ist es darum empfehlenswert in der Gestaltung des Tages gezielt Kommunikationsräume zu schaffen, die diesen Prozess unterstützen. Dazu bietet sich ein offener Eingangsbereich mit Stehkaffee oder ähnlichem ebenso an wie die Pausen. Außerdem ist es empfehlenswert, nach den inhaltlichen Präsentationen jeweils Gelegenheit für Rückfragen und Anmerkungen einzuräumen. Eine weitere Möglichkeit ist das Angebot von kleinen Gesprächsgruppen im Anschluss an die Präsentationen. So kann direkt vor Ort ein (erster) fachlicher Austausch zwischen den teilnehmenden Fachkräften angeregt werden Dabei geht es insbesondere um die Vertiefung des Gehörten und dessen Reflexion vor dem Hintergrund der eigenen Fallarbeit. Hilfreich ist bei der Durchführung eines solchen Fachtages außerdem eine (externe) Moderation, die durch den Tag leitet und inhaltliche Bezüge zwischen den verschiedenen Beiträgen herstellen kann.

Programm für einen gemeinsamen Fachtag für Fach- und Leitungskräfte in Psychiatrie und Jugendhilfe

- Offener, kommunikationsfördernder Eingangsbereich (Stehkaffee u. ä.)
- Begrüßung
- Fachliche Einführung in das Thema „Kinder psychisch kranker Eltern"
- Vorstellung psychiatrischer Krankheitsbilder und ihrer Auswirkungen auf den (Erziehungs-)Alltag
- Vorstellung der Angebote und Entscheidungswege im Jugendamt
- Austausch in Kleingruppen
- Rückmeldungen und Ausblick auf die weitere Zusammenarbeit

3.3.3 Verwaltungsinterner Workshop von Jugendamt, Sozialpsychiatrischem Dienst und Sozialamt

Eine zentrale Kooperationsaufgabe im Hinblick auf Kinder psychisch kranker Eltern ist die Abstimmung von parallelen Hilfen durch verschiedene Leistungsbereiche. Dabei kommt den leistungsgewährenden Stellen eine besondere Bedeutung zu; für die Kinder- und Jugendhilfe ist dies das Jugendamt, für die Eingliederungshilfe das Sozialamt. Darüber hinaus kommt dem Sozialpsychiatrischen Dienst eine wichtige Funktion in der Begleitung von psychisch erkrankten Menschen, in der Vermittlung zu unterstützenden Hilfen sowie in der Begutachtung hinsichtlich einer möglicherweise notwendig werdenden Zwangseinweisung zu.

Abgestimmte Hilfen zu gestalten bedeutet, ein möglichst ganzheitliches Hilfesetting zu entwickeln, in dem die Bedarfe von Eltern und Kindern berücksichtigt sind und die diesbezüglich notwendigen Unterstützungsleistungen jeweils in der geeigneten Form und durch die entsprechende Stelle erbracht werden. Dies erfordert allerdings Kommunikation und Abstimmung bereits hinsichtlich des diagnostischen Prozesses, der zur Einschätzung des jeweiligen Hilfebedarfes führt. Außerdem sind die Entscheidungsprozesse der Hilfegewährung abzugleichen und ggf. zu synchronisieren. Darüber hinaus braucht es eine gemeinsame Zielperspektive und eine kritische Prüfung dazu, wie die verschiedenen Hilfebestandteile so ineinander greifen können, dass sie sich im Gesamtprozess wechselseitig befördern und nicht behindern oder gar die Familie mit „zuviel des Guten“ überfordern.

Um solche abgestimmten Hilfen zu erreichen, braucht es auch innerhalb der Verwaltung ausreichendes Wissen und Verständnis für die gesetzlichen Aufgaben, Leistungsmöglichkeiten und Hilfegewährungsprozesse der einzelnen Abteilungen (Jugendamt, Sozialpsychiatrischer Dienst, Eingliederungshilfe). Dies ist allerdings nicht selbstverständlich gegeben, sondern muss erworben werden. Hierzu kann ein verwaltungsinterner Workshop beitragen, der Raum schafft für das wechselseitige Kennenlernen der Bereiche und die Klärung von Schnittstellenfragen.

Für die Durchführung eines solchen verwaltungsinternen Workshops bieten sich drei Schritte an. Diese sind zunächst eine fachliche Einführung in die besondere Lebenssituation von Kindern psychisch erkrankter Eltern, ihre zentralen Unterstützungsbedarfe und geeigneten Hilfeansätze. Dem folgt die wechselseitige Vorstellung der Leistungsbereiche mit ihren jeweiligen Handlungsgrundlagen und Vorgehensweisen bezogen auf die Zielgruppe „Kinder psychisch kranker Eltern“. Im dritten Schritt geht es dann um die Identifizierung von Weiterentwicklungsbedarfen in der Zusammenarbeit sowie um Möglichkeiten der Optimierung der Hilfeerbringung sowie um geeignete Strategien zur Umsetzung.

Nach Möglichkeit sollten an einem solchen verwaltungsinternen Workshop alle Mitarbeitenden in den drei Bereichen einschließlich der jeweiligen Leitungskräfte teilnehmen, um eine gemeinsame Wissens- und Ideenbasis für den anstehenden Prozess zu erreichen. Die Vorstellung der Leistungsbereiche sollte durch die jeweiligen Leitungskräfte erfolgen. Damit werden die Bedeutung des Workshops insgesamt unterstrichen und die Gleichwertigkeit der Bereiche auch bei unterschiedlicher personeller Ausstattung und Binnengliederung hervorgehoben. Es empfiehlt sich mit der Eingliederungshilfe zu starten und die Reihe mit Sozialpsychiatrischem Dienst und schließlich Jugendamt fortzuführen. Gerade wenn es gelingt, dass alle Mitarbeitenden am Workshop teilnehmen, ist das Jugendamt bezogen auf die Anzahl der Personen meist den anderen Bereichen weit überlegen. So kann die Dominanz in der Wahrnehmung etwas zurückgenommen werden.

Vor dem Hintergrund der fachlichen Einführung und der Präsentation von drei Leistungsbereichen entstehen bei den Teilnehmenden in der Regel eine Reihe von konkreten Ideen dazu, wie die Zusammenarbeit zwischen den Bereichen im Sinne einer engeren Abstimmung paralleler Hilfen verbessert werden kann. Diese sollten auf jeden Fall im Rahmen des Workshops zusammengetragen und soweit als möglich im Hinblick auf die ersten Umsetzungsschritte konkretisiert werden. Zieldienlich ist es dabei, Veränderungsschritte, die im Bereich des eigenen Einflussbereiches liegen, möglichst verbindlich noch im Rahmen des Workshops zu vereinbaren. Bei komplexeren Umsetzungsschritten empfiehlt es sich, den Weg der Klärung zu skizzieren und Verantwortlichkeiten festzulegen. So kann am Ende dieses Workshoptages ein Maßnahmenplan stehen, der in der Hilfepraxis handlungsrelevant wird.

Für die Ausgestaltung des Workshops empfiehlt sich schließlich – ähnlich wie für den gemeinsamen Fachtag von Psychiatrie und Jugendhilfe – in der Tagesplanung Kommunikationsräume jenseits des inhaltlichen Programms vorzusehen. Auch ist eine (externe) Moderation des Tages hilfreich.

Programm für einen verwaltungsinternen Workshop

- Begrüßung
- Fachliche Einführung in das Thema „Kinder psychisch kranker Eltern"
- Vorstellung der Abläufe und Entscheidungswege in der Eingliederungshilfe mit dem besonderen Blick auf psychisch erkrankte Eltern
- Vorstellung der Abläufe und Entscheidungswege im Sozialpsychiatrischen Dienst mit dem besonderen Blick auf psychisch erkrankte Eltern
- Vorstellung der Abläufe und Entscheidungswege im Jugendamt mit dem besonderen Blick auf psychisch erkrankte Eltern
- Ideenentwicklung zur Optimierung der Zusammenarbeit zwischen Sozialamt, Sozial-psychiatrischem Dienst und Jugendamt in Bezug auf Kinder psychisch kranker Eltern
- Konkretisierung der entwickelten Ideen und Vereinbarungen zum weiteren Vorgehen

3.4 Fallrekonstruktionen: Gemeinsames Lernen aus Fallverläufen

Die Fallrekonstruktion ist ein methodisches Element, das den Blick für Gemeinsamkeiten und Unterschiede im fachlichen Handeln der im Fall beteiligten Akteure, für Möglichkeiten und Grenzen, aber auch für Klärungsbedarfe schärfen kann. Dabei werden die unterschiedlichen Perspektiven auf den Fallverlauf genutzt, die sich aus den jeweiligen Rollen in der Zusammenarbeit sowie als Beteiligte an der Fallrekonstruktion selbst ergeben. Die Fallrekonstruktion kann sowohl in Arbeitskreisen als auch bei Fortbildungsveranstaltungen genutzt werden, um die Potentiale des Lernens aus (gemeinsamen) Fallverläufen zugänglich zu machen.

Die Fallrekonstruktion ist zu verstehen als eine methodisch strukturierte Form der gemeinsamen Fallbetrachtung. Hierzu sollten Fallverläufe ausgewählt werden, in denen es tatsächlich zu einer Kooperation zwischen Jugendhilfe und Erwachsenenpsychiatrie gekommen ist. Ziel der Betrachtung ist die gemeinsame Reflexion von fachlichen Einschätzungen, daraus resultierenden Handlungsentscheidungen sowie damit verbundene Aus- und Nebenwirkungen. So sollen zugleich Lernen aus Fallverläufen ermöglicht und Schlussfolgerungen für die weitere Kooperationsentwicklung gewonnen werden.

Die ausgewählten Fälle sollten nach Möglichkeit abgeschlossen sein bzw. schon über etwas längere Zeit laufen, damit Entwicklungen nachgezeichnet und eingeschätzt werden können. Hinsichtlich des Kooperationsverlaufs sollte darauf geachtet werden, dass dieser einerseits Schwierigkeiten aufweist, andererseits aber auch gelingende Elemente beinhaltet. Außerdem sollten die Kooperationspartner im Fall möglichst an der Fallrekonstruktion selbst beteiligt sein.

Im methodischen Vorgehen steht zu Beginn der Fallrekonstruktion die Fallvorstellung durch die Institution, die den Fall ausgewählt hat. Zur Fallvorstellung gehört eine Skizze zur Ausgangssituation bei Beginn der Hilfe bzw. bei Klinikaufnahme. Außerdem sollte der Kooperationsverlauf entlang zentraler

Schritte im Hilfeverlauf dargestellt werden. Die Leitfragen richten sich auf

- □ die Initiierung der Kooperation zwischen Jugendhilfe und Psychiatrie (Anlass, Kontext, Akteure),
- □ die Kooperationskontakte (Anliegen, Zielsetzung, Beteiligte),
- □ deren Bewertung sowie
- □ darüber hinausgehende Kooperationsüberlegungen (nicht realisierte Kooperationskontakte u. ä.)

Die zentralen Inhalte werden an einer Zeitleiste entlang der wesentlichen Etappen im Hilfeverlauf sowie der tatsächlich stattgefundenen Kooperationskontakte visualisiert.

An die Fallvorstellung schließt sich zunächst eine Nachfragerunde zu Verständnisfragen an. Anschließend findet die erste Perspektivenerweiterung statt. Dazu bringen die fallbeteiligten Kooperationspartner ihre Einschätzungen und Sichtweisen zum Fallverlauf und zur Kooperation ein. Diese können anschließend durch die falleinbringende Fachkraft kommentiert werden. Danach wird die Außenperspektive der nicht beteiligten Institutionen eingeholt. Dabei geht es insbesondere um weitere Aspekte und andere Blickwinkel auf die Fallkonstellation und den Kooperationsverlauf. Daran anschließend erhalten die fallbeteiligten Akteure noch einmal Gelegenheit zur Kommentierung. Die Fallrekonstruktion mündet schließlich in die Frage, was aus diesem Fall gelernt werden kann.

Im Rahmen des Landesmodellprojektes wurden zu Beginn an allen drei Standorten jeweils zwei Fallrekonstruktionen durchgeführt. In diesem Setting konnten sowohl gelingende als auch schwierige Kooperationserfahrungen direkt der Verständigung zugänglich gemacht werden. Außerdem konnten hieraus eine Reihe von Ansatzpunkten für die kooperative Weiterentwicklung vor Ort gewonnen werden. So wurde deutlich, wie wenig die beteiligten Einrichtungen und Institutionen von einander wissen. Gleichzeitig entstand eine große Übereinstimmung hinsichtlich der Wichtigkeit einer klaren Profilierung der Kooperationspartner und ihrer jeweiligen Leistungsangebote, um gezielt die Zusammenarbeit suchen und nachfragen zu können. Ähnlich zeigte sich im Verlauf der Fallberatungen, dass hinsichtlich des insgesamt vor Ort verfügbaren Hilfe- und Unterstützungsangebotes ein eher zersplittertes Wissen besteht („jeder weiß etwas"). Dieses gilt es zusammenzuführen, um im Bedarfsfall gezielter darauf zugreifen zu können. Schließlich zeigten die Fallrekonstruktionen, wie wenig die Hilfe- bzw. Teilhabeplanung in Jugendhilfe und Eingliederungshilfe aufeinander abgestimmt sind. Hier kristallisierte sich ein eigener Anknüpfungspunkt für die Entwicklung von Kooperationsstrukturen heraus, der weiter unten genauer beleuchtet wird.

Vor dem Hintergrund dieser Erfahrungen im Kontext des Landesmodellprojektes sind die Fallrekonstruktionen als methodischer Zugang zu den bestehenden Kooperationserfahrungen sehr zu empfehlen. Neben dem fachlichtheoretischen Zugang über Evaluations- und sonstige Forschungsergebnisse ermöglicht der kritischreflexive Blick zurück auf die konkrete Kooperationspraxis eine Alltagsnähe, die zugleich Handlungsimpulse freisetzt. Voraussetzung ist dafür allerdings, dass schwierige und gelingende Kooperationserfahrungen gleichermaßen neutral betrachtet und hinsichtlich ihrer Bedeutung für die zukünftige Zusammenarbeit bewertet werden. Im Fokus des Erkenntnisinteresses stehen dabei das Verstehen des fachlichen Handelns der anderen aus der jeweiligen Motivation und Zielsetzung heraus. Außerdem geht es um die Frage, wie die bereits gelingende Kooperationspraxis gestärkt und ausgeweitet werden kann. An identifizierte Schwierigkeiten in der Zusammenarbeit schließen dagegen Überlegungen an, welche alternativen Handlungsmöglichkeiten denkbar und als zielführender einzuschätzen sind.

Um diese Zielsetzung und inhaltliche Ausrichtung der Fallrekonstruktionen durchhalten zu können, ist eine Moderation unerlässlich, die auf die Einhaltung der einzelnen Schritte sowie auf die Wahrung der skizzierten Neutralität achtet. Hilfreich ist für die einzelnen Schritte klare zeitliche Vorgaben zu setzen, auf deren Einhaltung ebenfalls die Moderation achtet. Wird die Moderation von einer Person aus dem internen Kreis wahrgenommen, sollte diese nicht in den Fall involviert sein und in keiner Weise inhaltlich in die Betrachtung einsteigen. Alternativ kann auch eine externe Moderation hinzugezogen werden. Als Leitfaden für die Moderation kann die nachfolgende Übersicht zum Ablauf der Fallrekonstruktion dienen.

Fallrekonstruktion

Leitfragen für die Fallvorstellung:

- Skizze der Ausgangssituation (Beginn der Hilfe)
- Zu welchem Zeitpunkt und in welcher Situation kam es zur Kooperation zwischen Psychiatrie und Jugendhilfe?
- Beschreibung der einzelnen Kooperationskontakte (-sequenzen): Wer hat die Kooperation initiiert? Was waren Anliegen und Zielsetzung der Kooperationsaufnahme? Einschätzung der Kooperation: Was hat die Kooperation gebracht?
- Gab es darüber hinaus Kooperationsüberlegungen und -versuche, die nicht zu Stande gekommen sind?

Visualisierung des Hilfeverlaufes anhand von zwei Zeitleisten:

- Eine Zeitleiste für zentrale Etappen im Hilfeverlauf
- Eine parallel verlaufende Zeitleiste für Kooperationskontakte/-schritte

Vorgehen:

1. Fallvorstellung durch die fallverantwortliche Fachkraft (einmal Jugendamt, einmal Psychiatrie) (10 min)
2. Nachfragerunde (5 min)
3. Perspektivenerweiterung: Ergänzungen, Anmerkungen, unterschiedliche Sichtweisen der fallbeteiligten Partner (10 min)
4. Kommentierung durch fallvorstellende Person (5 min)
5. Außenperspektive der nicht fallbeteiligten Institutionen: Was ist Ihnen aufgefallen? Welche weiteren Sichtweisen gibt es? (10 min)
6. Kommentierung durch fallvorstellende Person und fallbeteiligte Partner (5 min)
7. Auswertung der Fallrekonstruktion im Plenum: Was lernen wir daraus? (15 min)

Auswahlkriterien für die Fälle:

- Abgeschlossene Hilfen
- Möglichst Kooperationspartner im Hilfeverlauf, die auch (teilweise) Projektpartner im Standort sind
- Kooperationsverlauf, der nicht immer einfach war, aber dennoch auch gelingende Elemente beinhaltet (z. B. dass es überhaupt zu Kooperation kam)

3.5 Überinstitutionelle Fallberatung und Helferkonferenzen

Die Bestandsaufnahme insbesondere hinsichtlich der Kooperationserfahrungen hat deutlich gezeigt, dass es für die Ausgestaltung eines bedarfsgerechten Hilfesettings für psychisch erkrankte Eltern und ihre Kinder einen strukturell verankerten Ort für die fachliche Abstimmung der fallverantwortlichen Fachkräfte braucht - auch jenseits der Hilfe- und Teilhabeplanung. Die Helferkonferenz ist ein - zumindest im Bereich der Jugendhilfe - weithin bekanntes Instrument der Fallberatung unter Einbeziehung der Beteiligten unterschiedlicher Institutionen. Mit dem Titel „überinstitutionelle Fallberatung" soll darüber hinaus unterstrichen werden, dass es in Bezug auf die bedarfsgerechte Gestaltung von Hilfen für Kinder psychisch erkrankter Eltern und ihre Familien notwendig ist, die beteiligten Institutionen und Professionen aus allen Leistungsbereichen einzubeziehen.

Überinstitutionelle Fallberatungen sollten nach Möglichkeit einberufen werden, wenn

- eine Hilfe neu beginnt und bereits andere Helfer bzw. Helferinnen mit der Familie zusammenarbeiten,
- richtungsweisende Entscheidungen im Fallverlauf anstehen (z. B. die Fremdunterbringung eines Kindes erscheint zumindest aus der Sicht eines Akteurs unvermeidbar; eine Rückführung in die Herkunftsfamilie wird anvisiert; familiengerichtliche oder auch vormundschaftsgerichtliche Schritte werden von mindestens einem Akteur in Erwägung gezogen u. a.),
- Hilfen aus einem Leistungsbereich beendet werden sollen oder
- es zu Krisen im Fallverlauf kommt.

Darüber hinaus kann eine überinstitutionelle Fallberatung auch ein hilfreiches Instrument sein, wenn

- die Hilfe aus Sicht mindestens eines Akteurs stagniert oder
- mindestens eine beteiligte Institution oder Profession Reflexions- oder Abstimmungsbedarf signalisiert.

Zielsetzung einer solchen überinstitutionellen Fallberatung ist die Entwicklung eines gemeinsam getragenen Fallverständnisses der im Fall kooperierenden Institutionen und Professionen sowie die gemeinsame Entwicklung eines passgenauen Hilfesettings. Dazu gehören – insbesondere zu Beginn der Zusammenarbeit – die Erarbeitung einer Bedarfseinschätzung unter Berücksichtigung der verschiedenen Perspektiven und professionellen Deutungen ebenso wie die Sondierung, welche Bausteine aus welchen Leistungsbereichen notwendig und geeignet sind und wie diese in einem förderlichen Gesamt-Hilfekonzept zusammengeführt werden können. Im Hinblick auf eine gelingende Zusammenarbeit aller Helferinnen und Helfer können zudem in der überinstitutionellen Fallberatung eine Ziel- und Aufgabenklärung vorgenommen und eine entsprechende Arbeitsteilung abgestimmt werden.

Ziel einer überinstitutionellen Fallberatung im Fallverlauf – sei es anlässlich von geplanten Settingveränderungen oder auch Krisen – ist immer auch, die eigenen Einschätzungen und anvisierten Handlungsschritte zu überprüfen sowie die Aus- und Nebenwirkungen der Veränderungen in einem Hilfebaustein auf das Handeln der anderen Akteure herauszuarbeiten. Darüber hinaus können überinstitutionelle Fallberatungen auch bei Unsicherheiten innerhalb des eigenen Verantwortungsbereiches genutzt werden, um Einschätzungen anderer Professionen und Institutionen einzuholen und so die Handlungsbedarfe im eigenen Zuständigkeitsbereich besser abschätzen zu können.

Eine Fallberatung unterscheidet sich von einem offenen fachlichen Austausch dadurch, dass sie methodisch strukturiert durchgeführt wird und auf eine spezifische Fragestellung fokussiert. Außerdem sollte die Fallberatung ziel- und ergebnisorientiert ausgerichtet werden. Darüber hinaus gilt es die Ergebnisse so zu dokumentieren, dass sie anschließend allen Beteiligten für die weitere Arbeit zur Verfügung stehen. Diese Anforderungen lassen sich beispielsweise in folgendem Vorgehen umsetzen:

Vorgehen kollegiale Fallberatung Voraussetzung: zuständige Fachkraft bereitet Fallvorstellung vor		
1. Schritt	**Fallvorstellung bzw. Vorstellung der beratungsrelevanten Situation** Ggf. mit Unterstützung visualisierender Methoden (z. B. Genogramm, Zeitstrahl, Netzwerkkarte) Inkl. Formulierung einer **Beratungsfrage**	10 min
2. Schritt	**Nachfragerunde** Nur Verständnisfragen zum Fall ggf. Konkretisierung des Beratungsbedarfs	10 min
3. Schritt	**Hypothesenbildung** Inkl. Prüfung von Gegenhypothesen Hierbei unterschiedliche professionelle Sicht und Perspektive des jeweiligen Leistungsangebotes nutzen	10 - 15 min
4. Schritt	**Herausarbeiten der Bedeutung der Hypothesen für die weitere Fallarbeit/Handlungsoptionen** Sowohl im Hinblick auf das psychisch erkrankte Elternteil als auch die Kinder und die Familie als Ganzes	10 min
5. Schritt	**Rückmeldung der fallvorstellenden Fachkraft** Erkenntnisgewinn durch die Fallberatung	10 min

Voraussetzung für eine Fallberatung in diesem Sinne ist die Wertschätzung des Expertentums aller Beteiligten. Unterschiede in den Einschätzungen hinsichtlich Bedarfen und geeigneten Handlungsstrategien erweitern als mögliche alternative Deutungen den Horizont. Von Interesse ist, welche Beobachtungen und welches fachliche Wissen zu welcher Deutung führen und wie die einzelnen Aspekte in der Zusammenschau zu bewerten sind. Der Beitrag jedes einzelnen Akteurs ist wichtig, um der Komplexität der Lebenssituation der jeweiligen Familie mit ihren Bewältigungsanforderungen an Eltern und Kinder möglichst gerecht werden zu können.

Um solche Möglichkeiten der Fallberatung zu schaffen, bedarf es entsprechender Vereinbarungen zwischen den Institutionen dazu, unter welchen Voraussetzungen und in welchem Rahmen diese durchgeführt werden können (Wer beruft ein? Wer nimmt teil? Wer moderiert? Wo und wann findet die Fallberatung statt? etc.). Diese Absprachen sollten nach Möglichkeit in ihren Grundzügen auf fallübergreifender Ebene getroffen werden, so dass sie nicht in jedem Fall wieder neu ausgehandelt werden müssen. Der geeignete Ort ist dafür der überinstitutionelle Arbeitskreis „Kinder psychisch kranker Eltern", der zugleich als Steuerungsgremium für den Einzugsbereich fungiert. Darüber hinaus gilt es diese Eckpunkte im Einzelfall zwischen den kooperierenden Akteuren zu konkretisieren. An einem Standort des Landesmodellprojektes „Kinder psychisch kranker Eltern" wurden beispielsweise folgende Absprachen getroffen:

Mögliche Vorgehensweise:

- Jede Institution, die im Fall beteiligt ist, darf bei Bedarf eine Helferkonferenz einberufen.
- Kurze Schilderung der Fakten schriftlich durch die Person, die den Bedarf ermittelt und die Konferenz einberuft
- Abstimmung mit anderen Beteiligten, ob alle den Bedarf gleichermaßen sehen (per Telefonrundruf)
- Jede beteiligte Institution bereitet ihre Sicht auf den Fall für die Konferenz vor (z. B. „Fallführende" Person der Schule bringt die Gesamtsicht der Schule ein; der Sozialdienst der Klinik übermittelt die Arztmeinung etc.).
- Auswahl von Ort und Zeit richtet sich nach der Institution mit dem knappsten Zeitfenster
- Moderation durch die Person, die nicht so dicht am Fall ist. Die Aufgabe der Moderation besteht u. a. in der Einhaltung des zeitlichen Rahmens und der Klärung verbindlicher Absprachen am Ende der Konferenz.

Eine solche überinstitutionelle Fallberatung, die fallspezifische Fragen zu klären sucht und auf konkrete Arbeitsabsprachen abzielt, kann in der Regel nicht anonymisiert durchgeführt werden. Insofern erfordert diese Form der Fallberatung die Einwilligung der Eltern bzw. Sorgeberechtigten. Diese gilt es vorab entsprechend einzuholen bzw. den Eltern (und Kindern) von Anfang an als wichtiges Arbeitsinstrument bekannt zu machen, das eine optimale Hilfegestaltung unterstützen und letztlich ihnen dienen soll.

3.6 Möglichkeiten der anonymen Fallberatung

Oftmals ergeben sich in der Zusammenarbeit mit psychisch erkrankten Eltern und/oder ihren Kindern Fragestellungen und Beratungsbedarfe zu fachlichen Einschätzungen, die das Wissen und die Erfahrungen einer anderen Profession bzw. eines anderen Leistungsbereiches erfordern. Häufig ist es dazu nicht notwendig sich personenbezogen auseinanderzusetzen, sondern die relevanten Aspekte können auch in anonymisierter Form gemeinsam betrachtet und reflektiert werden. Die anonyme Fallberatung ist hier eine Alternative zur überinstitutionellen Fallberatung im Sinne der Helferkonferenz und kann auch ohne Schweigepflichtsentbindung durch die Betroffenen durchgeführt werden.

Gegenstand der anonymen Fallberatung ist insbesondere das Einholen einer anderen fachlichen Sichtweise auf eine aktuelle Fallkonstellation mit dem Ziel, die eigenen Einschätzungen zu überprüfen und mehr Handlungssicherheit in der Planung des weiteren Vorgehens zu gewinnen. So kann die anonyme Fallberatung beispielsweise genutzt werden, wenn eine Fachkraft der Kinder- und Jugendhilfe mit einem psychisch erkrankten Elternteil zusammenarbeitet, sie aber zunehmend den Eindruck hat, dass sie mit ihren fachlichen Handlungsstrategien nicht vorankommt. Hier kann es hilfreich sein, diesen Fall gemeinsam mit einer psychiatrisch kundigen Person (z. B. Psychiater/Psychiaterin, Fachkraft im Sozialdienst einer Klinik oder auch des Sozialpsychiatrischen Dienstes) zu beraten. Im Fokus der Beratung stehen dabei das psychiatrische Knowhow und die Erfahrung in der Zusammenarbeit mit psychisch erkrankten Menschen, die im Zuge der anonymen Fallberatung für die Fachkraft der Kinder- und Jugendhilfe nutzbar gemacht werden sollen. Ein ähnlicher Bedarf ist im Bereich der Psychiatrie vorstellbar, wenn sich in der Zusammenarbeit mit einer psychisch erkrankten Mutter zeigt, dass sie Unterstützungsbedarfe in der Erziehung ihrer Kinder hat, diese aber noch nicht so konkretisiert werden können, dass die nächsten Schritte gut geplant werden können. Hier steht dann eher eine Bedarfseinschätzung im Hinblick auf die Unterstützung der Mutter in der Wahrnehmung ihrer Erziehungsverantwortung und die anstehenden Entwicklungsaufgaben des Kindes im Mittelpunkt.

Die anonyme Fallberatung ist auf diese Weise als unterstützendes Instrument für die fallverantwortliche Fachkraft anzusehen, mit dem sich diese gezielt fachliches Wissen und Erfahrung einer anderen Profession bzw. eines anderen Handlungsbereiches zugänglich machen und damit das eigene Handlungsrepertoire erweitern kann. Die anonyme Fallberatung ist so zugleich auch eine Möglichkeit der Qualifizierung in der Kooperation entlang von Fragestellungen, die sich aus der eigenen Fallarbeit ergeben. Auf diesem Wege wird ein stark praxisnahes und handlungsorientiertes Lernen ermöglicht. Diese Form der anonymen Fallberatung wird meist im Einzelkontakt stattfinden.

Neben der Nutzung der anonymen Fallberatung anlässlich konkreter Fragestellungen im Fallverlauf kann sie auch im Zuge der Diagnostik und Bedarfseinschätzung bzw. Settingentwicklung zieldienlich sein. Dann wird nach einer ersten Informationssammlung und Bewertung gezielt eine andere Perspektive hinzugezogen, um den eigenen Blick zu weiten und die entwickelten Hypothesen und Überlegungen zu überprüfen. Eine solche anonyme Fallberatung wird eher im Team durchgeführt. Dies kann beispielsweise bedenkenswert sein, wenn eine Mutter oder ein Vater Eingliederungshilfe beantragen und die Kinder noch minderjährig sind. Nach einer ersten Informationssammlung zur häuslichen Situation kann es hilfreich sein, diese Befunde gemeinsam mit einer Fachkraft aus dem Bereich der Kinder- und Jugendhilfe zu beraten. Im Fokus steht dann vor allem die Frage, was mit Blick auf die Kinder in diesem Fall zu beachten ist. Ähnlich kann das Instrument der anonymen Fallberatung auch im Zuge der Vorbereitung einer Entlassung aus der Klinik hilfreich sein. Gleiches gilt für die Implementierung einer Hilfe zur Erziehung, wenn eine psychische Erkrankung eines Elternteils angenommen wird bzw. Informationen hierüber vorliegen, aber ein direkter Kontakt zu einem behandelnden Arzt bzw. einer Ärztin oder einer sonstigen beratend begleitenden Fachkraft nicht hergestellt werden kann. Dann geht es in der anonymen Fallberatung stärker um die Frage, was im Umgang mit der Mutter oder dem Vater zu beachten ist, worauf besonders das Augenmerk gelegt werden sollte oder auch wie das Thema psychische Erkrankung geöffnet und dann abgeklärt werden kann.

Wird die anonyme Fallberatung wie beschrieben in die Bedarfseinschätzung und Vorbereitung von Hilfen eingebunden, eröffnet sie zugleich neue Optionen, um systematisch Perspektiven einzuholen, die innerhalb des eigenen Handlungsbereiches nicht wahrgenommen werden können. In diesem Sinne ist die anonyme Fallberatung eine weitere Möglichkeit, in der Hilfe-, Teilhabe- oder Behandlungsplanung die Komplexität der Lebenssituation von psychisch erkrankten Eltern und ihren Kindern angemessen betrachten und die relevanten Anknüpfungspunkte für Unterstützungsangebote erschließen zu können.

Um die anonyme Fallberatung im Einzelfall zielorientiert nutzen zu können, bedarf es entsprechender Vereinbarungen auf institutioneller Ebene, unter welchen Rahmenbedingungen dies geschehen kann. Dies sollte hinsichtlich zentraler Eckpunkte nach Möglichkeit auf fallübergreifender Ebene stattfinden, so dass im Einzelfall lediglich konkretisierende Absprachen getroffen werden müssen, nicht aber jedes Mal eine grundsätzliche Klärung erforderlich wird. Als Ort für die fallübergreifenden Absprachen bietet sich das entsprechende Steuerungsgremium an. Darüber hinaus können auch bilaterale Vereinbarungen mit Institutionen zielführend sein, die besonders häufig für eine anonyme Fallberatung hinzugezogen werden (z. B. Jugendamt und Sozialpsychiatrischer Dienst, Klinik der Erwachsenenpsychiatrie und Einrichtung der Kinder- und Jugendhilfe etc.). Inhaltlich ist insbesondere zu klären, wer wann bei wem für eine anonyme Fallberatung anfragen kann. Außerdem ist es hilfreich abzustimmen, welche Informationen die um Beratung angefragte Person benötigt, um entsprechende Einschätzungen vornehmen zu können. Dies kann zum einen grundsätzlich erfolgen. Zum anderen kann es in manchen Fällen sinnvoll sein, mit der Anfrage zur anonymen Fallberatung zugleich einen Abgleich der vorhandenen Informationen vorzunehmen und ggf. gezielt weitere Informationen einzuholen, die für den Einschätzungsprozess notwendig erscheinen.

3.7 Zusammenwirken von Jugend- und Eingliederungshilfe in der Hilfeplanung

Insbesondere wenn sich die psychische Erkrankung eines Elternteils chronifiziert hat und die Möglichkeiten der eigenständigen Alltagsgestaltung entsprechend beeinträchtigt sind, kommt es oftmals zur Gewährung paralleler Hilfen aus dem Leistungsspektrum der Kinder- und Jugendhilfe sowie der Eingliederungshilfe. In beiden Leistungsbereichen sind zur Auswahl und inhaltlichen Ausgestaltung der Hilfe entsprechende Planungsverfahren verbindlich vorgeschrieben. Bislang werden diese allerdings meist ohne wechselseitige

Bezugnahme aufeinander durchgeführt, so dass auch keine Abstimmung hinsichtlich Zielsetzung und Aufgabenverteilung erfolgt. Um aber möglichst nachhaltige Hilfen anbieten und erbringen zu können, braucht es hier dringend eine stärkere Verzahnung der Planungsprozesse und damit auch der Abstimmung von Hilfeangeboten. Anknüpfungspunkte hierzu bieten sich in beiden Planungsprozessen. Um diese entsprechend nutzen zu können, ist es darüber hinaus hilfreich, sich über die Zielsetzung und inhaltliche Ausrichtung des jeweiligen Planungsprozesses zu verständigen. Dazu kann beispielsweise der oben vorgestellte verwaltungsinterne Workshop oder auch ein institutionsübergreifender Arbeitskreis zum Thema „Kinder psychisch kranker Eltern“ einen Rahmen bieten.

Die Hilfeplanung ebenso wie die Teilhabeplanung stellen in den jeweiligen Leistungsbereichen zentrale Steuerungsprozesse auf der Ebene des Einzelfalls dar. Im Zuge dieser Planungsprozesse erfolgen die jeweilige Bedarfseinschätzung sowie die Klärung, welche Hilfe notwendig und geeignet ist, unter Beteiligung der Eltern und jungen Menschen bzw. der Antragstellenden. Hilfeplanung wie Teilhabeplanung bilden somit die Basis für Hilfeentscheidungsprozesse und die entsprechende Gewährung von Hilfe zur Erziehung bzw. von Eingliederungshilfe. Ausgehend von den jeweils zentralen fachlichen Standards und den wesentlichen Verfahrensschritten lassen sich mehrere geeignete Schnittstellen für stärker familienorientierte Abstimmungsprozesse identifizieren. Diese sind zu Beginn einer Hilfe in der Erfassung der Ausgangssituation sowie in der Vorbereitung, Durchführung und Nachbereitung von Hilfeplangesprächen bzw. Teilhabekonferenzen angesiedelt.

Zentrale Voraussetzung für eine möglichst frühzeitige Abstimmung paralleler Hilfe- bzw. Teilhabeplanungsprozesse ist die systematische Frage nach parallelen Hilfen bei jeder Antragstellung. Dabei sollte sich der Fokus sowohl auf die Eltern als auch auf die Kinder richten und aktuelle wie auch beendete Hilfen berücksichtigen. Nur wenn das Wissen um parallele Hilfen vorhanden ist, kann auch ein entsprechender Abstimmungsprozess eingeleitet werden. Entsprechend sollte diese Frage nach Hilfen anderer Leistungsträger möglichst in das Antragsformular bzw. in die Anamnese standardmäßig aufgenommen und die Antwort schriftlich festgehalten werden. Wenn Hilfen bereits bestehen, sollten Kontaktdaten der Hilfe erbringenden Institution entsprechend erfragt, die Bedeutung der Kooperation aufgezeigt und um die Einwilligung zur Kontaktaufnahme bzw. zu einem gemeinsamen Gespräch geworben werden. So wird mit Hilfebeginn eine wesentliche Basis für die Zusammenarbeit möglichst aller Akteure geschaffen.

Nach Antragstellung geht es in Jugend- wie Eingliederungshilfe gleichermaßen um die Bedarfseinschätzung bzw. um die im Einzelfall notwendige und geeignete Hilfe. Im Rahmen der Hilfeplanung nach § 36 SGB VIII werden dabei entsprechend dem grundsätzlichen Auftrag der Kinder- und Jugendhilfe sowohl die Bedarfe der Kinder hinsichtlich ihrer Entwicklung zu einer eigenständigen und gemeinschaftsfähigen Persönlichkeit als auch die Unterstützungsbedarfe der Eltern hinsichtlich der Wahrnehmung ihrer Erziehungsaufgaben in den Blick genommen. Im Rahmen der Teilhabeplanung stehen dagegen die Antrag stellende Person und ihre Möglichkeiten für ein möglichst eigenständiges und selbst bestimmtes Leben im Zentrum der Aufmerksamkeit. Im Hinblick auf psychisch erkrankte Eltern ist hierbei zu berücksichtigen, dass die Elternschaft und die damit verbundene Erziehungsverantwortung einen wesentlichen Aspekt ihrer persönlichen Lebenssituation darstellen. Die Abstimmung der Planungsprozesse von Jugend- und Eingliederungshilfe bedeutet somit bezogen auf psychisch erkrankte Eltern auch, im Zuge der jeweiligen Bedarfseinschätzung zu prüfen, inwieweit mit den eigenen Leistungsmöglichkeiten dem tatsächlichen Bedarf entsprochen werden kann oder ggf. der andere Leistungsbereich hinzugezogen werden muss, sofern noch kein Kontakt besteht. Hinweise hierzu können sich im Rahmen der Kinder- und Jugendhilfe im Zuge der sozialpädagogischen Diagnostik ergeben, die in der Regel unter Federführung des Allgemeinen Sozialen Dienstes des Jugendamtes erstellt wird und in der Verbindung mit der kollegialen Beratung eine wesentliche Grundlage für die Hilfeentscheidung darstellt. Im Rahmen der Eingliederungshilfe ergibt sich die Zusammenarbeit mit dem Jugendamt im Zuge der Aufstellung des Gesamtplanes nach § 58 SGB XII und der damit einhergehenden Prüfung, mit welcher Hilfe dem festgestellten Bedarf angemessen entsprochen werden kann.

Die Abstimmung zwischen den Planungsverfahren kann darüber hinaus durch die Beteiligung der jeweils zuständigen Fachkraft aus dem anderen Leistungsbereich am Hilfeplangespräch bzw. an der Teilhabekonferenz erfolgen. Auf diese Weise kann die Perspektive des anderen Leistungserbringers in den jeweiligen Planungsprozess einbezogen und berücksichtigt werden. So können relevante Aspekte aus den parallelen Hilfeprozessen zusammengeführt werden, Zielperspektiven können abgestimmt und eine entsprechende Aufgabenverteilung vereinbart werden. Zugleich findet dieser Abstimmungsprozess gemeinsam mit den Adressatinnen und Adressaten der Hilfe statt, so dass diese sich entsprechend einbringen können und am Abstimmungsprozess beteiligt sind. Werden allerdings Fachkräfte der anderen Leistungsbereiche auf diese Weise in die laufende Hilfe- bzw. Teilhabeplanung einbezogen, sind zwei Aspekte in besonderer Weise zu bedenken. Zum einen stellen sowohl das Hilfeplangespräch als auch die Teilhabekonferenz einen zentralen Kommunikations- und Reflexionsort im jeweiligen Planungsprozess dar. Hier ist darum kritisch zu prüfen, inwieweit in einem Planungsgespräch den Verfahrensanforderungen beider Leistungsbereiche entsprochen werden kann oder aber jeweils eigene Gesprächsrunden unter Federführung von Jugendamt bzw. Sozialamt erforderlich sind. Dabei sind fachlichinhaltliche Anforderungen an die Gestaltung beider Planungsprozesse ebenso zu berücksichtigen wie der damit verbundene (zeitliche) Aufwand für alle Beteiligten (Fachkräfte, Eltern, junge Menschen). Zum anderen ist zu beachten, dass die Beteiligung jeder weiteren Fachkraft die Gesprächsrunde sowohl im Hilfeplangespräch wie auch in der Teilhabekonferenz erweitert und damit die Hürde für die aktive Beteiligung von Eltern und jungen Menschen erhöht. Die Beteiligung von Eltern und jungen Menschen ist andererseits aber eine wesentliche Voraussetzung dafür, dass das Hilfeplangespräch bzw. die Teilhabekonferenz tatsächlich die fachlich zugemessene Funktion des Aushandlungsortes für die anzustrebenden Ziele erhält. Wie im Zuge des Bundesmodellprojektes „Hilfeplanung als Kontraktmanagement" herausgearbeitet werden konnte, trägt die inhaltliche Fokussierung auf die Erarbeitung von gemeinsam getragenen Zielen und die Begrenzung des Teilnehmerkreises wesentlich zum Gelingen bei (vgl. Moos/Schmutz 2005b). Insofern ist alternativ zur Beteiligung der Fachkraft des anderen Leistungserbringers zu prüfen, inwieweit diese Sichtweise vorab eingeholt und entsprechend vermittelt in den Planungsprozess eingeholt werden kann. In diesem Fall bleibt die separate Durchführung von Hilfeplangespräch und Teilhabekonferenz unbedingt erforderlich. Auch braucht es geklärte Kommunikationswege für den Transfer der jeweils getroffenen Vereinbarungen, damit eine wechselseitige Bezugnahme im weiteren Hilfeprozess möglich wird.

Über die skizzierten Schnittstellen zwischen Hilfe- und Teilhabeplanung hinaus kann auch die regelmäßige und ggf. auch anlassbezogene überinstitutionelle Fallberatung zu einer besseren Abstimmung beitragen. Zielfokus ist dabei die Reflexion des Hilfeverlaufs auf Fachkräfteebene sowie die Gewährleistung einer möglichst gemeinsamen fachlichen Ausrichtung unter Wahrung unterschiedlicher Aufträge und Aufgabenzuschnitte.

Die aufgezeigten Ansatzpunkte zur Initiierung und Förderung von Kooperation zwischen Jugendhilfe und Psychiatrie auf fallübergreifender wie fallbezogener Ebene verstehen sich als Anregungen auf der Basis fachlicher Erkenntnisse und gelingender Erfahrungen im Rahmen des Modellprojektes. Diese gilt es in weiteren Kontexten zu konkretisieren und damit auch weiterzutragen. Die Abstimmungsmöglichkeiten zwischen Hilfe- und Teilhabeplanung sind darüber hinaus auf kommunaler Ebene weiter auszubuchstabieren, insofern die genaue Ausgestaltung des Hilfeplanverfahrens nach § 36 SGB VIII durch das örtliche Jugendamt verantwortet wird. Ebenso wird die Teilhabeplanung - trotz landesweit gültiger Vereinbarungen - auf der kommunalen Ebene ausgestaltet. Entsprechend kommt der kommunalen Ebene im Zusammenwirken mit den regional zuständigen psychiatrischen Kliniken und Diensten eine zentrale Bedeutung im Aufbau der notwendigen Kooperationsstrukturen zu, damit bedarfsgerechte Unterstützungsangebote für psychisch erkrankte Eltern und ihre Kinder entstehen können. Dies erfordert als Rahmung und Absicherung der einzelnen kooperationsfördernden Maßnahmen zugleich die (fach-)politische Unterstützung dieses Prozesses durch den Jugendhilfeausschuss und den Psychiatriebeirat sowie die kommunale Leitung (Oberbürgermeister, Landrat). Um diese zu gewinnen, kann eine breite Sensibilisierung für die besondere Lebenssituation von Kindern psychisch erkrankter Eltern durch eine entsprechende Information aller relevanten Handlungsebenen zieldienlich sein.

4. Den Blick für die Situation der Kinder schärfen: Anforderungen an unterschiedliche Akteure und unterstützende Instrumente

Kinder psychisch erkrankter Eltern befinden sich in einer besonderen Lebenssituation. Dies gilt zum einen hinsichtlich der spezifischen Anforderungen, die sich im Zusammenleben mit einem psychisch erkrankten Elternteil ergeben. Kinder sind Angehörige, die immer auch von der psychischen Erkrankung mitbetroffen sind. Zum anderen sind Kinder – alters- und entwicklungsentsprechend – auf Pflege, Versorgung und Erziehung angewiesen. Je nach Auswirkungen der Erkrankung können die betroffenen Eltern aber diesen Bedürfnissen nur bedingt nachkommen. Hieraus ergeben sich komplexe Anforderungen an eine adäquate Unterstützung und Begleitung der Kinder, die den Eltern erlaubt soweit als möglich ihre Verantwortung wahrzunehmen und in ihrer Elternrolle präsent zu bleiben, die zugleich aber auch genügend Entwicklungs(frei)räume für die Kinder gewährleistet.

Um die Chancen und Risiken für das Aufwachsen der Kinder in der einzelnen Familie angemessen einschätzen zu können, muss ein komplexes Bedingungsgefüge Berücksichtigung finden. Dazu gehören die individuelle Lage der Kinder und der Eltern ebenso wie die Gesamtsituation der Familie, ihre soziale Einbindung in ein größeres Netzwerk und die Inanspruchnahme von professionellen Hilfen. Angesichts dieser Komplexität relevanter Faktoren stellen sich die konkreten Unterstützungsbedarfe für Kinder psychisch erkrankter Eltern sehr unterschiedlich dar. Um im Einzelfall die passenden Hilfen anbieten zu können, bedarf es darum – neben den fallübergreifend zu entwickelnden Kooperationsstrukturen – bei allen Beteiligten eine ausreichende Sensibilisierung für die maßgeblichen Faktoren. Dies erfordert zum einen eine breite Information über spezifische Merkmale der Lebenssituation und daraus resultierende Anforderungen an ihre Lebensbewältigung. Zum anderen bedarf es je nach Zugang oder Bezug zu den Kindern einer gezielten Fokussierung bestimmter Fragestellungen.

Im Folgenden wird zunächst aufgezeigt, in welchem Kontext welche Fragestellungen und Zielperspektiven mit Blick auf die Kinder relevant werden. Daran anschließend werden zwei Instrumente bzw. Materialien vorgestellt, die im Rahmen des Landesmodellprojektes „Kinder psychisch kranker Eltern“ entwickelt wurden und die Sensibilisierung für die Situation der Kinder insbesondere im Bereich der psychiatrischen Behandlung und der Arbeit mit Eltern unterstützen. Abschließend wird in einem Exkurs auf Fragen der Kindeswohlgefährdung in Verbindung mit der psychischen Erkrankung eines Elternteils eingegangen. Zugleich wird aus diesem spezifischen Blickwinkel das Augenmerk für zentrale Faktoren geschärft, die je nach Konstellation Bezugspunkte für bewältigungsfördernde und präventive Maßnahmen zur Gewährleistung des Kindeswohls bieten oder aber auch intervenierende Schritte erforderlich machen.

4.1 Den Blick für die Situation der Kinder aus unterschiedlichen Blickwinkeln schärfen: relevante Fragestellungen und Zielperspektiven

Die Lebenssituationen von Kindern psychisch erkrankter Eltern sind individuell und entsprechend vielfältig. Dennoch lassen sich typische Konstellationen skizzieren, in denen Fachkräfte mit ihnen bzw. ihren Eltern in Kontakt kommen. Dazu werden im Folgenden die stationäre psychiatrische Behandlung eines Elternteils, die Beratung und Begleitung psychisch erkrankter Eltern als solche, die sozialpädagogische Diagnostik und Hilfeplanung im Kontext der

Hilfen zur Erziehung sowie der Kontakt mit Eltern im Rahmen von Regelinstitutionen und sonstigen offenen Angeboten betrachtet. Nach einer kurzen Charakterisierung des jeweiligen Zugangs zu Kindern psychisch erkrankter Eltern wird aufgezeigt, welcher Blickwinkel hier in besonderer Weise einzunehmen ist, welche Fragestellungen in diesem Zusammenhang relevant sind und welche Botschaften auf jeden Fall vermittelt werden sollten.

4.1.1 Zur stationären psychiatrischen Behandlung eines Elternteils

Im Prozess der Entstehung und Verfestigung einer psychischen Erkrankung stellt die stationäre Aufnahme in die Psychiatrie gewissermaßen einen Meilenstein dar. Die Erkrankung hat so starke den Alltag belastende und einschränkende Auswirkungen erreicht, dass eine medizinische und/oder therapeutische Intervention im ambulanten Setting nicht mehr angemessen möglich ist. In Bezug auf die Kinder gilt es im Zusammenhang mit der stationären Klinikbehandlung zwei Aspekte besonders zu berücksichtigen. Zum einen geht es um die Gestaltung der Aufnahme und ggf. auch um die Klärung offener Fragen hinsichtlich der Versorgung, Betreuung und Begleitung der Kinder. Zum anderen gilt es aber auch – ggf. anknüpfend an einen vorangegangenen ambulanten Prozess – die Auswirkungen der Erkrankung auf die Wahrnehmung der Erziehungsverantwortung im Rahmen der Behandlung, Psychoedukation und weiteren (therapeutischen) Begleitung zu beleuchten und adäquate Bewältigungs- bzw. Unterstützungsmöglichkeiten zu entwickeln.

Den Blick für die Kinder zu schärfen bedeutet im Zuge der (teil-)stationären Aufnahme von erwachsenen Patientinnen und Patienten sicherzustellen, dass Kinder als Angehörige systematisch wahrgenommen werden. Dazu gehört zuallererst die Verankerung der Frage „Haben Sie Kinder?" als Standardfrage im Aufnahmeprozedere. Ziel dieser (und inhaltlich anschließender) Fragen ist es die Kinder als Angehörige in den Fokus zu rücken, die in einem besonderen Abhängigkeitsverhältnis zu dem erkrankten Elternteil stehen und auf entsprechende Sorge angewiesen sind. Damit geht eine doppelte

Intention einher. Zum einen kann so für die betroffenen Eltern ein Raum geöffnet werden, in dem sie ihre eigene Sorge um die Kinder in der Situation des (unumgänglichen) stationären Aufenthaltes mitteilen können. Wie oben ausgeführt wurde, stellen Unsicherheiten bezüglich der Versorgung und Betreuung der Kinder oftmals gerade für Mütter eine große Hürde dar, die notwendig gewordene stationäre Behandlung (ausreichend lang) in Anspruch zu nehmen. Ihre Sorgen und Überlegungen können nun frühzeitig im Klinikkontext aufgegriffen und Vereinbarungen zur weiteren Klärung getroffen werden. Zum anderen können auch unklare oder unsichere Antworten zum Anlass genommen werden, um weiter nach der Situation der Kinder zu fragen und ggf. entsprechende Schritte zur weiteren Klärung mit den betroffenen Eltern abzustimmen und einzuleiten. Im Rahmen des Landesmodellprojektes „Kinder psychisch kranker Eltern“ wurde ein Set von Fragen für die Aufnahme in die stationäre Behandlung erarbeitet. Dieses wird im nächsten Abschnitt genauer vorgestellt.

Im weiteren Verlauf der Klinikbehandlung – ebenso aber auch in der ambulanten Behandlung – gilt es neben der Sondierung der Behandlungs- und Unterstützungsbedarfe des erkrankten Elternteils immer auch eine Einschätzung vorzunehmen, inwieweit den Bedürfnissen des Kindes bzw. der Kinder ausreichend entsprochen wird. In der Perspektive der Psychiatrie geht es dabei immer um die Frage, wie sich die Erkrankung genau dieser Person auf die Ausübung ihrer Erziehungsverantwortung auswirkt und was dies für die Kinder hinsichtlich der daraus resultierenden Bewältigungsaufgaben bedeutet. Ziel dieser diagnostischen Frage ist das Eruieren von Unterstützungsbedarfen von Eltern und Kindern, damit die psychisch erkrankten Eltern soweit als möglich selbst ihren Erziehungsaufgaben nachkommen können bzw. ergänzende Hilfen hinzugezogen werden, damit die individuelle Entwicklung der Kinder angemessen gefördert werden kann. Kann die Psychiatrie diese Aufgabe alleine nicht im erforderlichen Umfang ausfüllen, dann ist es hilfreich, wenn auf Möglichkeiten der anonymen oder auch überinstitutionellen Fallberatung zurückgegriffen werden kann. Je intensiver die betroffenen Eltern in diesen Prozess einbezogen werden können, desto genauer können die Hilfebedarfe ausgelotet und die Angebote so angelegt werden, dass sich die Eltern darauf einlassen können.

4.1.2 Zur Beratung und Begleitung von psychisch erkrankten Eltern

Die betroffenen Eltern nehmen die Auswirkungen ihrer Erkrankung und deren Bedeutung für ihre Kinder sehr unterschiedlich wahr. Manche spüren sehr genau, wie die Erkrankung sie in der Wahrnehmung ihrer Erziehungsverantwortung beeinträchtigt. Andere sind – auch in Folge der Erkrankung – so stark auf sich bezogen, dass sie den Blick für ihre Kinder und deren Bedürfnisse verlieren. Wenn Eltern sich ihrer Grenzen bewusst werden, entwickeln sie oftmals Schuldgefühle oder auch Ängste, ihre Kinder auf Grund ihres elterlichen Versagens zu verlieren. Diese erschweren häufig die Inanspruchnahme von Hilfen und führen – wie u. a. die Interviews mit betroffenen Eltern gezeigt haben – dazu, dass Schwierigkeiten verdeckt werden bzw. versucht wird das Bild von einer „intakten Familie" aufrecht zu halten. Wo immer Eltern in der Bewertung ihrer eigenen Situation und der ihrer Kinder stehen, stellt sich bezogen auf geeignete Unterstützungsangebote die Aufgabe, den Blick (auch) auf die Auswirkungen der Erkrankung auf die Erziehung und Entwicklung der Kinder zu lenken und passende Bewältigungsmöglichkeiten zu erarbeiten.

Krankheitseinsicht und Behandlungsbereitschaft verbunden mit einem offenen, lösungsorientierten innerfamiliären Umgang mit der Erkrankung tragen wesentlich dazu bei, dass Kinder sich auch im Zusammenleben mit einem psychisch erkrankten Elternteil gesund entwickeln können. Dies bedeutet, dass es in der Beratung und Begleitung von psychisch erkrankten Eltern in besonderem Maße darauf ankommt, dass auch die Eltern selbst einen angemessenen Blick für die Situation ihrer Kinder gewinnen. Dies kann darüber erreicht bzw. gefördert werden, dass in den entsprechenden Beratungs- und

Behandlungskontexten die Auswirkungen der Erkrankung auf den familiären Alltag und die Erziehung der Kinder gemeinsam herausgearbeitet und geeignete Strategien des Umgangs entwickelt werden. Darüber hinaus stellen Gesprächsgruppen für Eltern mögliche Unterstützungsangebote dar. Sie ermöglichen es die individuelle Perspektive zu erweitern und eröffnen neue Betrachtungs- und Bewertungsoptionen im Austausch mit anderen. Solche Gesprächsgruppen können im Rahmen des Klinikalltags analog zu anderen Gruppen der Psychoedukation (z. B. Gruppe für suchtkranke Menschen, Gruppe zum Thema Depression etc.) oder auch von Beratungsstellen[6] angeboten werden. Aber auch Eltern-Kind-Gruppen, wie sie im nächsten Kapitel eingehender vorgestellt werden, bieten hierzu einen geeigneten Rahmen.

Neben den individuellen persönlichen Auswirkungen der psychischen Erkrankung gewinnt mit einem solchen Vorgehen das Thema Elternschaft in der Behandlung, Beratung und Begleitung der Eltern die notwendige Aufmerksamkeit. Dabei gilt es Eltern insbesondere folgende Botschaften zu vermitteln:

- „Sie sind und bleiben Eltern, auch wenn Sie an einer psychischen Erkrankung leiden."
- „Es ist hilfreich, die eigenen – auch krankheitsbedingten – Grenzen kennenzulernen."
- „Die Inanspruchnahme von Entlastung und Unterstützung ist Teil von Verantwortungsübernahme für den eigenen Lebensbereich ebenso wie für den Alltag mit den Kindern und ihre Erziehung."
- „Eine psychische Erkrankung ist behandelbar. Dazu gehört zum einen persönlich mit der Erkrankung umgehen zu lernen. Zum anderen geht es um passende Möglichkeiten, den anstehenden Erziehungsaufgaben angemessen nachkommen zu können. Die Inanspruchnahme von Hilfen kann ein Teil davon sein."

[6] Elterngruppen im Rahmen einer Beratungsstelle werden beispielsweise in Würzburg und in Leipzig angeboten. Weitere Informationen dazu finden sich in: Mattejat/Lisofsky (Hg) 2008.

Bis Eltern solche Botschaften erreichen und sie sich auf diese Fragen einlassen können, ist es oftmals ein weiter Weg, zumal sich nicht alle psychisch erkrankten Eltern in Behandlung befinden oder entsprechende Beratungsmöglichkeiten nutzen. Im Rahmen des Landesmodellprojektes wurden darum u. a. Überlegungen angestellt, wie betroffene Eltern, die noch keine Hilfe oder Behandlung in Anspruch nehmen, angesprochen und ermutigt werden können. Vor diesem Hintergrund wurde ein Info-Flyer für Eltern entwickelt, der sowohl bei kurzen Klinikaufenthalten mitgegeben als auch an verschiedenen Stellen ausgelegt werden kann. Intention, Zielsetzung und Einsatzmöglichkeiten dieses Flyers werden weiter unten ausführlicher dargestellt.

4.1.3 Zur sozialpädagogischen Diagnostik und Hilfeplanung im Rahmen der Kinder- und Jugendhilfe

Fachkräfte der Kinder- und Jugendhilfe arbeiten im Bereich der Hilfen zur Erziehung zunehmend mit psychisch erkrankten Eltern zusammen. Auftrag der Kinder- und Jugendhilfe ist es dabei entsprechend § 1 SGB VIII die Eltern in der Wahrnehmung ihrer Erziehungsaufgaben zu beraten und zu unterstützen sowie ihre Kinder in ihrer persönlichen Entwicklung zu fördern. Um in diesem Kontext angemessen mit der psychischen Erkrankung und ihren Auswirkungen umgehen zu können, brauchen Fachkräfte der Kinder- und Jugendhilfe ein entsprechendes Grundwissen zu diesem Feld sowie verlässliche Möglichkeiten der Zusammenarbeit mit der Psychiatrie. Um darüber hinaus Hilfen zur Erziehung mit diesen Familien bedarfsgerecht gestalten zu können, braucht es zudem einer entsprechenden Sensibilisierung für die spezifische Situation der Kinder psychisch erkrankter Eltern.

Die sozialpädagogische Diagnostik und die Hilfeplanung (einschließlich der sie konkretisierenden Betreuungs- bzw. Erziehungsplanung) stellen zentrale Instrumente der Hilfen zur Erziehung dar, die mit entsprechenden Fragestellungen systematisch zur Sensibilisierung für die spezifische Situation von Kindern psychisch erkrankter Eltern beitragen können. Leitend ist dabei das Verständnis von einer psychischen Erkrankung, die das Denken, Fühlen und Handeln der Betroffenen beeinflusst und somit Eltern in ihrem Erziehungshandeln beeinträchtigen kann. Diese Auswirkungen einer psychischen Erkrankung kann die Kinder- und Jugendhilfe nur bedingt im Rahmen ihrer ziel- und veränderungsorientierten Herangehensweise bearbeiten. Vielmehr bedarf es hier einer sorgfältigen Aufgabenklärung zwischen Jugendhilfe und Psychiatrie. Zentrale Fragestellungen für die Hilfen zur Erziehung sind dabei:

- Welche Auswirkungen haben das Verhalten und Handeln der Eltern auf den familiären Alltag sowie die Entwicklung und Erziehung der Kinder? Welcher Hilfebedarf ergibt sich daraus für die Hilfen zur Erziehung? Welche anderen Hilfen werden als notwendig erachtet?
- Welche Verhaltens- und Handlungsweisen der Eltern sind im Kontext der psychischen Erkrankung zu verstehen und entsprechend nur bedingt mittels Einsicht und Übung zu verändern? Welcher Behandlungsbedarf ergibt sich daraus?

Darüber hinaus hilft eine entsprechende fachliche Ausgestaltung der sozialpädagogischen Diagnose sowie der Hilfe- und Betreuungs-/Erziehungsplanung den Blick für die besonderen Bedarfslagen zu schärfen.

Die **sozialpädagogische Diagnostik** dient der Sondierung der Ausgangslage, dem sukzessiven Verstehen der Eltern und ihrer Kinder sowie der Auftrags- und Zielklärung. Eine mögliche psychische Erkrankung und ihre Auswirkungen auf die Alltagsgestaltung und die Erziehung der Kinder stellen hierbei wesentliche Aspekte in der Gesamteinschätzung des Hilfebedarfes, realistischer Zielperspektiven und geeigneter Handlungsschritte dar. Allerdings ist die psychische Erkrankung eines Elternteils für die Fachkräfte der Kinder- und Jugendhilfe (sowohl im ASD als auch beim Leistungserbringer) nicht immer bekannt. Außerdem sind die betroffenen Eltern nicht immer fähig und bereit über (ihre) psychische Erkrankung zu sprechen. In der Ausgestaltung der sozialpädagogischen Diagnostik stellt sich darum die Frage, wie es gelingen kann, dass

- eine bereits bestehende psychische Erkrankung zur Sprache kommt,
- Hinweise auf eine noch nicht diagnostizierte psychische Erkrankung entsprechend erkannt und aufgegriffen werden,
- beobachtbare Sachverhalte, die mit einer psychischen Erkrankung in Verbindungen stehen können, entsprechend abgeklärt werden,
- neben den Auswirkungen der psychischen Erkrankung auch die Kompetenzen der Eltern angemessen in den Blick genommen werden.

Neben den grundsätzlichen Anforderungen an eine prozess- und ressourcenorientierte sozialpädagogische Diagnostik konnten im Zuge des Landesmodellprojektes „Kinder psychisch kranker Eltern" folgende Ansatzpunkte herausgearbeitet werden, wie das Thema psychische Erkrankung stärker in den Blick kommen und für die Situation der Kinder sensibilisiert werden kann:

Nach vorausgegangenen Hilfen fragen: Bereits in den ersten Kontakten mit dem Jugendamt, bei Antragstellung für eine Hilfe zur Erziehung bzw. mit der Anamnese durch den ASD sollte standardmäßig die Frage nach parallelen und vorangegangenen Hilfen gestellt werden. Diese Frage sollte ausdrücklich konkretisiert werden: andere Hilfen durch das Jugendamt, andere Hilfen durch das Sozialamt (Eingliederungshilfe), andere Hilfen durch den Sozialpsychiatrischen Dienst, therapeutische oder medizinische Hilfen. Neben der Erhebung der vorangegangenen Hilfen ist dabei die konkretisierende Nachfrage nach Erfahrungen relevant: Was haben Sie in der jeweiligen Hilfe als hilfreich erlebt, was war schwierig? Was wünschen Sie sich noch einmal? Was sollte auf keinen Fall noch einmal passieren?

„Seltsames" Verhalten systematisch beobachten und dokumentieren: Verhaltensweisen und Reaktionen der Eltern und Kinder, die den Fachkräften seltsam erscheinen, sollten ernst genommen, entsprechend wahrgenommen und aufgegriffen werden. Dazu gehören zunächst die genaue Beobachtung und Dokumentation, welche Verhaltensweisen in welchem Kontext wiederkehren. Soweit möglich kann das Beobachtete den Eltern rückgemeldet werden: „Mir ist aufgefallen, dass ... Ich verstehe das nicht, können Sie mir das erklären?“ oder „... Was bewegt Sie, wenn Sie sich so verhalten?“ o. ä. Die eigenen Beobachtungen sowie ggf. Rückmeldungen der Eltern sollten dann in die Teamberatung eingebracht und eine gemeinsame Einschätzung hinsichtlich der Relevanz einer psychischen Erkrankung vorgenommen werden. Dabei geht es auch um eine kritische Reflexion, inwieweit das auffallende Verhalten eher persönlichen Eigenarten zuzuordnen ist oder in der Tat als Hinweis auf eine mögliche psychische Erkrankung zu bewerten ist.

Psychiatrische Diagnostik hinzuziehen: Um angemessen mit den relevanten Aspekten rund um die psychische Erkrankung umgehen zu können, sollte im Zuge der sozialpädagogischen Diagnostik geklärt werden, welche psychiatrischen Einschätzungen hinzuzuziehen sind, um eine Gesamtbewertung der Lage vornehmen zu können. Dabei sollte die Federführung in der sozialpädagogischen Diagnostik eindeutig bei der Fachkraft der Kinder- und Jugendhilfe verbleiben. Umso wichtiger ist es im Rahmen der Einschätzung einen klaren Auftrag mit spezifischer Fragestellung an die Psychiatrie zu formulieren. Dieser sollte nach Möglichkeit enthalten:

- Einschätzungen zu Art und Umfang der Erkrankung (worum geht es hier aus Sicht der Psychiatrie?)
- zu beachtende Auswirkungen auf die Alltagsgestaltung mit Kindern und die Wahrnehmung von Erziehungsverantwortung (was kann die Mutter/der Vater im Zusammenleben mit Kindern eines bestimmten Alters und mit bestimmten Entwicklungsanforderungen leisten?)
- Hinweise auf geeignete bewältigungsfördernde Ansätze

Um eine solche psychiatrische Einschätzung zu erhalten, kann je nach Situation eine anonymisierte Fallberatung mit einer psychiatrischen Fachkraft ausreichen. Alternativ ist mit dem betroffenen Elternteil die Bereitschaft zu einer psychiatrischen Diagnostik zu erarbeiten.

Bedeutsam ist in diesem Prozess, dass die Fachkräfte der Kinder- und Jugendhilfe ihre eigenen fachlichen Möglichkeiten der Einschätzung umfassend ausschöpfen, aber auch die Grenzen ihrer Profession erkennen. Hier gilt es das entsprechende andere professionelle Knowhow nachzufragen und in die eigenen Prozesse einzubinden. Im Rahmen der sozialpädagogischen Diagnostik ist allerdings auch zu bedenken, dass diese stets zielorientiert zu gestalten ist. Dies bedeutet, dass immer auch kritisch zu reflektieren ist, welches weitere Wissen zur Erfüllung des grundsätzlichen Hilfeauftrages sowie zur Klärung und Vereinbarung der anzustrebenden Ziele tatsächlich notwendig ist.

Die im Zuge der sozialpädagogischen Diagnostik insgesamt gesammelten Informationen gilt es abschließend zu bündeln. Sofern eine psychische Erkrankung auf Seiten eines Elternteils bekannt oder festgestellt wurde, kommt es hier in besonderer Weise darauf an folgende Aspekte herauszuarbeiten und die Ziele der Hilfe entsprechend abzustimmen:

- □ wie sich die psychische Erkrankung im Alltag und in der Erziehung der Kinder auswirkt,
- □ welche weiteren Faktoren die aktuelle familiäre Situation maßgeblich beeinflussen bzw. belasten,
- □ welche Alltags- und Erziehungsaufgaben die Eltern angemessen wahrnehmen und bewältigen können,
- □ in welchen Bereichen der Alltags- und Erziehungsaufgaben die Eltern aktuell Entlastung oder Unterstützung benötigen,
- □ in welchen Bereichen mit den Eltern sukzessive an Kompetenzerweiterung gearbeitet werden kann/soll, so dass sie perspektivisch wieder größere Anteile ihrer Erziehungsverantwortung eigenständig wahrnehmen können,
- □ wie der Entwicklungsstand der Kinder in Abhängigkeit von ihrem Alter einzuschätzen ist und inwiefern entwicklungsfördernde Maßnahmen erforderlich sind.

Die **Hilfeplanung** ist im Bereich der Hilfen zur Erziehung das zentrale individuelle Steuerungsinstrument. Nach der entsprechenden Bedarfsfeststellung werden in diesem Rahmen die Ziele vereinbart, die für die weitere Hilfegestaltung leitend sind. Dabei hat es sich als förderlich erwiesen, differenzierte

Ziele bezogen auf die Kinder und die Eltern zu formulieren, wobei die Ziele der Kinder auf die Kinder- und die Ziele der Eltern entsprechend auf die Elternrolle bezogen sind. Damit werden psychisch erkrankte Eltern im Rahmen der Hilfen zur Erziehung explizit als Eltern angesprochen. Zugleich kann so die Motivation der Eltern zur Zusammenarbeit gestärkt werden, wie mit der Bestandsaufnahme im Landesmodellprojekt insbesondere entlang der Interviews mit Müttern deutlich wurde.

Neben der Vereinbarung von Zielen und zu deren Erreichung geeigneten Maßnahmen ist die Hilfeplanung auch der Ort für grundsätzliche Absprachen bezogen auf den weiteren Hilfeverlauf. In Zusammenhang mit der psychischen Erkrankung eines Elternteils kann es angezeigt sein Vereinbarungen zu treffen bezüglich

- □ Versorgung und Betreuung der Kinder für den Fall eines stationären Klinikaufenthaltes (wenn Kinder im Haushalt des psychisch erkrankten Elternteils leben)
- □ Kontaktgestaltung und Begleitung der Kinder während eines Klinikaufenthalts
- □ beachtenswerter Ereignisse, die auf eine Verschlechterung des Gesundheitszustandes hinweisen können und die Einleitung bestimmter Schritte erfordern
- □ wechselseitiger Information der Beteiligten über Veränderungen im Gesundheitszustand des psychisch erkrankten Elternteils, die für die Kinder von Bedeutung bzw. in der Hilfegestaltung zu berücksichtigen sind.

Sowohl im Zuge der sozialpädagogischen Diagnostik als auch der Fortschreibung des Hilfeplans bedeutet die Sensibilisierung für die Situation der Kinder schließlich auch, entlang der identifizierten Hilfebedarfe für Kinder und Eltern danach zu fragen, inwieweit diesen im Rahmen der Erziehungshilfe entsprochen werden kann oder andere Hilfen ergänzend notwendig sind. Im Hinblick auf die Kinder geht es dabei insbesondere um Maßnahmen der Entwicklungsförderung. Bezogen auf die Eltern ist jeweils zu prüfen, inwieweit eine medizinische oder therapeutische Behandlung oder auch Maßnahmen der Eingliederungshilfe zielführend bzw. ggf. auch bedarfsgerechter sind. Je nach Gesamteinschätzung kann dabei der Jugendhilfe auch die Aufgabe zukommen, für und mit den Eltern Brücken zu den anderen Hilfeangeboten zu bauen und sie ggf. auch dorthin zu begleiten.

4.1.4 Zum Kontakt mit Eltern im Rahmen von Regeleinrichtungen und anderen offenen Angeboten

Viele Eltern, die schwer psychisch belastet sind oder an einer psychischen Erkrankung leiden, können diese (noch) nicht als solche ansehen und akzeptieren. Für viele stellt zudem der Schritt in die psychiatrische Behandlung eine große Hürde dar. Ein Großteil der in diesem Band dargestellten Unterstützungsmöglichkeiten setzen aber Krankheitseinsicht und Behandlungsbereitschaft auf Seiten der Eltern voraus. Damit stellt sich die Frage, wie für Kinder Entlastungs- und Förderangebote zugänglich werden können, wenn diese Voraussetzungen auf Seiten der Eltern nicht gegeben sind.

Wenn es zu Hause schwierig ist und es den Kindern nicht gut geht, werden oftmals die Regelinstitutionen Kindertagesstätte oder Schule als erstes darauf aufmerksam. Die Kinder verbringen dort einen Großteil des Tages. In der Regel fällt es auf, wenn sich das Verhalten des Kindes oder Jugendlichen verändert, wenn er oder sie sich zurückzieht, sehr traurig ist, ungehalten reagiert u. ä. Um solche Beobachtungen aufgreifen und mit den Kindern oder Jugendlichen entsprechend ins Gespräch kommen zu können, ist es für Fachkräfte in Kindertagesstätten und Schulen hilfreich, von schwierigen familiären Konstellationen und ihren Auswirkungen auf die Kinder zu wissen. Dazu gehört auch die psychische Erkrankung eines Elternteils. Fachkräfte in Kindertagesstätten und Schulen sind darauf allerdings häufig nicht vorbereitet.

Den Blick für die Situation der Kinder zu schärfen bedeutet vor diesem Hintergrund Fachkräfte in Kindertagesstätten und Schulen gezielt über psychische Erkrankungen aufzuklären und sie über die spezifische Situation der Kinder zu informieren. Dabei geht es primär um die Enttabuisierung psychischer Erkrankung und um das Verstehen der besonderen Anforderungen, unter denen diese Kinder aufwachsen. Hierüber sollen Fachkräfte der Regelinstitutionen sensibilisiert und als Gesprächspartner für die Kinder psychisch erkrankter Eltern gewonnen werden. Dazu ist es hilfreich, wenn diese Fachkräfte über entsprechende Gesprächsführungskompetenzen verfügen. Zudem sollten sie mit der örtlichen sozialen Infrastruktur hinreichend vertraut sein, so dass sie bei Bedarf die jungen Menschen oder auch ihre Eltern an entsprechende Hilfeangebote vermitteln, ggf. auch begleiten können. Darüber hinaus stellen Möglichkeiten der Fach- und Fallberatung für die Mitarbeitenden in Kindertagesstätten und Lehrkräfte wichtige Unterstützungsstrukturen dar. Neben innerinstitutionellen Angeboten können hierzu auch entsprechende Vereinbarungen mit einer örtlichen Beratungsstelle oder sonstigen zu diesem Thema qualifizierten Fachkräften im Netzwerk geschaffen werden. Zugänge dazu können sowohl durch einen institutionsübergreifenden Arbeitskreis „Kinder psychisch erkrankter Eltern“ oder auch durch die kommunalen Netzwerke Kindesschutz eröffnet werden, wie sie in Rheinland-Pfalz nach dem Landeskinderschutzgesetz inzwischen in allen Kommunen implementiert wurden.

Darüber hinaus können thematische Einheiten und Projekte zum Thema psychische Gesundheit in der Schule zur Enttabuisierung psychischer Erkrankung und zu einem offeneren Umgang mit Krisen und schwierigen Lebenssituation beitragen. Beispielhaft sei an dieser Stelle auf den Verein Irrsinnig-Menschlich verwiesen, der bundesweit tätig ist und u. a. für die Gestaltung von Projekttagen an Schulen zur Verfügung steht. Im Rahmen dieser Veranstaltung wird über psychische Gesundheit informiert und es werden Situationen aufgezeigt, die Menschen aus ihrem psychischen Gleichgewicht bringen können. Zudem gibt es Gelegenheit Menschen kennen zu lernen, die eine psychische Erkrankung erfahren haben. Außerdem geht es um die Frage, was man für seine eigene seelische Gesundheit tun kann. Weitere Informationen hierzu finden sich unter **www.schule.verrückt-na-und.de**. In Rheinland-Pfalz haben sich inzwischen drei Teams gebildet, die die Ziele und Aktivitäten des Vereins unterstützen (Bad-Dürkheim/Neustadt, Cochem-Zell, Mainz).

4.2 Leitfaden für die Aufnahme in den Kliniken der Erwachsenenpsychiatrie

Wie oben bereits aufgezeigt wurde, stellt die Frage „Haben Sie Kinder?“ einen zentralen Schlüssel bei der Klinikaufnahme dar, um die Kinder als Mit-Betroffene der psychischen Erkrankung eines Elternteils systematischer zu berücksichtigen. Im Rahmen des Landesmodellprojektes „Kinder psychisch kranker Eltern“ fand eine intensive Auseinandersetzung damit statt, in welchem Kontext diese Frage zu stellen ist, welche konkretisierenden Nachfragen erforderlich sind, welche Handlungsbedarfe sich daraus ergeben können und wie diesen im Klinikalltag angemessen begegnet werden kann. Daraus ging ein Set an Fragen hervor, die nach Möglichkeit beim Aufnahmegespräch bzw. so früh als möglich in der Klinik gestellt werden sollten. Zusammengenommen bilden diese Fragen einen Leitfaden, der entsprechend in die Ablaufroutinen integriert werden kann.

Der Leitfaden gliedert sich in zwei Abschnitte. Im ersten Teil wird nach dem Vorhandensein von Kindern, ihrem Alter und der aktuellen Versorgungssituation gefragt. Ergeben sich aus diesen Fragen gewichtige Anhaltspunkte, dass die Versorgung und Betreuung der Kinder möglicherweise unzureichend geklärt ist, und kann die Patientin bzw. der Patient zugleich keine Kontaktperson zur weiteren Klärung benennen, wird eine Information an das zuständige Jugendamt notwendig. Der zweite Teil des Leitfadens unterstützt die Klinik im weiteren Vorgehen, indem die notwendigen Schritte skizziert werden. Außerdem werden die hierfür geltenden Rechtsgrundlagen wiedergegeben, um Handlungssicherheit auch auf der ärztlichen Seite zu gewährleisten. Nachfolgend werden Intention und Zielsetzung der einzelnen Fragestellung genauer erläutert.

Der Leitfaden beginnt mit der schlichten Frage „Haben Sie Kinder?“. Es ist für die Einschätzung der Auswirkungen der psychischen Erkrankung eines Elternteils wesentlich, das Alter und den Entwicklungsstand der Kinder zu berücksichtigen. Das Alter der Kinder sollte entsprechend dokumentiert werden. Zugleich wird damit auch die Anzahl der Kinder, die zu dieser Patientin bzw. dem Patienten gehören, ersichtlich.

An diese sachlichen Fragen schließt sich die offene Frage an, wie die Kinder aktuell versorgt sind. Mittels dieser Frage wird ein wesentlicher Lebensbereich der Patientin bzw. des Patienten in die Ersteinschätzung aufgenommen. Zugleich wird damit Raum für die mögliche Sorge der Mutter oder des Vaters geschaffen. Es wird Gelegenheit zur Mitteilung, aber auch für erste gemeinsame Überlegungen gegeben, wer sich für die Zeit des Klinikaufenthaltes um die Kinder kümmern kann. Wie die Erprobung dieses Leitfadens gezeigt hat, sind viele Betroffene erleichtert, wenn ihnen diese Frage gestellt wird und nutzen die Möglichkeit sich mitzuteilen. In der Regel erfolgt die weitere Bearbeitung mit und durch den Sozialdienst. Ist es im Rahmen der Aufnahmesituation nicht möglich, diese Fragen (vollständig) zu stellen, gilt es dies in der Dokumentation entsprechend zu markieren, so dass dieses Gespräch sobald als möglich nachgeholt bzw. fortgeführt werden kann.

Hinsichtlich der Klärung offener Betreuungsfragen ist es von hoher Bedeutung die Patientin bzw. den Patienten als verantwortlichen Elternteil so weit als möglich zu beteiligen. In diesem Zusammenhang stellt die Frage nach einer Kontaktperson, die zur weiteren Klärung hinzugezogen werden kann, ein wichtiges Signal an die Eltern dar, dass sie hier – entsprechend ihrer Elternverantwortung und im Interesse ihrer Kinder – gestaltend Einfluss nehmen können. Darüber hinaus hat diese Frage diagnostischen Wert im Hinblick auf die Auswirkungen der Erkrankung auch und gerade hinsichtlich der Wahrnehmung von Erziehungsverantwortung. So wird im Umgang mit den Fragen um die aktuelle Versorgung und die Betreuung der Kinder sowie den diesbezüglichen Klärungsbedarfen und möglichen Kontaktpersonen zugleich deutlich, in welchem Maße die Mutter bzw. der Vater eigene Grenzen erkennen und die dennoch bestehenden Bedarfe der Kinder wahrnehmen kann. Damit wird ein Grundstein für die weitere Thematisierung von zentralen Aspekten der Elternschaft in der Behandlung gelegt.

Erscheinen die Versorgung und Betreuung der Kinder gut geklärt oder konnten verlässliche Vereinbarungen zum weiteren Vorgehen getroffen werden, endet der Leitfaden an dieser Stelle. Falls die Kinder nicht in einer Haushaltsgemeinschaft mit der Patientin bzw. dem Patienten leben, kann an dieser

Stelle die Frage anschließen, wer die Kinder über den Klinikaufenthalt informiert und wie der Kontakt während der stationären Behandlung gestaltet werden soll (Ansprechpartner etc.).

Bleiben wesentliche Fragen bezüglich der Versorgung und Betreuung der Kinder unbeantwortet, muss das Jugendamt entsprechend informiert werden. Im ersten Schritt muss die Patientin bzw. der Patient zunächst über diese Einschätzung der Klinik in Kenntnis gesetzt werden. Dabei sollte dafür geworben werden, dass sie bzw. er der Kontaktaufnahme zum Jugendamt zustimmt. Das Einverständnis ist in diesem Fall die aktuell bestmögliche Form der Fürsorge für das Wohl der Kinder. Gelingt es nicht die Zustimmung zu erlangen, muss eine Information gegen ihren Willen, aber mit ihrem Wissen erfolgen.

Wichtig ist genau zu dokumentieren, wann welches Jugendamt durch wen informiert wurde. Dies erleichtert Rückfragen und sichert die Nachvollziehbarkeit von Handlungsschritten in schwierigen Fallverläufen. Darüber hinaus sollte mit der Information an das Jugendamt zugleich eine Vereinbarung darüber getroffen werden, wie die Patientin bzw. der Patient, aber auch die Klinik über die weiteren Schritte des Jugendamtes informiert werden. Hiermit trägt die Klinik dazu bei, dass ein Elternteil, das aufgrund seiner Erkrankung aktuell nicht in der Lage ist für seine Kinder zu sorgen, dennoch mittels entsprechender Information als Elternteil wahrgenommen und einbezogen wird. Damit wird eine wichtige Grundlage geschaffen, um die sukzessive Wieder-Übernahme von Verantwortung zu erleichtern.

Die rechtliche Basis für ein solches Vorgehen an der Schnittstelle von Klinik und Jugendamt wurde mit § 12 des Landeskinderschutzgesetzes Rheinland-Pfalz gelegt. Danach ist ausdrücklich gefordert, das Jugendamt über eine mögliche Gefährdungslage junger Menschen zu informieren, wenn diese mit den eigenen fachlichen Mitteln nicht abgewendet werden kann und die Personensorge- oder Erziehungsberechtigten nicht bereit oder in der Lage sind selbst um Hilfe nachzufragen.[7] Unerlässlich ist die Information der Eltern über diesen Schritt vorab, es sei denn hierdurch würde der Schutz des Kindes gefährdet werden.

[7] Der genaue Wortlaut des § 12 Landeskinderschutzgesetzes Rheinland-Pfalz findet sich in dem anschließend abgedruckten Leitfaden

Im Folgenden ist der Leitfaden, wie er im Rahmen des Landesmodellprojektes „Kinder psychisch kranker Eltern" entwickelt wurde, abgedruckt. Gerne dürfen diese Fragen samt den dazugehörenden Erläuterungen in bestehende Aufnahmeraster integriert werden. Eine möglichst flächendeckende Anwendung und Weiterentwicklung entspricht hier dem Sinne und der Zielsetzung des Projektes. Darüber hinaus ist ebenso zu empfehlen diese Fragen vom Grundsatz her auch in der ambulanten Behandlung und Therapie zu stellen und bei Bedarf - möglichst gemeinsam mit dem betroffenen Elternteil - Kontakt zum Jugendamt herzustellen.

Aufnahmebogen in Kliniken der Erwachsenenpsychiatrie
Ergänzung bzgl. Kinder der PatientInnen

Haben Sie Kinder?

□ Ja

□ Nein

Wie alt sind die Kinder?

1. Kind: ....

2. Kind: ....

3. Kind: ....

4. Kind: ....

Wie sind Ihre Kinder während Ihres Klinikaufenthaltes versorgt?

mögliche Fragen zur weiteren Konkretisierung und Einschätzung:

Wer kann sich um die Kinder kümmern? Machen Sie sich aktuell Sorgen um Ihre Kinder? Wenn ja, was macht Ihnen Sorge?

....

....

....

Bei Klärungsbedarf:

Kontaktperson in der Familie:

Name: ....

Telefon: ....

Gibt es gewichtige Anhaltspunkte für eine Gefährdung der Kinder auf Grund einer unzureichenden Versorgung und Betreuung und wird zugleich von der PatientIn keine Kontaktperson in der Familie benannt, bedarf es der umgehenden Information des zuständigen Jugendamtes mit der Bitte um Klärung. Dazu sind folgende Schritte zu gehen:

1. Information der PatientIn, dass auf Grund der Unklarheiten bzgl. der Versorgung und Betreuung ihrer Kinder eine Klärung durch das Jugendamt als zuständige Stelle notwendig ist:
   Sind Sie damit einverstanden?
   - □ ja → Wertschätzung der fürsorglichen Entscheidung für das Wohl der Kinder; das Jugendamt kann mit Einverständnis der PatientIn informiert werden.
   - □ nein → Bedauern, dass die PatientIn im Moment die Möglichkeiten der Sorge um ihre Kinder nicht ausschöpfen kann; Information des Jugendamtes gegen den Willen, aber mit Wissen der PatientIn
2. Information des Jugendamtes .... (betreffendes Jugendamt eintragen)

Am: ....

Durch: ....

Vereinbarungen zur Rückmeldung durch das Jugendamt, welche Maßnahmen sie für die Kinder eingeleitet haben, und entsprechende Information der PatientIn:

....

....

Zur Rechtsgrundlage für dieses Vorgehen:

§ 12 des Landeskinderschutzgesetzes von Rheinland-Pfalz:

Schweige- und Geheimhaltungspflichten, Befugnis zur Unterrichtung des Jugendamtes

Werden Personen, die Schweige- oder Geheimhaltungspflichten im Sinne des § 203 des Strafgesetzbuches unterliegen, gewichtige Anhaltspunkte für eine Gefährdung des Wohls eines Kindes oder einer oder eines Jugendlichen bekannt und reichen die eigenen fachlichen Mittel nicht aus, die Gefährdung abzuwenden, sollen sie bei den Personensorge- oder Erziehungsberechtigten auf die Inanspruchnahme der erforderlichen weitergehenden Hilfen hinwirken. Ist ein Tätigwerden dringend erforderlich, um die Gefährdung abzuwenden und sind die Personensorge- oder Erziehungsberechtigten nicht bereit oder in der Lage, hieran mitzuwirken, sind die in Satz 1 genannten Personen befugt, dem Jugendamt die vorliegenden Erkenntnisse mitzuteilen; hierauf sind die Betroffenen vorab hinzuweisen, es sei denn, damit wird der wirksame Schutz des Kindes oder der oder des Jugendlichen infrage gestellt.

4.3 Info-Flyer für Eltern

Die Ergebnisse der Zielgruppenanalyse in den Kliniken der Erwachsenenpsychiatrie haben aufgezeigt, dass viele psychisch erkrankte Eltern nur wenige Tage in der Klinik verbleiben. Dieser Zeitraum ist in der Regel zu kurz, um Fragen der Elternschaft anzusprechen und Auswirkungen der Erkrankung auf die Erziehung der Kinder zu thematisieren. Diese Feststellung war im Rahmen des Landesmodellprojektes „Kinder psychisch kranker Eltern“ zum Anlass geworden, einen Flyer mit kompakten Informationen zu erarbeiten, der Mut zur Inanspruchnahme von Hilfen machen soll. Entstanden ist ein Informationsblatt, das in der Druckfassung inzwischen landesweit verteilt wurde. Dabei wurden nicht nur die Kliniken der Erwachsenenpsychiatrie berücksichtigt, sondern alle relevanten Stellen im Bereich der Jugendhilfe, der Psychiatrie sowie angrenzender Leistungsbereiche einbezogen.

Mit diesem Flyer sollen insbesondere vier zentrale Botschaften an (psychisch erkrankte) Eltern vermittelt werden. Diese sind:

- Als psychisch erkrankte Mutter oder Vater sind Sie nicht alleine. Es gibt viele andere, denen es ähnlich geht.
- Wenn die Anforderungen aus der Erkrankung und den Erziehungsaufgaben in der Summe zu viel werden, müssen Sie das nicht alleine bewältigen. Sie dürfen sich Hilfe holen.
- Mit den Kindern über die Erkrankung zu sprechen ist schwierig, aber für die Kinder sehr wichtig.
- Es gibt Unterstützung für Sie und Ihre Familie durch verschiedene Institutionen und Einrichtungen. Sie sind dafür da, dass Sie sie in Anspruch nehmen.

Damit möglichst viele Eltern mit diesem Faltblatt angesprochen werden können, war es wichtig wesentliche Sachinformationen zu vermitteln, die nach dem Stand der Forschung zur Enttabuisierung psychischer Erkrankung beitragen und zur Inanspruchnahme von Hilfen ermutigen können. Darüber hinaus sollten praktische Unterstützungsmöglichkeiten aufgezeigt werden, die Eltern mit entsprechenden Kompetenzen auch selbst organisieren können und somit zugleich in ihren Selbsthilfekräften bestärkt werden. Daraus ergab sich der nachfolgend skizzierte Aufbau des Flyers.

Zunächst wird aufgezeigt, dass psychische Erkrankungen keine Seltenheit sind. Dies wird anhand von ausgewählten Daten zum Umfang psychischer Erkrankungen illustriert:

> Fast ein Drittel aller Deutschen erleidet mindestens eine psychische Störung wie z. B. eine Depression, Borderline-Störung, Angst- bzw. Panikstörung, Manie oder Schizophrenie. Manche Menschen erkranken nur kurzzeitig über Wochen und Monate, andere längerfristig. Weit über ein Drittel wiederum sind chronisch krank und leiden Jahre unter den Beschwerden. Jeder fünfte Mensch, der psychisch erkrankt, hat minderjährige Kinder. Psychische Belastungen stellen Eltern dabei vor ganz besondere Aufgaben.[8]

In einem zweiten Abschnitt werden besondere Herausforderungen an die Eltern aufgegriffen, die sich aus den spezifischen Belastungen in Folge der psychischen Erkrankung ergeben und gewissermaßen in Konkurrenz zu den Erziehungsaufgaben stehen. Daran anschließend werden über Fragen jeweils Impulse für Unterstützungsmöglichkeiten gesetzt:

> Was können Sie für Ihre Kinder tun?
>
> Als psychisch erkrankte Mutter oder Vater brauchen Sie Kraft und Zeit, um mit dem zu Rande zu kommen, was sie belastet und beschäftigt. Diese fehlt ihnen für ihr Kind.
>
> - ☐ Wer aus Ihrer Familie, aus der Nachbarschaft oder dem Bekanntenkreis, kann neben Ihnen noch für Ihr Kind da sein?
>
> Je nach persönlicher Verfassung gelingt es Müttern und Vätern mal mehr und mal weniger die täglichen Aufgaben zu erledigen. Die Kinder sind daher häufig auf sich gestellt und übernehmen auch Aufgaben der Eltern. Das kann die Kinder überfordern.
>
> - ☐ Wer kann Sie im Alltag (Haushalt, Termine etc.) unterstützen, damit Ihr Kind seinem Alter entsprechend auch Kind sein kann?
>
> Je nach Krankheitsverlauf werden immer wieder Klinikaufenthalte notwendig. Diese (Aus-)Zeiten sind für Sie wichtig, um gesund werden bzw. mit der Krankheit besser umgehen zu können.
>
> - ☐ Wer kann in dieser Zeit die Versorgung und Betreuung Ihres Kindes übernehmen?[9]

[8] Textauszug aus dem Infoflyer
[9] Textauszug aus dem Infoflyer

Anschließend wird aufgezeigt, wie wichtig es ist, mit den Kindern über die Erkrankung zu reden. Kinder brauchen Erklärungen, um das Geschehen in der Familie verstehen zu können. Das ist für die Eltern eine schwierige Aufgabe, zu deren Lösung sie sich aber Unterstützung holen können:

> Kinder und Jugendliche haben oft eine sehr sensible Wahrnehmung dafür, wie es ihren Eltern geht. Sie machen sich Sorgen, vor allem wenn sie Handlungen ihrer Eltern nicht verstehen. Für die Kinder ist es wichtig, Erklärungen zur Krankheit ihrer Mutter oder ihres Vaters zu bekommen. So haben sie die Chance besser zu verstehen, was mit ihnen los ist. Wichtig ist dabei, dass die Kinder ihrem Alter entsprechend informiert werden. Das ist nicht einfach. Holen Sie sich deshalb Unterstützung, beispielsweise in einer Erziehungs- oder Lebensberatungsstelle oder bei Ihrem Arzt.[10]

Als praktischer Tipp wird außerdem das Instrument des Notfallplans vorgestellt:

> **Wenn es einmal ganz schwierig wird?**
>
> An welchen Anzeichen, Gefühlen oder Gedanken bemerken Sie, dass sich Ihr Gesundheitszustand verschlechtert?
>
> Besprechen Sie gemeinsam mit Ihrer Familie, was zu tun ist, wenn es Ihnen schlecht geht. Überlegen Sie sich zusammen einen „Notfallplan" und sammeln Adressen von Freunden, Verwandten oder Bekannten, die Ihnen und Ihrer Familie helfen können.
>
> Ein solcher Notfallplan ist eine gute Möglichkeit, zusätzlichen Druck in einer Krise abzumildern:
>
> Wenn sich mein Gesundheitszustand verschlechtert, kann ich anrufen
> (Name, Anschrift, Telefon):
>
> 1. ....
> 2. ....
> 3. ....
>
> Diese Personen versorgen mein Kind und können es im Krisenfall bei mir zu Hause abholen.[11]

Am Ende verweist der Info-Flyer für Eltern auf Institutionen, die Menschen in schwierigen Lebenssituationen Hilfe und Unterstützung anbieten. Dabei werden lediglich solche Institutionen aufgelistet, die direkt für Eltern zugänglich sind.

[10] Textauszug aus dem Infoflyer
[11] Textauszug aus dem Infoflyer

Die Druckfassung des Flyers und die PDF-Datei können online über die Homepage des Ministeriums für Arbeit, Soziales, Gesundheit, Familie und Frauen (MASGFF) oder schriftlich bezogen werden über: MASGFF, Bestellservice, Bauhofstr. 9, 55116 Mainz. Außerdem steht die Datei unter **www.ism-mainz.de** zum Download bereit. Dieser Flyer eignet sich zur Auslage in Arztpraxen, Beratungsstellen und anderen öffentlichen Stellen, die Informationsmaterialien zu verschiedenen Themen vorhalten. Auf diese Weise kann der Flyer auch zur Enttabuisierung von psychischer Erkrankung allgemein sowie zur breiten Sensibilisierung für die besondere Situation von psychisch erkrankten Eltern und ihren Kindern beitragen. Von besonderer Bedeutung ist dabei der entstigmatisierende Ansatz, der für Verständnis wirbt und entlastende Hilfeangebote aufzeigt.

Darüber hinaus kann der Flyer im Rahmen eines Beratungs-, Therapie-, Arzt-, Hebammengespräches oder ähnlichem als Medium eingesetzt oder auch gezielt zum Weiterlesen und -denken mitgegeben werden. So kann der Flyer auch als Gesprächsleitfaden von Fachkräften genutzt werden. Die im Sinne von Anstößen kurz gehaltenen Informationen können im Gespräch bedarfsorientiert ergänzt werden. Außerdem können in einem solchen Rahmen die Eindrücke und Reaktionen der Eltern direkt aufgegriffen und gemeinsam reflektiert werden.

Seitens des Bundesverbandes der Angehörigen psychisch Kranker wurden inzwischen umfangreichere Informationsmaterialien für Kinder, Jugendliche, Eltern und Fachkräfte erstellt. Diese können ergänzend genutzt werden, insbesondere wenn Eltern oder auch die Kinder bzw. Jugendlichen schriftliche Materialien als Medium der Auseinandersetzung nutzen (können). Diese Materialien sind zu beziehen über **www.bapk.de**.

4.4 Exkurs: Psychische Erkrankung und Kindeswohlgefährdung

Über die Medien wurden in den vergangenen Jahren immer wieder Familien mit einem psychisch erkrankten Elternteil bekannt, in denen es zu problematischen und auch gefährlichen Lebenssituationen für die Kinder kam. Aber auch vor dem Hintergrund der eigenen Fallarbeit stellen Fachkräfte immer wieder die Frage, wie das Kindeswohl im Zusammenleben mit einem psychisch erkrankten Elternteil gewährleistet werden kann. Vor dem Hintergrund der bisherigen Fachdebatte und den Untersuchungsergebnissen des Landesmodellprojektes lässt sich hierzu eine Reihe von Orientierungspunkten aufzeigen.

Ausgehend von dem hier entfalteten bewältigungsorientierten Unterstützungsansatz werden im Folgenden Stufen der Prävention sowie unterschiedlich intensiv unterstützende Angebote bis hin zur Intervention aufgezeigt. Daran anschließend werden die fachlichen Standards der Risiko- und Gefährdungseinschätzungen entsprechend § 8a SGB VIII skizziert und bezüglich der spezifischen Aspekte im Zusammenhang mit einer psychischen Erkrankung konkretisiert. Abschließend wird die Bedeutung eines frühzeitigen Zusammenwirkens von Jugendhilfe und Psychiatrie gerade auch im Hinblick auf die Gewährleistung des Kindeswohls herausgestellt.

Zur Bedeutung psychischer Erkrankung für die Entwicklung und Erziehung der Kinder

Eine psychische Erkrankung zeichnet sich – wie oben bereits ausführlicher dargestellt – dadurch aus, dass sie das Denken, das Verhalten und/oder die Affekte der Betroffenen verändert. Bezogen auf die Wahrnehmung ihrer Erziehungsaufgaben kann dies für psychisch erkrankte Eltern bedeuten, dass sie die emotionalen und sozialen Bedürfnisse ihrer Kinder nicht mehr angemessen wahrnehmen und erfüllen können. In der Folge ist ein adäquates Erziehungsverhalten erschwert. Insofern ist die psychische Erkrankung eines Elternteils als ein Risikofaktor für die Entwicklung des Kindes anzusehen.

Allerdings ist nicht die psychische Erkrankung eines Elternteils als solche der eigentliche Risikofaktor, sondern vielmehr der familiäre Umgang mit der Erkrankung sowie die allgemeinen Bewältigungskompetenzen der Eltern. So ist zu berücksichtigen, dass mit der psychischen Erkrankung eines Elternteils oftmals weitere Belastungsfaktoren in der Familie einhergehen wie beispielsweise Partnerschaftskonflikte, Trennung und Scheidung, Arbeitslosigkeit, Armut oder soziale Isolation. Aus der Risikoforschung ist bekannt, dass besonders dann, wenn mehrere Belastungsfaktoren kumulieren, die Gefahr besteht, dass Kinder in ihrer Entwicklung und Erziehung beeinträchtigt werden. Um einschätzen zu können, wie das Kindeswohl in der Familie ausreichend gewährleistet werden kann, ist es darum erforderlich die gesamte Lebenssituation des Kindes zu betrachten und eine Prognose für den weiteren Verlauf vorzunehmen. Dabei sind den Belastungsfaktoren immer auch die zugänglichen und nutzbaren Bewältigungsressourcen gegenüber zu stellen.

Stärkung der Bewältigungskompetenzen als zentraler präventiver Zugang im Kinderschutz

Die Resilienz- und Copingforschung sind Forschungszugänge, die aufgezeigt haben, wie Menschen auch mit schwierigen Lebenssituationen zurecht kommen und in ihrer Persönlichkeit wachsen können. Zusammenfassend soll hier noch einmal festgehalten werden, was zum einen psychisch erkrankte Eltern und zum anderen deren Kinder stärkt, um die Auswirkungen der psychischen Erkrankung bewältigen und ein gelingendes Aufwachsen für die Kinder gewährleisten zu können.

Bewältigungsfördernde Aspekte auf Seiten der Eltern:

- □ Krankheitseinsicht / Akzeptanz der Erkrankung durch das betroffene Elternteil und die Familie als Ganzes
- □ Bereitschaft psychiatrische Behandlung / Therapie in Anspruch zu nehmen
- □ Offene Auseinandersetzung mit der Erkrankung in der Familie, auch mit den Kindern
- □ Alltagsorganisation an den Krankheitsverlauf anpassen
- □ Einbindung in soziales Netzwerk und Inanspruchnahme von Unterstützung
- □ Inanspruchnahme von professionellen Hilfen soweit notwendig

Eine zentrale Unterstützung der betroffenen Eltern liegt darin, für Krankheitseinsicht und Behandlungsbereitschaft zu werben, aber auch innerfamiliäre Tabuisierung aufzudecken und eine gemeinsame Sprache für die Erkrankung zu finden. Darüber hinaus gilt es gemeinsam mit der Familie angemessene Alltagsmodelle zu erproben und Unterstützungsmöglichkeiten im sozialen Umfeld zu sondieren.

Bewältigungsfördernde Aspekte auf Seiten der Kinder:

- Aufklärung über Erkrankung des betroffenen Elternteils
- Ansprechpartner für Fragen und Sorgen rund um die Erkrankung
- Verlässliche Bezugs- und Vertrauensperson neben dem psychisch erkrankten Elternteil
- Absicherung der Alltagsstrukturen auch in schwierigen Zeiten (z. B. akute Krankheitsphasen, Klinikaufenthalt etc.)
- Parentifizierung der Kinder entgegenwirken

Wie Forschungsergebnisse weiter zeigen, ist es für gelingende Bewältigungsprozesse auf Seiten der Kinder bedeutsam, dass sie Unterstützung in der subjektiven Verarbeitung ihres Erlebens erfahren. Dazu gehören wesentlich die alters- und entwicklungsgerechte Information und Aufklärung der Kinder, damit sie das krankheitsbedingte Geschehen innerhalb der Familie entsprechend zuordnen und verstehen können. Darüber hinaus sind verlässliche Bezugspersonen und Alltagsstrukturen für die Kinder wichtige Garanten, die ihnen Halt und Sicherheit auch in schwierigen Zeiten bieten. Schließlich ist darauf zu achten, dass die (Eltern- und) Kinderrollen innerhalb der Familie soweit als möglich aufrecht erhalten werden.

Vor dem Hintergrund des Wissens um den Risikofaktor der elterlichen psychischen Erkrankung gilt es zur Gewährleistung des Kindeswohls diesen bewältigungsfördernden Aspekten eine besondere Aufmerksamkeit zuzumessen. Entsprechend bedeutsam ist in der Zusammenarbeit mit den betroffenen Familien die gemeinsame Einschätzung der verfügbaren Bewältigungspotentiale bzw. der sich daraus ergebenden vordringlichen Unterstützungsbedarfe. Dazu können folgende Einschätzungsfragen dienen:

Einschätzungsfragen bezogen auf die Eltern:

- ☐ Ist das psychisch erkrankte Elternteil die Hauptbezugsperson des Kindes / der Kinder?
- ☐ Lebt das erkrankte Elternteil alleine mit den Kindern?
- ☐ Ist nur ein Elternteil oder sind beide betroffen?
- ☐ Inwieweit bestehen Krankheitseinsicht und Behandlungsbereitschaft

Hintergrund dieser Fragestellungen ist das Wissen darum, dass die Auswirkungen für die Kinder besonders gravierend sind, wenn die Hauptbezugsperson (meist die Mutter) von der psychischen Erkrankung betroffen ist und in der Folge nicht mehr zuverlässig zur Verfügung steht. Lebt das betroffene Elternteil alleine mit den Kindern oder sind beide Elternteile von einer psychischen Erkrankung betroffen, sind die Möglichkeiten der innerfamiliären Aufgabenteilung in der Alltagsversorgung und Erziehung deutlich begrenzter und die Kinder meist umso stärker auf eine verlässliche Bezugsperson im erweiterten Familienkreis oder auch außerhalb der Familie angewiesen. Krankheitseinsicht und Behandlungsbereitschaft sind schließlich zentrale Voraussetzungen, damit die anderen bewältigungsfördernden Aspekte auf Seiten der Eltern wie auch der Kinder wirksam werden können.

Um die Auswirkungen der psychischen Erkrankung auf die Entwicklung der Kinder einschätzen zu können, sind Aspekte der familiären Organisation, des sozialen Bezugssystems der Kinder, der Art und Schwere der Erkrankung, aber auch Alter und Entwicklungsstand des Kindes relevant. Bezogen auf das Kind gilt es dazu insbesondere folgende Fragestellung einzuschätzen:

Einschätzungsfragen bezogen auf die Kinder:

- □ Wie alt sind die Kinder?
- □ Welche Pflege- und Versorgungsaufgaben müssen für das Kind/die Kinder auf jeden Fall gewährleistet sein?
- □ Welche Entwicklungsaufgaben stehen für das Kind an? (z. B. Bindungsaufbau, Regellernen, Ablösung)
- □ In welchen Bereichen besteht entwicklungsbedingt vordringlicher Förderbedarf?
- □ Inwieweit gibt es für das Kind neben dem erkrankten Elternteil eine weitere verlässliche und erreichbare Bezugsperson?
- □ Inwieweit gibt es Anhaltspunkte für eine akute oder latente Kindeswohlgefährdung?

Insgesamt stellen sich die Auswirkungen einer psychischen Erkrankung sehr unterschiedlich dar. Auch verfügen Familien über eine sehr unterschiedliche Ausstattung an Bewältigungsressourcen. Vor dem Hintergrund der bisherigen Erkenntnisse zur besonderen Lebenssituation Kinder psychisch erkrankter Eltern lassen sich darum keine monokausalen Handlungsempfehlungen für die Gewährleistung des Kindeswohls formulieren. Aber es können Stufen der notwendigen Unterstützung beschrieben werden, die je nach Ausgangslage verfügbar und für die Familien (Eltern bzw. Kinder) zugänglich sein sollten. In der Zusammenschau lassen sich diese wie folgt darstellen:

Stufen der Unterstützung von Kindern psychisch erkrankter Eltern

Wahrnehmung des Schutzauftrages durch das Jugendamt bei Kindeswohlgefährdung

Hilfen zur Erziehung

Niedrigschwelligunterstützende Angebote:

Eltern-Kind-Gruppe
Niedrigschwellige Beratungsmöglichkeiten für Eltern

Prävention:

Informationen und Aufklärung der Kinder
Entlastung der Familie durch Ganztagsbetreuung in Kita/Schule
Unterstützung und Begleitung von Personen, die der Familie als Pate zur Verfügung stehen

Die Angebote der Prävention sollten möglichst allen betroffenen Familien zur Verfügung stehen. Dabei geht es zum einen um die Unterstützung bei der Information und Aufklärung der Kinder. Diese ist für alle betroffenen Kinder notwendig. Eltern oder andere Bezugspersonen, ggf. auch Fachkräfte sollten dabei niedrigschwellig auf Beratung oder auch unterstützende Materialien[12] zurückgreifen können. Als zentraler Aspekt der Prävention ist darüber hinaus die Entlastung der Familien u. a. durch Angebote der Ganztagsbetreuung anzusehen, die im Rahmen der Regeleinrichtungen (Kindertagesstätten, Schulen) gerade auch für diese Familien – unabhängig von Berufstätigkeit – zugänglich sein sollten. Schließlich ist im Rahmen der Entwicklung präventiver Strukturen danach zu fragen, wie (außer-)familiäre Bezugspersonen für das Kind, die die Funktion einer Patenschaft übernehmen, in dieser anspruchsvollen Aufgabe angemessen unterstützt und begleitet werden können.

Neben präventiven Unterstützungsstrukturen bedarf es niedrigschwelliger Angebote, die für Eltern und Kinder leicht zugänglich sind und spezifische Fragen des Umgangs mit den Auswirkungen der psychischen Erkrankung im familiären (Erziehungs-)Alltag aufgreifen. Die Eltern-Kind-Gruppen, die an anderer Stelle in diesem Band vorgestellt werden, stellen hier ein bewährtes Angebot dar. Außerdem sind in diesem Zusammenhang Beratungsangebote der Erziehungs- und Lebensberatungsstellen zu sehen, die stärker im Lebensraum der Betroffenen verankert sind, z. B. Beratungsangebote in Kliniken, Kindertagesstätten, Häusern der Familie etc.

Zum Spektrum der unterschiedlich intensiven Unterstützungsmöglichkeiten gehören darüber hinaus die Hilfen zur Erziehung nach §§ 27 ff SGB VIII. Auch psychisch erkrankte Eltern haben ein Recht auf Hilfe zur Erziehung, wenn sie eine dem Wohl des jungen Menschen entsprechende Erziehung nicht (alleine) gewährleisten können. Im Unterschied zu den präventiven und niedrigschwelligen Hilfen erfordern die Hilfen zur Erziehung einen entsprechenden Antrag der Eltern beim Jugendamt. Dies stellt gerade für psychisch erkrankte Eltern oftmals eine hohe Schwelle dar. Wie oben aufgezeigt, bedarf es hier der besonderen Ermutigung, damit betroffene Eltern sich auf eine solche Hilfe einlassen können, wenn diese notwendig und geeignet ist.

[12] Vgl. dazu Abschnitt 6.4 mit Verweis auf **www.bapk.de**

In Familien mit einem psychisch erkrankten Elternteil kann es – wie bei Familien in anders gelagerten Problemlagen auch – zu Situationen kommen, die das Kind bzw. seine weitere Entwicklung gefährden können. Bei gewichtigen Anhaltspunkten für eine Kindeswohlgefährdung ist dann ein Handeln entsprechend des Schutzauftrages erforderlich. Zentrale fachliche Standards des Handelns wurden mit der Einführung des § 8a SGB VIII konkretisiert.

Fachliche Standards der Risiko- und Gefährdungseinschätzung

Zunächst ist festzuhalten, dass eine Kindeswohlgefährdung kein beobachtbarer Sachverhalt sondern ein rechtliches und normatives Konstrukt ist. So versteht die Rechtsprechung unter Gefährdung „eine gegenwärtige in einem solchen Maße vorhandene Gefahr, dass sich bei der weiteren Entwicklung eine erhebliche Schädigung mit ziemlicher Sicherheit voraussagen lässt" (BGH FamRZ 1956, S. 350). Demnach ergeben sich aus beobachtbaren Sachverhalten (gewichtige) Anhaltspunkte für eine Kindeswohlgefährdung. Inwieweit diese aber tatsächlich das Potential einer Gefährdung für das jeweilige Kind in seiner konkreten Lebenssituation darstellen, ist in einem entsprechend fachlich nachvollziehbaren Prozess einzuschätzen.

Die Kinder- und Jugendhilfe ist durch den Gesetzgeber mit der Wahrnehmung des Schutzauftrages betraut. In der Ausführung sind dabei vier zentrale fachliche Standards zu berücksichtigen:

- **Risiko- und Gefährdungseinschätzung im Zusammenwirken mehrerer Fachkräfte,** das heißt es müssen die Einschätzungen von mindestens zwei Fachkräften zusammengeführt und hinsichtlich der Gemeinsamkeiten und Unterschiede abgewogen werden.
- **Hinzuziehung einer insoweit erfahrenen Fachkraft,** um sicherzustellen, dass mindestens eine Fachkraft am Einschätzungsprozess beteiligt ist, die zu Fragen der Kindeswohlgefährdung kundig und hinsichtlich der Durchführung von Einschätzungsprozessen erfahren ist. Im Hinblick auf die Einschätzung der psychischen Erkrankung und ihrer Auswirkungen auf den Erziehungs- und Entwicklungsprozess des Kindes kann es angezeigt sein, (zusätzlich) eine psychiatrisch kundige und erfahrene Fachkraft hinzuzuziehen.

- **Beteiligung der Eltern und jungen Menschen**, denn ihre jeweiligen Einschätzungen zur Situation, den darin enthaltenen Belastungen („was macht es schwierig?“) und den verfügbaren Bewältigungskompetenzen sind zentrale Informationen für den Einschätzungsprozess.
- **Auf die Inanspruchnahme von Hilfen hinwirken**, d. h. im Fokus des Einschätzungsprozesses sollte immer die Frage stehen, was den Eltern helfen könnte selbst die potentielle Gefahr für ihr Kind abzuwenden. Eine Herausnahme des Kindes soll nach Möglichkeit vermieden werden. Dazu gilt es entsprechende Problemakzeptanz sowie Problemkongruenz mit den Eltern (und jungen Menschen) zu erarbeiten, so dass für Eltern und Kinder anschlussfähige Hilfen entwickelt und angeboten werden können.

Eine Risiko- und Gefährdungseinschätzung entsprechend dieser fachlichen Standards darf sich nicht auf die Einschätzung der Auswirkungen der psychischen Erkrankung begrenzen, sondern erfordert immer die Bewertung der gesamten Lebenslage. Dabei gilt es möglichst konkret herauszuarbeiten, was genau die mögliche Schädigung für das Kind ausmacht, wie erheblich die Gefährdungsmomente bzw. der zu erwartende Schaden für das Kind einzuschätzen sind und wie wahrscheinlich der tatsächliche Schadenseintritt ist. Darüber hinaus ist die Fähigkeit und Bereitschaft der Eltern auszuloten selbst die Gefahr für ihr Kind abzuwenden bzw. die zur Abwendung der Gefahr erforderlichen Maßnahmen zu treffen.

Wird im Zusammenhang mit der psychischen Erkrankung eines Elternteils eine Risiko- und Gefährdungseinschätzung erforderlich, so sind hier im Sinne einer umfassenden Bewertung der Lebenslage des Kindes immer auch die Auswirkungen der psychischen Erkrankung auf die Alltagsgestaltung mit den Kindern und das Erziehungsverhalten zu beleuchten. Dabei können folgende Fragen leitend sein:

Einschätzungsfragen bzgl. Bedeutung der psychischen Erkrankung eines Elternteils für mögliche Gefährdungssituation des Kindes

- □ Welche Auswirkungen hat die psychische Erkrankung auf die Alltags- und Beziehungsgestaltung innerhalb der Familie/im Hinblick auf das Kind?
- □ Welche Dynamik ist mit der Erkrankung verbunden? Welcher weitere Krankheitsverlauf ist mit welchen Auswirkungen zu erwarten? (ggf. psychiatrisches Knowhow hinzuziehen)
- □ Wie stark werden die Fähigkeit und Bereitschaft der Eltern/des Elternteils die Gefahr für das Kind abzuwenden, durch die Erkrankung bestimmt? Wie viel Veränderung kann über Einsicht etc. gewonnen werden, wo ist Behandlung erforderlich?

Psychische Erkrankung eines Elternteils und Kinderschutz: Frühzeitige Unterstützung im Zusammenwirken von Jugendhilfe und Erwachsenenpsychiatrie gewährleisten

Was grundsätzlich für die Entwicklung angemessener Unterstützungsstrukturen für Kinder psychisch kranker Eltern gilt, hat – wie die Ausführungen zur Risiko- und Gefährdungseinschätzung zeigen – auch für den Einschätzungsprozess bezüglich einer möglichen Kindeswohlgefährdung zentrale Bedeutung. Während Risiko- und Gefährdungseinschätzungen bezogen auf die Kinder originäre Aufgaben der Kinder- und Jugendhilfe sind, bedarf es für die Einschätzung der Auswirkungen der Erkrankung und deren Bewertung in Bezug auf das Kindeswohl der Zusammenarbeit mit der Psychiatrie. Diese kann im Rahmen einer Fallberatung gemeinsam mit einem Psychiater/einer Psychiaterin oder auch durch das Einholen der Sichtweise einer psychiatrischen Fachkraft erfolgen, die das betroffene Elternteil in Behandlung oder Therapie begleitet.

Psychische Erkrankungen zeichnen sich oftmals dadurch aus, dass sie phasenhaft verlaufen und eine Prognose über den weiteren Verlauf nur bedingt möglich ist. Vor diesem Hintergrund bedarf es einer offenen und reflexiven Kommunikation über den Verlauf der Erkrankung einerseits und die Entwicklung des Kindes bzw. der Kinder andererseits. Dies erfordert sowohl die kontinuierliche Beobachtung und Einschätzung des Krankheitsverlaufes seitens der Psychiatrie hinsichtlich möglicher Veränderungen bezüglich der Erziehung und Entwicklung des Kindes als auch die kontinuierliche Beobachtung und Einschätzung der Entwicklung des Kindes unter Berücksichtigung (neuer) Bewältigungsanforderungen hinsichtlich der elterlichen Erkrankung und deren Auswirkungen im Alltag. Kooperation zwischen Jugendhilfe und Psychiatrie bedeutet in diesem Zusammenhang auch unter Beteiligung der Eltern (und Kinder) beobachtete Veränderungen zu kommunizieren und gemeinsam eine entsprechende Situationseinschätzung vorzunehmen.

Kinder psychisch erkrankter Eltern weisen oftmals einen erhöhten Förderbedarf hinsichtlich ihrer Entwicklung auf. Ebenso bedürfen die betroffenen Eltern in besonderem Maße der Unterstützung in der Ausübung ihrer Erziehungsaufgaben. Frühzeitige Förder- und Unterstützungsbedarfe können dabei – je nach Auswirkungen der psychischen Erkrankung auf die Alltagsgestaltung mit den Kindern und das Erziehungsverhalten – auch eine wichtige präventive Funktion bezüglich der Vermeidung einer möglichen Kindeswohlgefährdung wahrnehmen. Nicht zuletzt vor diesem Hintergrund kommt niedrigschwelligen Beratungs- und Hilfezugängen für psychisch erkrankte Eltern (und ihre Kinder) eine besondere Bedeutung zu.

Auch bei allen Bemühungen um Prävention und frühe Förderung wird es immer wieder Familien mit einem psychisch erkrankten Elternteil geben, in denen ein weiteres alltägliches Zusammenleben den Kindern nicht zuträglich ist. Wie die Interviews mit Eltern zeigten, haben aber gerade psychisch erkrankte Mütter große Angst, dass Kontakte mit dem Jugendamt zur Fremdunterbringung der Kinder führen. Vor diesem Hintergrund kommt im Hilfeentscheidungsprozess mit diesen Eltern der Erarbeitung von Akzeptanz für die Maßnahme sowie von Motivation für die weitere Zusammenarbeit eine besonders hohe Bedeutung zu. Für diese Eltern muss vorstellbar werden, dass die räumliche Trennung zwischen ihnen und ihren Kindern für sie beide hilfreich sein kann und ihre Beziehung zueinander nicht beeinträchtigen muss bzw. auch förderlich sein kann. Wie in anderem Zusammenhang[13] herausgearbeitet werden konnte, erfordert dies zum einen eine offene Kommunikation bezüglich der psychischen Erkrankung sowie transparente Zielperspektiven, die von allen Beteiligten mitgetragen werden können. Zum anderen ist seitens der Fachkräfte eine enge Information der Eltern über das Geschehen in der Einrichtung (oder Pflegefamilie) förderlich, so dass diese ein Stück weit am Alltag und der Entwicklung ihrer Kinder teilhaben können. So kann die Fremdunterbringung für psychisch erkrankte Eltern zu einer Hilfe werden, die ihnen Freiraum gibt, sich um die eigenen Belange zu kümmern, mit dem Ziel wieder solche persönliche Stabilität zu gewinnen, dass ein Zusammenleben mit den Kindern wieder vorstellbar wird.

[13] Im Rahmen des Projektes „Heimerziehung als familienunterstützende Hilfe" wurde der Frage nachgegangen, wie Elternarbeit mit psychisch erkrankten Eltern gelingend gestaltet werden kann und was dabei besonders zu beachten ist. Eine Veröffentlichung der Ergebnisse ist im Jahr 2010 zu erwarten.

5. Niedrigschwellige Angebote für psychisch erkrankte Eltern und ihre Kinder

Niedrigschwellige Hilfeangebote richten sich insbesondere an Familien in besonderen Belastungssituationen und komplexen Anforderungslagen. Sie zeichnen sich dadurch aus, dass sie nah am Alltag der Adressatinnen und Adressaten angesiedelt sind und sich in ihrer Ausgestaltung an deren lebensweltlicher Prägung orientieren. Inhaltlich fokussieren sie insbesondere auf alltagsentlastende und familienunterstützende Bedarfe mit dem Ziel die Selbsthilfepotentiale zu aktivieren und zu stärken. Indem solche niedrigschwelligen Hilfen möglichst frühzeitig angeboten werden, soll der Verfestigung von schwierigen Lebenssituationen hinzu zu verdichteten Problemlagen und damit dem Notwendigwerden von intervenierenden Maßnahmen entgegen gewirkt werden.

Niedrigschwelligkeit bedeutet darüber hinaus weitgehende Barrierefreiheit im Zugang – und zwar sowohl räumlich als auch zeitlich und verfahrenstechnisch. So sind eine gute, unkomplizierte Erreichbarkeit ebenso wie eine optimale Passung der Zeitstruktur von Angebot und Alltagsabläufen der Adressatinnen und Adressaten ein zentrales Merkmal. Aber auch die Zugangsvoraussetzungen sollten gering gehalten werden, d. h. niedrigschwellige Hilfen sollten möglichst ohne Antrag oder individuelles Genehmigungsverfahren in Anspruch genommen werden können. Außerdem sollten diese Hilfeangebote so weit als möglich kosten- bzw. beitragsfrei sein und so vorgehalten werden, dass sie ohne längere Voranmeldung oder Wartezeiten genutzt werden können.

Schließlich sollten niedrigschwellige Hilfen möglichst freiwillig in Anspruch genommen werden. Dies erfordert das jeweilige Angebot so bekannt zu machen und dafür zu werben, dass sich die Adressatinnen und Adressaten darauf einlassen und es als Hilfe in ihrer Lebenssituation wahrnehmen können.

Indem solche auf Entlastung und Unterstützung im komplexen und anforderungsreichen Familienalltag ausgerichteten niedrigschwelligen Hilfen frühzeitig angeboten werden, tragen sie überdies zur Prävention im Sinne einer gelingenden Bewältigung von schwierigen Lebenslagen bei.

Vor diesem Hintergrund kommt niedrigschwelligen Hilfen als Teil einer Unterstützungsstruktur für Kinder psychisch erkrankter Eltern eine besondere Bedeutung zu. So lässt sich aus den oben dargestellten Erkenntnissen zu bewältigungsfördernden Aspekten folgendes inhaltliche Profil von niedrigschwelligen Hilfen für Kinder psychisch erkrankter Eltern umreißen:

- Möglichst alle psychisch erkrankten Eltern und ihre Kinder sollen frühzeitig für sie verständliche Informationen erhalten sowie Beratungs- und Unterstützungsmöglichkeiten kennen(lernen).
- Niedrigschwellige Hilfen für psychisch erkrankte Eltern und ihre Kinder sollten auch über die Art des Bekanntmachens und der Ausgestaltung zur Enttabuisierung psychischer Erkrankung sowie zur Entstigmatisierung bezüglich der Inanspruchnahme von Hilfen beitragen.
- Niedrigschwellige Hilfen sollten für psychisch erkrankte Eltern Entlastungsmöglichkeiten im Alltag enthalten (Haushaltshilfe, Hausaufgabenhilfe für die Kinder, Ganztagsplätze in Kindertagesstätten und Schulen u. ä.) und so zu Stabilität und Kontinuität für die Kinder beitragen.
- Niedrigschwellige Hilfen sollten für Kinder psychisch erkrankter Eltern Optionen eröffnen neben dem psychisch erkrankten Elternteil verlässliche Bezugspersonen zu finden.
- Niedrigschwellige Hilfen sollten für psychisch erkrankte Eltern und ihre Kinder dazu beitragen, dass sie ihr soziales Netz erweitern können.

- Niedrigschwellige Hilfen sollten Raum für die Begegnung mit anderen psychisch erkrankten Eltern bzw. anderen betroffenen Kindern eröffnen und so den Austausch und das wechselseitige voneinander Lernen fördern und begleiten.

Wie niedrigschwellige Hilfen für Kinder psychisch erkrankter Eltern und deren Familien entlang dieses Anforderungsprofils konzeptioniert und ausgestaltet werden können, ist jeweils vor Ort entlang der bestehenden sozialen Infrastruktur zu klären. Dabei gilt es immer auch zu prüfen, welche familienentlastenden und -unterstützenden Angebote bereits vorhanden und auch für diese Zielgruppe nutzbar sind bzw. dies werden können. Darüber hinaus haben sich drei Ansätze als zentrale Bausteine einer Unterstützungsstruktur für psychisch erkrankte Eltern und ihre Kinder erwiesen. Diese sollen im Folgenden genauer vorgestellt werden.

Dies ist zum einen das Konzept der Eltern-Kind-Gruppe. Dieses Angebot bestand bereits zu Beginn des Landesmodellprojektes an einem Standort und wurde im Projektverlauf an einem weiteren implementiert. Insgesamt hat sich die Eltern-Kind-Gruppe als ein wichtiger Baustein im Gesamtsystem von Unterstützungsstrukturen für Kinder psychisch erkrankter Eltern erwiesen. Zum anderen soll das Modell der Patenschaften aufgegriffen werden. In verschiedenen Kommunen im Bundesgebiet wurden inzwischen Patenschaften aufgebaut. Im Rahmen des Landesmodellprojektes „Kinder psychisch kranker Eltern“ wurde die Implementierung eines solchen Modells an einem Standort in Erwägung gezogen. Auf Grund verschiedener offener Fragen und praktischer Hürden wurde dieses Vorhaben aber nicht weiter verfolgt. Festgehalten wurden aber die identifizierten Herausforderungen und bisher entwickelten Überlegungen zu Umsetzungsoptionen. An diese Erkenntnisse können weitere Entwicklungsprozesse anknüpfen. Schließlich gibt es Entwicklungsansätze im Bereich der Beratungsstellen, die im Hinblick auf niedrigschwellige Hilfen für psychisch erkrankte Eltern und ihre Kinder Anknüpfungspunkte bieten. So sollen abschließend Modelle der zugehenden Beratung bzw. der offenen Sprechstunde betrachtet werden.

5.1 Eltern-Kind-Gruppen

Gruppenangebote für Betroffene sind eine bewährte Form der Unterstützung hinsichtlich der bewältigungsorientierten Auseinandersetzung mit den eigenen Fragen und Schwierigkeiten sowie zur Stärkung der Selbsthilfekräfte. Dies gilt nicht nur für den Umgang mit psychischer Erkrankung, sondern gleichermaßen für andere Themenfelder wie Sucht, Trennung und Scheidung etc.

Gruppenangebote für Kinder wie auch für Eltern schaffen einen Rahmen, in dem Menschen mit ähnlichen Erfahrungen zusammenkommen. Hier können sie zum einen erleben, dass es noch viele andere gibt, die sich in einer ähnlichen Situation befinden. Zum anderen werden die psychische Erkrankung und ihre Auswirkungen hier zum Gesprächsthema und damit der Auseinandersetzung zugänglich.

Die weiteste Verbreitung haben bisher die AURYN-Kindergruppen gefunden. Erstmals Mitte der 1990er Jahre in Freiburg im Rahmen eines Modellprojektes entwickelt, gibt es inzwischen bundesweit solche Gruppenangebote für Kinder und Jugendliche im Schulalter.[14] Die AURYN-Kindergruppen verstehen sich als ein Präventionsangebot für Kinder psychisch erkrankter Eltern. Es unterstützt die Kinder in der Bewältigung der innerfamiliären Erfahrungen, bringt sie in Kontakt mit anderen Kindern und fördert den Austausch untereinander (vgl. Lenz 2008). Je nach Einbindung dieser Gruppen in einen größeren Beratungskontext und entsprechender Ressourcenausstattung werden die Eltern der teilnehmenden Kinder mehr oder weniger stark in den Gesamtprozess einbezogen oder es werden parallel eigenständige Gruppen für betroffene Eltern angeboten. Diese sind meist in entsprechenden Beratungsstellen angesiedelt (vgl. Mattejat/Lisofsky (Hg) 2008). Zum Teil werden die bisher bestehenden Gruppenangebote als geschlossene, zum Teil aber auch als offene Gruppe geführt. Eine geschlossene Gruppe erfordert die verbindliche Teilnahme für eine bestimmte Zahl an Treffen. Die offene Gruppe erlaubt dagegen eine punktuelle Teilnahme.

[14] In Rheinland-Pfalz gibt es einen AURYN-Standort in Trier; weitere Informationen dazu: Projekteatlas Rheinland-Pfalz. Erhebung von Angeboten und Initiativen für Kinder psychisch kranker Eltern in Rheinland-Pfalz, 2009, unter **www.ism-mainz.de**.

Im Rahmen des Landesmodellprojektes „Kinder psychisch kranker Eltern" kristallisierte sich die Eltern-Kind-Gruppe als geeignetes niedrigschwelliges Angebot an der Schnittstelle von Psychiatrie und Jugendhilfe heraus. Dieses Gruppenangebot zeichnet sich gegenüber anderen Modellen dadurch aus, dass es nah an der Klinik angesiedelt ist und damit sowohl in den Behandlungsprozess als auch in ambulante Unterstützungsstrukturen integriert werden kann. Die Eltern-Kind-Gruppe ist darüber hinaus als ein paralleles Gruppenangebot für Kinder und Eltern im Sinne einer offenen Gruppe konzipiert. Dazu gehört auch, dass Eltern und Kinder einer Familie gemeinsam an den parallelen Gruppen teilnehmen können, dies aber nicht müssen.

Die Eltern-Kind-Gruppe richtet sich an psychisch erkrankte Eltern und ihre Kinder. Voraussetzung ist, dass die psychische Erkrankung als solche diagnostiziert und seitens der betroffenen Eltern anerkannt ist. Die Gruppe kann von Eltern wie auch von Kindern punktuell oder auch kontinuierlich über einen längeren Zeitraum besucht werden. Konzeptionell gibt es hierzu keine Begrenzungen, so dass Eltern wie Kinder die Gruppe bedarfsorientiert und nach ihren aktuellen Möglichkeiten in Anspruch nehmen können. In Bezug auf die Gruppengröße haben sich fünf bis sechs Personen je Gruppentreffen als optimal erwiesen. Die Gruppen sollten auf keinen Fall mehr als acht bis zehn Personen umfassen. In größeren Gruppen wird es schwierig den einzelnen ausreichend gerecht zu werden, zumal jedes Elternteil, aber auch jedes Kind vielfältige und oftmals auch schwierige Erfahrungen mitbringt, die entsprechend Raum und Aufmerksamkeit benötigen.

Die Eltern-Kind-Gruppe findet einmal monatlich in einem Zeitrahmen von einer bis eineinhalb Stunden statt. Der Ablauf der Gruppentreffen ist hinsichtlich des Beginns und des Endes ritualisiert. Jedes Gruppentreffen enthält Raum für Erfahrungsaustausch. Außerdem wird an einem bestimmten Thema gearbeitet. Die Auswahl der Themen orientiert sich für Eltern und Kinder jeweils an zentralen Fragestellungen, die sich aus dem Umgang mit der psychischen Erkrankung ergeben. In der Elterngruppe geht es dabei primär um

Erziehungsfragen, die sich zum einen grundsätzlich im Zusammenleben mit den Kindern, zum anderen aber auch in besonderer Weise vor dem Hintergrund der psychischen Erkrankung stellen (z. B. Pubertät, Regeln, Freizeitgestaltung, Stressbewältigung etc.). In der Kindergruppe stehen das emotionale Erleben der Kinder sowie kindgerechte Möglichkeiten des Umgangs damit im Fokus. So sind in beiden Gruppen die Erstellung eines Notfallplans und dessen Nutzung ein wichtiges Thema. Neben dem gemeinsamen Gespräch wird dem Zusammensein mit anderen Kindern und dem gemeinsamen Tun hohe Bedeutung beigemessen. Dabei stehen die kreative Betätigung und das Spiel im Vordergrund. Eine solche themen- und aktivitätsorientierte Gruppenarbeit mit Kindern eignet sich insbesondere für die Altersgruppe der Sechs- bis Zwölfjährigen. Für jüngere Kinder wird eher ein Betreuungsangebot benötigt (z. B. Spielkreis o. ä.), ältere Kinder brauchen meist ein stärker individuell zugeschnittenes Angebot.

Räumlich hat sich an beiden Standorten die Ansiedelung an der Tagesklinik bzw. in deren unmittelbarer Nähe bewährt. Auf diese Weise kann die Eltern-Kind-Gruppe in die Behandlung integriert werden – auch in die vollstationäre, wenn diese am gleichen Ort angeboten wird. Sie reicht aber auch über die Zeit der Behandlung hinaus und wird damit zu einem Unterstützungsangebot im Alltag, das eigenständig oder auch in Verbindung mit einer ambulanten Hilfe (z. B. SPFH, Erziehungsbeistandschaft, betreutes Wohnen im Rahmen der Eingliederungshilfe) genutzt werden kann. Im Klinikkontext kann so die Eltern-Kind-Gruppe als Ort genutzt werden, an dem Fragen der Elternschaft bearbeitet werden können. Außerdem können auf diese Weise die Kinder in die Behandlung einbezogen werden. Zugleich kann über die Eltern-Kind-Gruppe Zugang zu einem familienorientierten und längerfristig nutzbaren Unterstützungsangebot geschaffen werden. Zudem können Eltern mit einem phasenhaften Krankheitsverlauf, der immer wieder (teil-)stationäre Aufenthalte erfordert, über alle Höhen und Tiefen hinweg kontinuierlich teilnehmen, sofern ihnen dies möglich ist bzw. sie es wünschen.

Darüber hinaus hat es sich als förderlich erwiesen, die Eltern-Kind-Gruppe als Kooperationsprojekt zu initiieren und zu gestalten. Dazu gehört vor allem die Begleitung der Gruppen durch ein multiprofessionelles Team. Dies bedeutet, dass sowohl die Eltern- als auch die Kindergruppe von je einer Fachkraft aus Psychiatrie und Jugendhilfe angeleitet wird. Neben Fachkräften aus der Klinik können dies auch Fachkräfte des Sozialpsychiatrischen Dienstes, eines sozialpädiatrischen Zentrums, des Jugendamtes, einer Einrichtung bzw. eines Dienstes der Hilfen zur Erziehung oder auch einer Beratungsstelle sein. Auf diese Weise sind im Gruppenprozess stets Kompetenzen aus Psychiatrie und Jugendhilfe verfügbar. Über das gemeinsame Tun können die Fachkräfte sich wechselseitig ergänzen und voneinander lernen. Zugleich können sie hierüber ihren Blick für die Bedarfe sowohl der psychisch erkrankten Eltern als auch der Kinder schärfen und sich damit insgesamt zum Thema weiter qualifizieren.

Im Hinblick auf die Finanzierung der Eltern-Kind-Gruppe ist es naheliegend, diese entsprechend der inhaltlichen Ausrichtung der Kinder- und Jugendhilfe zuzuordnen. So kann die Eltern-Kind-Gruppe als eine flexible, niedrigschwellige Hilfe nach § 27.2 SGB VIII oder auch als Soziale Gruppenarbeit nach § 29 SGB VIII finanziert werden. Allerdings empfiehlt es sich, die Gruppe soweit als möglich als Projekt zu finanzieren und ein entsprechend abgestimmtes Hilfeplanverfahren zu vereinbaren. Denn insbesondere wenn keine weitere Hilfe zur Erziehung gewährt wird, stellt das Hilfeplanverfahren mit den dazugehörenden Beratungs- und Genehmigungsschritten im Jugendamt eine große Hürde für Eltern und Fachkräfte dar. Dies widerspricht den Anforderungen an Niedrigschwelligkeit. Eine grundsätzliche Zustimmung der Eltern zur Inanspruchnahme sollte darum genügen. Die Zielsetzung der Eltern-Kind-

Gruppe ergibt sich überdies aus ihrer primär präventiven und bezogen auf den Umgang mit der psychischen Erkrankung unterstützenden Ausrichtung. Besteht allerdings daneben eine weitere Hilfe zur Erziehung, dann muss die Eltern-Kind-Gruppe als Teil des gesamten Hilfesettings auf jeden Fall in der Hilfeplanung entsprechend Berücksichtigung finden.

Die inzwischen mehrjährigen Erfahrungen mit dem Angebot der Eltern-Kind-Gruppe zeigen, dass die Inanspruchnahme zum Teil wechselhaft ist. Dies wird allerdings in starkem Zusammenhang mit der Erreichbarkeit innerhalb eines Flächenlandkreises gesehen. So ist der Klinikstandort nicht von jedem Wohnort aus gut zu erreichen. Darüber hinaus wurde im Verlauf der Gruppe deutlich, dass sich die Eltern-Kind-Gruppe für eine Reihe von Familien zu einem wichtigen Bezugspunkt entwickelt hat, auf den sie in schwierigen Zeiten immer wieder zurückgreifen können. Aus Sicht der Fachkräfte ergeben sich insbesondere aus der Begleitung der Kindergruppe immer wieder Bedarfe der intensiveren Begleitung einzelner Kinder. An einem Standort wurde darum das Team erweitert, so dass zusätzliche Kapazitäten für Einzelkontakte entstanden sind.

Insgesamt ist die Eltern-Kind-Gruppe als sehr hilfreiches Unterstützungsangebot für Eltern und Kinder zu bewerten. Für die Implementierung eines solchen Angebotes hat es sich bewährt, dass Fachkräfte aus Psychiatrie und Jugendhilfe entsprechend mit dieser Aufgabe beauftragt bzw. dafür freigestellt werden. Auf diese Weise können die Anbindung dieses Gruppenangebotes an die verschiedenen Leistungsbereiche erleichtert und – wie aufgezeigt – die Kooperation über den gemeinsamen Entwicklungsprozess gefördert werden.

Eltern-Kind-Gruppen
Rahmenbedingungen und konzeptionelle Eckpunkte

Zielgruppe:

Elterngruppe: Elternteil mit psychischer Erkrankung
Kindergruppe: Kinder psychisch kranker Eltern

Eltern und Kinder einer Familie können, müssen aber nicht gemeinsam das parallele Gruppenangebot wahrnehmen.

Rahmenbedingungen:

- Zeitlich parallele Durchführung von Eltern- und Kindergruppe
- Regelmäßiger Turnus, zu empfehlen ist einmal monatlich
- Durchführung durch interdisziplinäres Team: sowohl Eltern- als auch Kindergruppe je eine Fachkraft aus Psychiatrie und Jugendhilfe; ggf. Ergänzung durch weitere Person, die sich um einzelne Kinder intensiver kümmern kann
- Räumliche Verortung an der Tagesklinik bzw. in der Nähe der Tagesklinik hat sich bewährt. Bei stationärer Klinik am gleichen Ort wird so auch Teilnahme für Eltern möglich, die aktuell stationäre Behandlung in Anspruch nehmen.

Konzeptionelle Eckpunkte:

- Offene Gruppe, d. h. zu jedem Gruppentreffen können neue Personen dazu stoßen.
- Ritualisierter Ablauf der Gruppentreffen bzgl. Beginn und Ende
- Themenzentriertes Arbeiten
- Raum für Erfahrungsaustausch

Finanzierung:

- Finanzierung über SGB VIII, da Schwerpunkt auf Fragen und Themen rund um die Erziehung liegt. Hier Zuordnung über § 29 SGB VIII möglich, alternativ § 27.2 SGB VIII

Erfahrungen:

- Gruppengröße: 5 bis 6 Personen optimal, maximal 8 bis 10 Personen
- Kindergruppe: thematisches Arbeiten für Altersgruppe 6 bis 12 Jahre, für kleinere Kinder eher Betreuungsangebot, für ältere Kinder entsprechend zugeschnittenes Angebot

5.2 Patenschaften

Die Patenschaft ist ein altes Modell der Unterstützung von Kindern und Familien. In den letzten Jahren wird dieses verstärkt im Kontext niedrigschwelliger Hilfen aufgegriffen. Im Kern beinhaltet die Patenschaft die freiwillige Übernahme einer Fürsorgepflicht bezogen auf mehr oder weniger umfangreiche Versorgungs-, Pflege-, Betreuungs-, Bildungs- und Erziehungsaufgaben. Seinen Ursprung hat dieses Modell in der Taufpatenschaft, der traditionell eine wichtige soziale Funktion zukam. Analog werden heute im Zuge der Auflösung von gewachsenen Familienbanden neue soziale Beziehungen mittels Patenschaften durch Personen aus dem näheren sozialen bzw. räumlichen Umfeld initiiert und entwickelt. Diese werden weitgehend ehrenamtlich wahrgenommen oder maximal mit einer Aufwandsentschädigung honoriert. Solche Patenschaften sind zunächst besonders unter den Stichworten „Leihoma“ bzw. „Leihopa“ oder auch als Lern- oder Lesepatenschaften bekannt geworden. Im Kontext der Entwicklung von frühen Hilfen werden darüber hinaus zunehmend Familienpatenschaften für junge Familien angeboten.

Patenschaften für Kinder psychisch erkrankter Eltern wurden inzwischen in verschiedenen Städten in Deutschland initiiert. Mit dieser Form der Patenschaft sollen die Kinder neben dem psychisch erkrankten Elternteil eine weitere Bezugsperson finden, die ergänzend zu den Eltern Zeit mit den Kindern verbringt, Versorgungs- und Betreuungsaufgaben übernimmt und als Ansprechpartner zur Verfügung steht. Darüber hinaus sollen die Paten in Krisenzeiten und während stationären Klinikaufenthalten Kontinuität und Verlässlichkeit gewährleisten, indem sie im Sinne einer Bereitschaftspflege die Kinder für diese Zeit in ihren Haushalt aufnehmen. Patenschaften für Kinder psychisch erkrankter Eltern knüpfen damit eng an den oben aufgeführten Erkenntnissen an, wie Kinder aber auch die Eltern in der Bewältigung ihrer spezifischen Lebenssituation unterstützt und damit ein gelingendes Aufwachsen der Kinder gefördert werden kann.

Die verschiedenen Modelle von Patenschaften für Kinder psychisch erkrankter Eltern zeigen gemeinsame Grundstrukturen, die sich gewissermaßen als Kernelemente solcher Patenschaften beschreiben lassen. Darüber hinaus wird entlang der genaueren Betrachtung dieses Ansatzes niedrigschwelliger Hilfe aber auch deutlich, welche Voraussetzungen insbesondere hinsichtlich der Auswahl und Begleitung der Paten gegeben sein müssen, damit in einem solchen Rahmen längerfristig tragfähige Beziehungen wachsen können. Im Folgenden werden Grundzüge des Patenschaftsmodells skizziert sowie zentrale Anforderungen an Rahmenbedingungen und Ausstattung aufgezeigt. Vor diesem Hintergrund werden abschließend zu klärende Fragen und zu beachtende Hürden betrachtet, wie sie sich im Zuge der Auseinandersetzung im Landesmodellprojekt herauskristallisiert haben.

Im Fokus des Angebotes „Patenschaft“ stehen insbesondere allein erziehende psychisch erkrankte Elternteile oder stark isolierte Familien. Innerhalb der Familie richtet sich die Patenschaft in erster Linie an die Kinder. Zielsetzung der Patenschaft ist entsprechend zum einen das alleinerziehende Elternteil zu entlasten, indem bestimmte alltagsnahe Aufgaben mit dem Kind übernommen werden und damit Freiräume für das betroffene Elternteil entstehen. Dies wird dadurch erreicht, dass die Paten regelmäßig Zeit mit den Kindern verbringen und diese entsprechend gestalten (z. B. gemeinsame Beschäftigung, bestimmte Freizeitaktivitäten, ggf. auch schulische Aufgaben). Zum anderen geht es aber auch um die Erweiterung des sozialen Netzes der Kinder und damit letztlich der ganzen Familie. So bieten sich nicht nur die Paten selbst als Bezugspersonen an, sondern können darüber hinaus für die Kinder auch Zugänge zu weiteren Personen (Gleichaltrige oder auch Erwachsene) erschließen.

Die Patenschaft ist eindeutig familienunterstützend und damit zugleich familienerhaltend ausgerichtet. Die Patenschaft versteht sich entsprechend als eine Unterstützungsstruktur, die ein förderliches Zusammenleben von Eltern und Kindern trotz der Beeinträchtigungen in Folge der elterlichen Erkrankung gewährleisten soll. Damit eine solche Patenschaft längerfristig gelingen kann, erfordert dies eine klare Entscheidung der Eltern für die Patenschaft, die Auswahl der Paten letztlich durch die Eltern sowie deren eindeutige Erlaubnis für die Kinder, sich den Paten als weitere Bezugsperson neben den Eltern anzuvertrauen. Entsprechend hoch sind die Anforderungen an die Ausgestaltung des Anbahnungs- und Entscheidungsprozesses.

Grundsätzlich sollte eine Patenschaft nur in Zeiten möglichst stabiler Gesundheit der Eltern vorbereitet und eingeleitet werden. Dies gilt für die Klärung von Aufgaben, Zielen und zeitlichem Umfang der Patenschaft ebenso wie für das Sondieren möglicher Paten, das wechselseitige Kennenlernen und das Ausloten einer angemessenen Zusammenarbeit. In diesem Entscheidungsprozess gilt es ein besonderes Augenmerk auf die wechselseitige Sympathie von Eltern, Paten und Kindern sowie auf die grundsätzliche Akzeptanz der psychischen Erkrankung samt ihrer Auswirkungen und auf die Wertschätzung der betroffenen Person durch die potentiellen Paten zu legen. Außerdem ist der Rollenklärung zwischen den Eltern und den Paten besondere Aufmerksamkeit zu widmen, um potentielle Loyalitätskonflikte der Kinder zu vermeiden. Die Ergebnisse dieser Vorbereitungsphase einer Patenschaft werden in einem schriftlichen Kontrakt zusammengeführt. Dabei gilt es auch differenzierte Vereinbarungen zur Ausgestaltung der Patenschaft in gesundheitlich stabilen sowie in Krisenzeiten zu treffen.

Damit sich zwischen Paten und Kindern eine stabile, gerade auch in Krisenzeiten tragfähige Beziehung entwickeln kann, braucht es regelmäßige gemeinsame Zeiten und Aktivitäten. Entsprechend stellt die Klärung, wie häufig und auf welche Weise die Paten in welchem Umfang mit den Kindern Zeit verbringen, ein weiteres zentrales Thema in der Vorbereitung einer Patenschaft dar. Dabei gilt es die Aktivitäten so zu gestalten, dass die Kinder über diese „normalen" Kontaktzeiten so mit dem Lebensumfeld des Paten vertraut werden, dass eine zeitweilige Aufnahme in deren Haushalt in Krisenzeiten unkompliziert erfolgen kann. Je kleiner die Kinder sind, desto bedeutsamer ist es hierfür, dass die regelmäßigen Treffen zumindest teilweise im Haushalt der Paten stattfinden und hierzu auch immer wieder Schlafzeiten bzw. Übernachtungen gehören. Außerdem sollte sich die zeitliche Dichte der Treffen von Paten und Kindern neben den Bedarfen der Eltern hinsichtlich Entlastung und Unterstützung im Alltag auch an den Anforderungen bezüglich des Beziehungsaufbaus zwischen Kindern und Paten orientieren.

Eine solche Patenschaft erfordert eine gewisse räumliche Nähe der Wohnorte. So sollte eine vorübergehende Unterbringung in der Patenfamilie den Besuch der vertrauten Kindertagesstätte bzw. Schule mit vertretbarem Aufwand erlauben. Auch sollten die Kinder ihre Gleichaltrigenkontakte in gleicher Weise eigenständig pflegen sowie Freizeitaktivitäten (Musikunterricht, Sportverein etc.) kontinuierlich fortführen können. Je nach infrastruktureller Anbindung, aber auch Mobilitätsprägung des familiären Alltags (d. h. Grad der Selbstverständlichkeit, mit der auch weiter entfernte Angebote wahrgenommen werden) ergibt sich hieraus ein mehr oder weniger weiter Einzugsbereich für potentielle Paten.

Vor diesem Hintergrund ergeben sich sowohl inhaltlich als auch räumlich komplexe Anforderungen an die Gewinnung und die Begleitung von Paten. So sollten Paten grundsätzlich über Erfahrung im Umgang mit Kindern verfügen, um entsprechend souverän die gemeinsamen Zeiten gestalten zu können. Darüber hinaus sollten sie sich durch entsprechende Kompetenzen der Selbstreflexion und Kommunikation auszeichnen, um mit den Eltern im Dialog zu bleiben, Rollenklarheit zu erhalten und einen angemessenen Umgang mit der psychischen Erkrankung und deren Auswirkungen zu finden. Außerdem müssen sie ausreichend zeitliche Flexibilität mitbringen, um auf wechselnde Bedarfe in der zeitlichen Betreuung bzw. Begleitung der Kinder eingehen zu können. Schließlich müssen sie über die entsprechenden räumlichen Voraussetzungen verfügen, um die Kinder in Krisenzeiten in ihrem Haushalt aufnehmen zu können. Um eine gelingende Patenschaft vermitteln zu können, gilt es schließlich für die jeweilige Familie einen Paten bzw. eine Patin zu finden, die diesen Anforderungen gerecht werden kann und zugleich eine gemeinsame emotionale Basis mit der Familie findet sowie in ihrer räumlichen Nähe wohnt.

Patenschaften erscheinen vor diesem Hintergrund ein weniger flächendeckendes als vielmehr individuelles Angebot zu sein, wenn es gelingt passende Personen hierfür zu gewinnen. Nichtsdestotrotz genügt es nicht diese Personen zu finden. Es ist darüber hinaus auch eine entsprechende Begleitung für die Paten sicherzustellen. Dazu gehören ein Ort und die entsprechende fachliche Begleitung für eine regelmäßige Reflexion der Erfahrungen mit den Kindern wie auch mit den psychisch erkrankten Eltern sowie ggf. weiteren Familienangehörigen. Zudem braucht es Vereinbarungen zur Krisenintervention, wenn die Paten an ihre Grenzen stoßen oder aber sich die familiäre Situation so zuspitzt, dass sie von den Paten nicht mehr alleine aufgefangen werden kann. Als Unterstützungsstrukturen für die Paten haben sich in den bisher entwickelten Patenmodellen bewährt:

- Professionelle Auswahl und Vorbereitung der Paten ähnlich angehender Pflegeeltern
- Kontinuierliche Fachberatung
- Regelmäßiger Erfahrungsaustausch unter den Paten (z. B. monatlich)
- Regelmäßige Supervisionsgruppen für Paten
- Einzelsupervision im Bedarfsfall

Um die Gewinnung, Auswahl und Begleitung von Paten entsprechend der hier aufgezeigten fachlichen Anforderungen gewährleisten zu können, bedarf es einer entsprechenden institutionellen Verankerung und personellen Ausstattung (bzgl. Zeitressourcen und Qualifikation) dieses Aufgabengebietes. Hier stellt sich allerdings die Frage, wie dies angemessen erreicht werden kann, inwieweit die Vermittlung und Begleitung von Patenschaften als eigenständiges Angebot konzipiert werden müssen oder aber an andere Dienste angedockt werden können.

Ein Vergleich der bundesweit bekannten Ansätze zeigt hierzu unterschiedliche Lösungen. Patenschaften als eigenständige Projekte sind allerdings bisher vor allem in Großstädten angesiedelt und wurden zudem im Rahmen von Modellprojekten aufgebaut. An anderen Standorten sind die Patenschaften eingebunden in Beratungsstellen (Landkreis Cuxhaven, Kassel) oder auch in ein Haus der Familie (Flensburg). Die Debatte an zwei Standorten des Landesmodellprojektes „Kinder psychisch kranker Eltern“ in Rheinland-Pfalz ergab übereinstimmend die Einschätzung, dass Patenschaften als eigenständiges Angebot mit extra dafür vorgehaltenen Personalressourcen und Arbeitsstrukturen im Landkreis nicht umsetzbar sind. Die dazu notwendigen Vorleistungen erschienen im Verhältnis zum erwartbaren Nutzen übermäßig. Ausschlaggebendes Argument war dabei die Annahme, dass es im Flächenlandkreis ungleich schwerer ist in vertretbarer räumlicher Nähe geeignete Paten zu gewinnen als im städtischen Bereich. Vor diesem Hintergrund lässt sich der Kostenaufwand für einen entsprechenden Dienst, der losgelöst von einem konkreten Bedarf potentielle Paten akquiriert und schult, schwer rechtfertigen.

Nichtsdestotrotz wurde die Idee der Patenschaft von allen Projektbeteiligten als eine wichtige und für die Lebenssituation von Kindern psychisch erkrankter Eltern sinnvolle Unterstützungsmöglichkeit angesehen. Dies gilt umso mehr, als Patenschaften längerfristig angelegt sind und als nicht-professionelles Angebot besser im Alltag verankert werden können. Vor diesem Hintergrund stellt sich die Frage, wie vorhandene Ressourcen in der sozialen Infrastruktur so zusammengeführt und genutzt werden können, dass im Einzelfall tragfähige Patenschaften vermittelt und angemessen begleitet werden können. Dies kann über zwei zentrale Zugänge erreicht werden. Diese sind zum einen die Vorbereitung und Begleitung der Patenschaft mit den Eltern im Rahmen eines bestehenden Beratungsverhältnisses und zum anderen die Gewinnung, Auswahl, Vorbereitung und Begleitung der Paten durch entsprechende Infrastrukturleistungen.

Die **Vorbereitung einer Patenschaft mit den Eltern** kann und muss in einen Beratungsprozess eingebunden sein. Die Möglichkeiten und Grenzen einer Patenschaft müssen zunächst gemeinsam erarbeitet und abgewogen werden. Auch die Suche nach einem geeigneten Paten/einer geeigneten Patin sowie der damit einhergehende Klärungs- und Entscheidungsprozess brauchen entsprechende professionelle Begleitung. Dies kann im Kontext einer Beratung (Erziehungs-, Lebens-, psychosoziale Beratungsstelle u. ä.), in Zusammenarbeit mit dem Jugendamt oder auch dem Sozialpsychiatrischen Dienst, im Rahmen einer Hilfe zur Erziehung (z. B. SPFH) oder auch einer Eingliederungshilfe (Betreutes Wohnen o. ä.) geschehen. Wird die Patenschaft so im Kontext einer Hilfebeziehung entwickelt, bietet es sich an, dass die weitere Begleitung der Familie in der Patenschaft auch in diesem Rahmen erfolgt. Das heißt, Konflikte, Klärungs- und Veränderungsbedarfe sollten hier wieder aufgegriffen und unter Einbeziehung aller Beteiligten bearbeitet werden.

Für die **Gewinnung, Auswahl, Vorbereitung und Begleitung von Paten** kann mit Angeboten kooperiert werden, die über entsprechende Erfahrungen in ähnlichen Aufgabenfeldern verfügen. Dazu gehören Tagespflegebörsen, Pflegekinderdienste oder auch Ehrenamtsbörsen bzw. Freiwilligenagenturen. Darüber hinaus stellen auch Häuser der Familie oder Familien(beratungs)zentren mögliche Kooperationspartner dar. Diese Stellen können unterschiedliche Kompetenzen in die Werbung, Auswahl, Vermittlung und Begleitung von Paten einbringen, wenn sie sich hinsichtlich der spezifischen Bedarfe von psychisch erkrankten Eltern und ihren Kindern qualifizieren. Für die Begleitung der Paten bieten sich außerdem entsprechende Vereinbarungen mit einer Beratungsstelle an.

In der Zusammenschau lassen sich die Möglichkeiten Patenschaften in der Vernetzung von unterschiedlichen Ressourcen zu entwickeln wie folgt skizzieren:

	Fallbezogene Leistungen	Infrastrukturelle Leistungen
	Beratung und Begleitung der Familie bzgl. der Inanspruchnahme der Patenschaft (Entwicklung der Patenschaft als mögliche Unterstützungsstruktur, Begleitung des Entscheidungsprozesses, Reflexion und Beratung im Verlauf)	Gewinnung, Auswahl, Vorbereitung und Begleitung von Paten
Mögliche institutionelle Anbindung	Je nach Zugang: □ Jugendamt □ Hilfe zur Erziehung gem. § 27.2 SGB VIII □ Sozialpsychiatrischer Dienst □ Eingliederungshilfe / persönliches Budget gem. § 53 SGB XII	□ Tagespflegebörse □ Pflegekinderdienst □ Ehrenamtsbörse □ Freiwilligenagentur □ Häuser der Familie □ Familienzentren □ Beratungsstellen etc

Patenschaften können über diesen Weg in der Regelstruktur verankert werden, sofern die jeweils notwendigen Ressourcen bedarfsorientiert in der Hilfegewährung bzw. in der Ausstattung von Infrastrukturleistungen berücksichtigt werden.

Die aufgezeigten Zugänge zum Aufbau von Patenschaften konnten im Rahmen des Landesmodellprojektes „Kinder psychisch kranker Eltern“ nicht mehr erprobt werden. Sie stellen mögliche Optionen dar, wie eine solche Unterstützungsstruktur auch jenseits angebotsbezogener institutioneller Strukturen geschaffen werden kann. Für die weitere Klärung empfiehlt es sich entlang der kommunal gegebenen sozialen Infrastruktur zu prüfen, wie vorhandene Ressourcen am besten gebündelt und die Zugänge für psychisch erkrankte Eltern optimal gestaltet werden können.

5.3 Niedrigschwellige Beratungsangebote: offene Sprechstunden und zugehende Beratung

Mit zunehmend komplexeren Anforderungen an Familien wachsen auch die Informations- und Beratungsbedarfe von Eltern. Beratungsstellen unterschiedlicher Ausrichtung und Schwerpunktsetzung antworten hierauf mit einem breiten Angebotsspektrum - sowohl inhaltlich als auch methodisch. Im Hinblick auf unterschiedliche Zugangsmöglichkeiten zu Beratung gewinnt die Niedrigschwelligkeit zunehmend an Bedeutung. Als zentrale Kriterien kristallisieren sich diesbezüglich bürgerfreundliche Öffnungszeiten, einfache Anmeldeverfahren, kurze Wartezeiten und die Gebührenfreiheit heraus (vgl. Hundsalz 2001). Diese werden beispielhaft in der offenen Sprechstunde oder auch in der so genannten zugehenden Beratung umgesetzt:

- **Offene Sprechstunde:** Während einer festen regelmäßigen Sprechzeit kann ohne Voranmeldung ein Beratungsgespräch in Anspruch genommen werden. Dies kann telefonisch oder auch vor Ort geschehen. Die Beratung ist kostenfrei und kann auf Wunsch auch anonym durchgeführt werden. Der Beratungskontakt kann einmalig bleiben oder auch in einen längeren Prozess münden. Die offene Sprechstunde kann in der Beratungsstelle oder auch an einem anderen Ort stattfinden.
- **Zugehende Beratung:** Mit diesem Begriff werden insbesondere zielgruppenorientierte und aufsuchende Beratungsangebote umschrieben. Dazu gehört beispielsweise die zugehende Beratung in Kindertagesstätten wie sie u. a. modellhaft von zwölf Lebensberatungsstellen im Bereich des Bistums Trier entwickelt wurde. Zugehende Beratung ist ein „Beratungsangebot mit eigenem Charakter und eigener Methodik" (Schneider/Schrapper 2003, S. 55) und stellt damit eine wichtige Ergänzung zum bisherigen Angebot dar. Neben offenen Sprechstunden in der Kindertagesstätte kann zugehende Beratung auch andere Arbeitsformen wie Elternabende, Elternkurse etc. umfassen. Zugehende Beratung in Kindertagesstätten ist ein Angebot sowohl für Eltern als auch für die Erzieherinnen und Erzieher. Damit stellt die zugehende Beratung eine wichtige Möglichkeit der fachlichen Unterstützung von Regeleinrichtungen dar.

Wie die oben dargestellten Ergebnisse der ExpertInneninterviews aber auch der Gruppeninterviews mit betroffenen Müttern gezeigt haben, kommt den Beratungsstellen im Unterstützungssystem eine wichtige Bedeutung zu. Insbesondere die Erziehungs- und Lebensberatungsstellen sind im Vergleich zu anderen Hilfeinstanzen (wie beispielsweise das Jugendamt oder auch niedergelassene Psychiater und Psychiaterinnen) besser akzeptierte Anlaufstellen in schwierigen Lebenssituationen. Darüber hinaus zeichnen sich die Beratungsstellen in der Regel durch ein breites Kompetenzprofil aus, so dass je nach Ausgangslage die aktuelle Situation sondiert, ggf. mit Eltern und Kindern, aber auch der ganzen Familie adäquate Lösungsmodelle erarbeitet oder diese auch kompetent an andere Stellen weiter vermittelt werden können. Damit allerdings diese Unterstützungspotentiale auch für psychisch erkrankte Eltern und ihre Kinder zugänglich werden, ist der hier oftmals großen Zurückhaltung bezüglich der Inanspruchnahme von Hilfen in besonderer Weise Rechnung zu tragen.

Offene Sprechstunden und zugehende Beratung können hier Optionen erweitern. Dabei geht es insbesondere darum, vorhandene Beratungsangebote gezielter auf diese Zielgruppe auszurichten und sie möglichst dicht im Lebensfeld psychisch erkrankter Eltern anzusiedeln. Geeignete Orte sind entsprechend die Regeleinrichtungen Kindertagesstätte und Schule, aber auch Häuser der Familie, Stadtteilzentren u. ä. Darüber hinaus sind für psychisch erkrankte Eltern die Kliniken der Erwachsenenpsychiatrie Orte, an denen sie in besonderer Weise darauf angewiesen sind, Perspektiven für den weiteren Umgang mit der Erkrankung und die Gestaltung ihres Alltages auch mit den Kindern zu entwickeln. Neben der psychiatrischen Behandlung können hier offene Sprechstunden von Beratungsstellen einen Anker bieten. Die Funktion einer solchen offenen Sprechstunde in der Klinik ist insbesondere (erste) Erfahrungen mit professioneller Beratung zu ermöglichen, Akzeptanz und Motivation für die Inanspruchnahme von Hilfen zu unterstützen und ggf. im Sinne eines Lotsen an weiterführende Hilfen zu vermitteln. Dies können sowohl eine längere Begleitung durch die Beratungsstelle oder auch die Eröffnung von Zugängen zu anderen Hilfen (z. B. Hilfen zur Erziehung) sein.

Eine solche offene Sprechstunde der Beratungsstelle in der Klinik erfordert entsprechende Kooperation und Kommunikation auf Leitungsebene, um dieses Angebot angemessen in den Klinikalltag integrieren zu können. Dazu gehören das Bekanntmachen der offenen Sprechstunde und die Werbung für ihre Inanspruchnahme ebenso wie eine günstige zeitliche und räumliche Verortung im Klinikablauf. Darüber hinaus erfordern der Aufbau und die Entwicklung der offenen Sprechstunde auf Seiten der Beratungsstelle ausreichend personelle Ressourcen vorzuhalten, damit die Regelmäßigkeit der Sprechstunde auch über einen längeren Zeitraum gewährleistet werden kann. Außerdem hat es sich vielfach bewährt, dass ein solches Angebot mit möglichst hoher personeller Kontinuität durchgeführt wird. Dies erleichtert die Integration des Beratungsangebotes und deren alltagsnahe Ausgestaltung im Kontext der (teil)stationären Klinikbehandlung.

Wie die Erhebung von Angeboten für Kinder psychisch erkrankter Eltern in Rheinland-Pfalz zeigt, gibt es eine offene Sprechstunde bisher an einer psychiatrischen Klinik.[15] Diese wird dort einmal monatlich von mehreren Beratungsstellen im Wechsel angeboten. Im Rahmen des Landesmodellprojektes wurden diesbezüglich keine weiteren Angebote initiiert. Nichtsdestotrotz ist die Weiterentwicklung von offenen Sprechstunden in den Kliniken vor dem Hintergrund der Ergebnisse insgesamt als ein geeigneter Ansatzpunkt für Unterstützungsstrukturen anzusehen.

Die zugehende Beratung in Kindertagesstätten kann darüber hinaus jenseits von Behandlungskontexten Zugänge für psychisch erkrankte oder auch schwer belastete Eltern eröffnen. Dabei geht es insbesondere darum in den entwickelten Ansätzen zugehender Beratung psychisch erkrankte Eltern systematisch als Zielgruppe mitzudenken und die Aufmerksamkeit für ihre und die Situation ihrer Kinder zu schärfen. So können neben den einzelfallbezogenen Beratungsangeboten flankierende Maßnahmen zur Enttabuisierung psychischer Erkrankung beitragen und Hilfemöglichkeiten bekannt machen. Beispielsweise kann das Thema „psychische Erkrankung“ mit einem Elternabend und/oder einem internen Fortbildungstag mit dem Team der Kindertagesstätte aufgegriffen werden. Daran können sich entsprechende Einheiten

[15] Dies ist die Klinik für Psychiatrie und Psychotherapie in Kaiserslautern.

mit den Kindern anschließen. In dem Maße, wie alle Eltern und Kinder mehr über psychische Erkrankungen und Hilfemöglichkeiten wissen und deren Akzeptanz wächst, ist zu erwarten, dass es für betroffene Eltern und Kinder leichter wird, tatsächlich Hilfe in Anspruch zu nehmen.

In die Durchführung solcher Angebote mit dem Ziel der Enttabuisierung und Akzeptanz psychischer Erkrankung können auch Fachkräfte verschiedener Hilfeanbieter (z. B. Gesundheitsamt, Sozialpsychiatrischer Dienst, psychosoziale Beratungsstelle, Klinik der Erwachsenenpsychiatrie etc.) eingebunden werden. Hierüber können betroffene Eltern zugleich mögliche Ansprechpartner kennenlernen.

Neben dem offensiveren Anbieten von Beratung und Hilfe für betroffene Eltern kommt der zugehenden Beratung in den Kindertagesstätten in diesem Zusammenhang in besonderer Weise eine unterstützende Funktion für die Erzieherinnen und Erzieher zu. Oftmals beobachten sie zunächst Auffälligkeiten bei den Kindern, die sie nicht eindeutig verstehen und interpretieren können. Mit der zugehenden Beratung wird hier – ergänzend zur Fachberatung – ein Ort für die Reflexion auf Fachkräfteebene geschaffen. Gemeinsam können geeignete nächste Schritte im Umgang mit dem Kind sowie zur Kontaktaufnahme mit den Eltern entwickelt werden.

Im Verlauf des Landesmodellprojektes „Kinder psychisch kranker Eltern" kristallisierte sich zunehmend die Notwendigkeit heraus, im Hinblick auf frühe Hilfen für Kinder psychisch erkrankter Eltern die Kindertagesstätten stärker als Kooperationspartner in die Gesamtstrategie einzubinden. Zugleich ist zu bedenken, dass der Auftrag der Kindertagesstätten das breite Spektrum von Erziehung, Bildung und Betreuung umfasst und sich auf die soziale, emotionale, körperliche und geistige Entwicklung des Kindes bezieht. Die zeitliche wie auch fachliche Ausstattung der Kindertagesstätte erlaubt dabei nur bedingt eine intensivere Arbeit mit einzelnen Kindern und Eltern an spezifischen Problemlagen. Vor diesem Hintergrund erscheint das Modell der zugehenden Beratung in Kindertagesstätten als eine tragfähige Option, um die Niedrigschwelligkeit des Zugangs zu psychisch erkrankten Eltern und ihren Kindern zu nutzen ohne die Kindertagesstätten zugleich systematisch zu überfordern. Die Kindertagesstätten sind an dieser Stelle allerdings auf eine kooperierende Beratungsstelle angewiesen. Hier ist jeweils vor Ort zu prüfen, wie geeignete Umsetzungsmodelle gefunden werden können. Ggf. müssen Kapazitäts- und Ressourcenfragen im Rahmen der Jugendhilfeplanung eingeschätzt und verhandelt werden.

Eltern-Kind-Gruppe, Patenschaften, offene Sprechstunde der Erziehungs- oder Lebensberatung in der psychiatrischen Klinik sowie zugehende Beratung in Kindertagesstätten stellen vier mögliche Knotenpunkte in einem Netzwerk von Unterstützungsangeboten für psychisch erkrankte Eltern und ihre Kinder dar. Die offene Sprechstunde und die zugehende Beratung stellen dabei wichtige Elemente dar, um Zugänge zu Hilfen für die Betroffenen zu erleichtern, aber auch mögliche Unterstützungsangebote bekannter zu machen. Dabei lassen sich beide Ansätze auch für andere institutionelle Kontexte weiter denken, die sich im Gesamtsystem der Hilfen als geeignete Anknüpfungspunkte erweisen. Eltern-Kind-Gruppen und Patenschaften sind Angebote, die über die Einbindung ins Netzwerk zugänglich werden. Niedrigschwelligkeit ergibt sich hier weniger über den Zugang an sich als vielmehr über die Voraussetzungen, die die Betroffenen mitbringen müssen, um diese Angebote in Anspruch nehmen zu können.

Sämtliche hier beschriebenen Ansätze niedrigschwelliger Hilfen zielen immer auch auf die Prävention bezogen auf die seelische Gesundheit der Kinder bzw. auf eine möglichst frühzeitige Unterstützung, um (kosten)intensivere Maßnahmen möglichst vermeiden zu können. Vor diesem Hintergrund sind alle vier Ansätze auch als Anregungen zu verstehen, wie die soziale Infrastruktur und das Hilfenetzwerk gerade auch im Hinblick auf psychisch erkrankte Eltern und ihre Kinder angemessen weiter entwickelt werden können.

6. Finanzierungsmöglichkeiten von Angeboten für psychisch erkrankte Eltern und ihre Kinder

In den vorangegangenen Kapiteln wurde eine Reihe von Unterstützungsmöglichkeiten für psychisch erkrankte Eltern und ihre Kinder aufgezeigt. Dabei geht es zum einen darum bestehende Hilfeangebote entsprechend der Bedarfe von psychisch erkrankten Eltern und ihren Kindern nutzbar zu machen. Zum anderen gilt es die soziale Infrastruktur in ihren unterstützenden Potentialen weiter zu entwickeln. Finanzierungsfragen stellen sich dabei in zweierlei Hinsicht, und zwar sowohl hinsichtlich der Regelfinanzierung von Unterstützungsleistungen als auch der Mischfinanzierung über verschiedene Leistungsbereiche hinweg. So werden gerade bezogen auf neue Hilfeangebote oftmals zunächst nur projektbezogene Finanzierungsvereinbarungen getroffen. Um aber nachhaltige Hilfen zu gewährleisten, bedarf es einer entsprechenden Verankerung in der Regelfinanzierung. Möglichkeiten der Mischfinanzierung werden insbesondere mit Blick auf Hilfekonzepte relevant, die differenzierte Unterstützungsleistungen für Eltern und Kinder anbieten und diese entsprechend abgestimmt gewissermaßen „aus einer Hand“ oder „unter einem Dach“ gestalten.

Im Folgenden wird zunächst aufgezeigt, welche Finanzierungsmöglichkeiten im bestehenden System verankert sind. Dabei werden insbesondere die Leistungsmöglichkeiten der Sozialgesetzbücher V, VIII, IX und XII berücksichtigt und auf aktuell genutzte wie auch perspektivisch zu erschließende Potentiale hin beleuchtet. Anschließend werden die bisher gegebenen rechtlichen Möglichkeiten bezüglich der Mischfinanzierung von Angeboten durch verschiedene Leistungsträger betrachtet. Auf dieser Basis werden abschließend Überlegungen zu möglichen Entwicklungsperspektiven angestellt. So werden mit diesem Kapitel zum einen bereits verfügbare Handlungsmöglichkeiten gebündelt vorgestellt und zum anderen weiterführende Impulse für das Zusammenwirken der Hilfesysteme auch bezüglich Finanzierungsfragen gesetzt.

6.1 Möglichkeiten der Regelfinanzierung von Leistungen für psychisch erkrankte Eltern und ihre Kinder

Im Rahmen des Landesmodellprojektes „Kinder psychisch kranker Eltern" wurden die bestehenden Finanzierungsmöglichkeiten für Leistungen an psychisch erkrankte Eltern und ihre Kinder zusammengetragen. Dabei wurden entlang spezifischer Bedarfskonstellationen die Finanzierungsmöglichkeiten der gesetzlichen Krankenversicherung (SGB V), der Kinder- und Jugendhilfe (SGB VIII) sowie der Sozialhilfe (SGB XII) sondiert. Im Vordergrund stand dabei die Fragestellung, welche Leistungen auf der Basis welcher Rechtsgrundlage prinzipiell finanzierbar sind. Nachfolgend werden die Befunde einschließlich relevanter Zugangsvoraussetzungen beschrieben. Darüber hinaus werden Bedingungsfaktoren aufgezeigt, die die Ausschöpfung dieser Möglichkeiten bisher erschweren. Vor diesem Hintergrund werden abschließend anstehende Weiterentwicklungsbedarfe aufgezeigt.

Alle drei hier berücksichtigten Sozialgesetzbücher gewähren Leistungen, die sich überwiegend auf den Einzelfall beziehen. Insofern bestimmen vor allem individuelle Merkmale der Lebenssituation der psychisch erkrankten Eltern und/oder der Kinder die Anspruchsvoraussetzungen. Hinsichtlich der besonderen Lebenssituation von Kindern psychisch erkrankter Eltern begründen insbesondere folgende Bedarfslagen entsprechende Leistungen:

Eltern(teil) fällt für kürzere oder auch längere Zeit aus (z. B. Klinikaufenthalt):

Eine psychische Erkrankung geht in der Regel mit mehr oder weniger häufigen Phasen einher, in denen die Betroffenen nur bedingt ihren Alltagsaufgaben nachkommen können. Wird überdies eine (teil)stationäre Behandlung erforderlich, geht diese mit entsprechenden Abwesenheitszeiten von Zuhause einher. Für psychisch erkrankte Eltern ergibt sich hieraus die Schwierigkeit, einerseits die Versorgung der Kinder aufrechterhalten zu müssen, andererseits aber auch ohne die notwendige Behandlung und Therapie die Erkrankung nicht angemessen bewältigen zu können. Hier stellt sich die Frage, wie die Haushaltsführung mit allen bezogen auf die Kinder relevanten Aufgaben (strukturierter Tagesablauf, regelmäßige Mahlzeiten etc.) so gewährleistet werden kann, dass sich das erkrankte Elternteil entsprechend in Behandlung begeben und baldmöglichst einen stabileren Gesundheitszustand erreichen kann. In diesem Fall kann – bei Vorliegen entsprechender Voraussetzungen – auf Hilfen durch die gesetzlichen Krankenkasse oder auch des Jugendamtes zurückgegriffen werden.

Nach § 38 SGB V kann eine Haushaltshilfe finanziert werden, wenn dem Elternteil aufgrund einer Krankenhausbehandlung, einer medizinischen Vorsorgeleistung oder Rehabilitation die Weiterführung des Haushaltes nicht möglich ist. Voraussetzung dabei ist, „dass im Haushalt ein Kind lebt, das bei Beginn der Haushaltshilfe das zwölfte Lebensjahr noch nicht vollendet hat oder das behindert und auf Hilfe angewiesen ist" (§ 38 Abs. 1 Satz 2 SGB V).

Reicht die Finanzierung der Haushaltshilfe durch die Krankenkasse nicht aus bzw. wird diese aus anderen Gründen nicht übernommen, ist auch eine Finanzierung durch die Kinder- und Jugendhilfe möglich (§ 20 SGB VIII), sofern die Eltern diese beantragen. Nach § 20 SGB VIII wird Unterstützung in der Betreuung und Versorgung von Kindern (bis 14 Jahren) in Notsituationen gewährt. Dabei geht es um die Unterstützung des anderen Elternteils, wenn das Elternteil ausfällt, das überwiegend für die Betreuung der Kinder sorgt. Zielsetzung der Unterstützungsleistungen ist es den familialen Lebensraum für das Kind bzw. die Kinder zu erhalten und das Kindeswohl so zu gewährleisten, dass eine Fremdunterbringung vermieden werden kann. Vor diesem Hintergrund können familienunterstützende Hilfen nach § 20 SGB VIII auch über einen Klinikaufenthalt oder eine intensive ambulante bzw. teilstationäre Behandlung hinaus dann gewährt werden, wenn das psychisch erkrankte Elternteil trotz Anwesenheit im Haushalt vorübergehend seinen Erziehungsaufgaben nicht ausreichend nachkommen kann (vgl. Münder u. a. 2006).

Kann ein psychisch erkranktes Elternteil über längere Zeit seine Erziehungsaufgaben (Versorgung, Pflege, Betreuung, Erziehung) nicht ausfüllen, können auch Hilfen zur Erziehung nach den §§ 27 ff SGB VIII angezeigt sein. Eltern haben einen Rechtsanspruch auf Hilfen zur Erziehung, „wenn eine dem Wohl des Kindes oder des Jugendlichen entsprechende Erziehung nicht gewährleistet ist und die Hilfe für seine Entwicklung geeignet und notwendig ist" (§ 27 Abs. 1 SGB VIII). Hilfen zur Erziehung müssen von den Eltern bzw. den Personensorgeberechtigten beim Jugendamt beantragt werden. Art und Umfang der Hilfe werden im Zusammenwirken mehrerer Fachkräfte und unter Beteiligung der Eltern wie auch der jungen Menschen vereinbart.

Betreuungsbedarf für ein Kind tagsüber (z. B. zur Entlastung der Eltern)

Alltagsentlastende Angebote bezogen auf das Aufgabenspektrum der Betreuung und Erziehung stellen für psychisch erkrankte Eltern wichtige Unterstützungsstrukturen dar, um so weit als möglich ihrer Erziehungsverantwortung gerecht werden zu können. Dazu gehören mehr oder weniger umfangreiche Angebote der Tagesbetreuung für alle Altersgruppen einschließlich der Schulkindbetreuung samt Hausaufgabenhilfen.

Die Betreuung von Kindern (bis 14 Jahren) über Tag ist originäre Aufgabe der Kindertageseinrichtungen (Krippe, Kindergarten, Hort) sowie der Tagespflege entsprechend der §§ 22 bis 25 SGB VIII. Auftrag der Kindertagesbetreuung ist es neben der Betreuung auch die Erziehung und Bildung sowie die soziale, emotionale, körperliche und geistige Entwicklung der Kinder zu fördern. Diese Infrastruktur für Betreuung steht für Kinder psychisch erkrankter Eltern genauso wie für alle anderen Kinder zur Verfügung. Durch entsprechende

Vereinbarungen über den zeitlichen Umfang und ggf. auch die inhaltliche Gestaltung (z. B. worauf ist bezogen auf dieses Kind besonders zu achten) kann die vorhandene Betreuungsstruktur bedarfsorientiert als Entlastung und Unterstützung für die Familie genutzt werden.

Befindet sich das erkrankte Elternteil in einer Tagesklinik in Behandlung, kann ebenfalls eine Haushaltshilfe nach § 38 SGB V beantragt werden. Auch Leistungen nach § 20 SGB VIII können ergänzend zur Kindertagesbetreuung gewährt werden, wenn der Betreuungs- und Versorgungsbedarf im Rahmen der Regelversorgung nicht ausreichend gedeckt werden können.

Beratungsbedarfe auf Seiten der Eltern

Aus der spezifischen Lebenssituation von psychisch erkrankten Eltern ergeben sich oftmals vielfältige Beratungsbedarfe. Diese können sich sowohl auf die Bewältigung der Erkrankung als auch auf die Wahrnehmung der Erziehungsaufgaben beziehen. Diesbezügliche Beratungsangebote gibt es an unterschiedlichen Stellen. Dabei werden Leistungen aller drei hier betrachteter Sozialleistungsbereiche (Jugend-, Gesundheits- und Eingliederungshilfe) mit unterschiedlicher Schwerpunktsetzung relevant.

Zu den Beratungsleistungen der Krankenkassen gehören Beratungsangebote der Hebammen, therapeutische Angebote, die ärztliche Begleitung und Behandlung, Gruppenangebote für Eltern im Rahmen der Klinikbehandlung sowie die Angebote des Sozialdienstes der Klinik. Darüber hinaus sind in diesem Zusammenhang auch die Beratungsmöglichkeiten des öffentlichen Gesundheitsdienstes zu berücksichtigen (Gesundheitsamt, Sozialpsychiatrischer Dienst etc.).

Im Rahmen der Kinder- und Jugendhilfe stehen zum einen die Sozialen Dienste der Jugendämter für die Beratung von Eltern zur Verfügung. Zum anderen können Beratungsstellen und auch sonstige Einrichtungen von Eltern eigenständig oder auch vermittelt durch das Jugendamt in Anspruch genommen werden. Die Beratungsleistungen für Eltern im Rahmen der Kinder- und Jugendhilfe werden in der Regel pauschal durch Zuschüsse der Kommunen und des Landes finanziert.

Analog bieten im Bereich der Eingliederungshilfe der Sozialdienst des Sozialamtes sowie die psychosozialen Beratungsstellen entsprechende Beratungsleistungen an.

Neben der Verfügbarkeit von Beratungsangeboten gewinnen in Bezug auf deren tatsächliche Inanspruchnahme auch die Erreichbarkeit und Zugänglichkeit des jeweiligen Angebotes an Bedeutung. So kommt es immer auch darauf an, dass die Beratungsangebote für (psychisch erkrankte) Eltern als Unterstützungsmöglichkeiten bekannt und an die Bedürfnisse der Betroffenen anschlussfähig sind. Die Ausführungen zur Niedrigschwelligkeit in Kapitel 7 haben auch hier Gültigkeit.

Familien- und Elternbildung

Psychisch erkrankte Eltern sind oftmals auf Grund eigener biographischer Erfahrungen und Schuldgefühle gegenüber ihren Kindern sowie in der Gestaltung von Alltags- und Erziehungssituationen verunsichert. Angebote der Familien- und Elternbildung können hier notwendige Informationen vermitteln, Gelegenheiten zur Reflexion der Elternrolle oder auch Raum zur Einübung alternativer Handlungsstrategien schaffen.

Die Familien- und Elternbildung ist als eine Leistung der allgemeinen Förderung der Erziehung in der Familie in der Kinder- und Jugendhilfe rechtlich verankert (§ 16 SGB VIII). Aufgabe und Zielsetzung der Familienbildung ist es, Eltern in der Wahrnehmung ihrer Erziehungsverantwortung zu unterstützen. Dazu gehört auch, dass spezifische Lebenslagen von Familien und sich daraus ergebende Erziehungssituationen aufgegriffen und hierzu bewältigungsfördernde Angebote entwickelt werden. Außerdem sollen Familien zur Selbst- und Nachbarschaftshilfe befähigt werden.

Im Horizont dieses Aufgabenspektrums lassen sich Angebote verorten, die besonders auf die Unterstützungsbedarfe von psychisch erkrankten Eltern und ihren Kindern zugeschnitten sind. Dies können beispielsweise entsprechend ausgerichtete Elterntrainings oder Elternkurse zur Vermittlung von Alltags- und Erziehungskompetenzen sein. Auch können hierzu Maßnahmen zählen, die den Aufbau sozialer Netzwerke zwischen Familien fördern.[16]

[16] In diesem Zusammenhang wäre noch zu prüfen, inwieweit auch Formen von Patenschaften in einem solchen Rahmen initiiert und begleitet werden können.

Angebote der Familien- und Elternbildung werden bisher zu einem wesentlichen Teil durch Teilnehmerbeiträge finanziert, ergänzt durch Zuschüsse von Trägern, Land und Kommunen. Dabei erfolgt die Förderung zum Teil auf der Grundlage von länderspezifischen Weiterbildungsgesetzen und zum Teil auf der Grundlage des SGB VIII (vgl. Höblich 2008).[17] Um zukünftig die Familien- und Elternbildung verstärkt in die Unterstützungsstrukturen für psychisch erkrankte Eltern und ihre Kindern einbinden zu können, bedarf es hier zum einen der kritischen Prüfung, inwieweit durch die Absenkung oder auch vollständige Übernahme von Teilnahmebeiträgen durch das Jugendamt die Zugänge erleichtert werden können.[18] Zum anderen gilt es den Bereich der allgemeinen Förderung der Erziehung in der Familie systematischer in der Bedarfserhebung der örtlichen Jugendhilfeplanung zu berücksichtigen. Eine hieran anschließende sowohl inhaltlich wie auch methodisch bedarfsorientierte Entwicklung und Ausgestaltung von Angeboten sind – bei entsprechend öffentlich gesicherter Finanzierung – ein zentraler Beitrag zur Weiterentwicklung der sozialen Infrastruktur, die präventiv und bewältigungsfördernd wirksam werden kann.

In der Ausgestaltung von Unterstützungsangeboten für psychisch erkrankte Eltern und ihre Kinder können darüber hinaus nach Bedarf auch Regelleistungen der Krankenkassen wie beispielsweise Ernährungsberatung oder Bewegungsangebote genutzt werden.

Familienfreizeit oder Familienerholung

Familien mit einem psychisch erkrankten Elternteil befinden sich oftmals in einer angespannten oder auch schwierigen finanziellen Lage. Nichtsdestotrotz kommt Möglichkeiten der Familienerholung gerade auch in besonders belastenden Familiensituationen eine wichtige entlastende und Ressourcen stärkende Funktion zu. Finanzierungsmöglichkeiten finden sich hierzu sowohl im SGB V als auch im SGB VIII.

Mutter-Kind- bzw. Vater-Kind-Kuren können seitens der gesetzlichen Krankenkassen sowohl als Maßnahme der medizinischen Vorsorge als auch der

[17] „In Rheinland-Pfalz erfolgt die Förderung der Familienbildung nach einer Verwaltungsvorschrift über die Förderung der Familienbildung im Rahmen der Kinder- und Jugendhilfe (§ 16 II SGB VIII i.V.m. § 17 Landesausführungsgesetz zu SGB VIII)" (Höblich 2008, S. 32).

[18] Alternativ können beispielsweise Gutscheine ausgegeben werden.

Rehabilitation gewährt werden. Bezüglich Beantragung und Bewilligung gelten die gleichen Regelungen wie für die Vorsorge und Rehabilitation im Allgemeinen (vgl. §§ 23 Abs. 5, 40 Abs. 3, 4 SGB V).

Angebote der Familienfreizeit und der Familienerholungen sind im Rahmen der Kinder- und Jugendhilfe Leistungen der allgemeinen Förderung der Erziehung in der Familie. Diese sind nach § 16 Abs. 2 Satz 3 SGB VIII gerade auch für Familien in besonders belasteten Lebenssituationen zu gewähren. Dazu gehören u. a. Familien mit einem psychisch erkrankten Elternteil.

Unterstützung in gemeinsamen betreuten Wohnformen für alleinerziehende Mütter/Väter

Wenn alleinerziehende Mütter und Väter für mindestens ein Kind unter sechs Jahren sorgen müssen und sowohl im Hinblick auf ihre eigene Person als auch auf die Ausübung ihrer Erziehungsverantwortung der Unterstützung bedürfen, kann ihnen nach § 19 SGB VIII im Rahmen einer betreuten Wohnform Hilfe angeboten werden. Maßgeblich ist dabei die Ausrichtung der Hilfe an der Förderung der Persönlichkeitsentwicklung der Mutter bzw. des Vaters einerseits und der Vorbereitung auf eine selbstständige Lebensführung mit dem Kind bzw. den Kindern andererseits. In diesem Sinne kann eine betreute Wohnform eine Möglichkeit sein psychisch erkrankte, alleinerziehende Mütter oder Väter in der Bewältigung einer psychischen Erkrankung und der Entwicklung von angemessenen Erziehungs- und Alltagskompetenzen zu unterstützen.

Eltern-Kind-Gruppe

Die Eltern-Kind-Gruppe wurde oben als eine zentrale Möglichkeit der niedrigschwelligen Hilfe beschrieben. Dabei zeichnet sich die Eltern-Kind-Gruppe dadurch aus, dass zeitlich parallel ein entsprechend fachlich begleitetes Gruppenangebot für Eltern und Kinder vorgehalten wird. Die Eltern-Kind-Gruppe ist als offene Gruppe konzipiert. Eltern und Kinder einer Familie müssen nicht zwingend parallel dieses Angebot in Anspruch nehmen. Insgesamt sind für diese Form der Eltern-Kind-Gruppe drei Finanzierungsmöglichkeiten denkbar.

Zum einen kann die Eltern-Kind-Gruppe als soziale Gruppenarbeit im Rahmen der Hilfen zur Erziehung (§ 27 i.V.m. § 29 SGB VIII) angeboten werden. Zum anderen kann sie auch als eine niedrigschwellige Hilfe nach § 27 Abs. 2 SGB VIII gewährt werden. In beiden Fällen ist ein Hilfeplan nach § 36 SGB VIII erforderlich. Im Sinne der Niedrigschwelligkeit ist zu prüfen, wie dieser in einer weitgehend standardisierten Form erstellt werden kann, sofern dieses Angebot nicht im Kontext umfangreicherer Hilfen zur Erziehung steht, die ebenso einen Hilfeplan erfordern. Alternativ kann für die Eltern-Kind-Gruppe auch ein Rahmenhilfeplan erstellt werden, der jeweils mit einer Namensliste entsprechend der Anwesenheit konkretisiert wird.

Wird die Eltern-Kind-Gruppe räumlich und/oder personell an einer Beratungsstelle angesiedelt, kann diese auch als Gruppenangebot im Rahmen der Regelfinanzierung der Beratungsstelle erbracht werden. In diesem Fall ist kein Hilfeplan nach § 36 SGB VIII erforderlich.

Gruppenangebot für Kinder psychisch erkrankter Eltern

Gruppenangebote für Kinder haben sich auch ohne parallele Einbindung der Eltern als mögliches Unterstützungsangebot bewährt (z. B. AURYN-Gruppen). Für solche Kindergruppen gilt ähnliches wie für die Eltern-Kind-Gruppe. Allerdings sind hier sowohl Formen der verbindlichen als auch der offenen Gruppe denkbar.

Für ein Gruppenangebot, das sich über eine längere Zeit erstreckt und eine verbindliche Teilnahme der Kinder bzw. Jugendlichen erfordert, bietet sich eine Finanzierung als soziale Gruppenarbeit nach § 29 SGB VIII an. In diesem Fall ist ein Hilfeplan nach § 36 SGB VIII grundsätzlich erforderlich. Werden keine weiteren Hilfen nach § 27 ff SGB VIII gewährt, ist zu prüfen wie dieser Anforderung hinsichtlich Intention und Aufwand möglichst angemessen entsprochen werden kann.

Wird das Angebot als offene Gruppe mit wechselnden Teilnehmerinnen und Teilnehmern geführt, kann ebenfalls § 29 SGB VIII als Rechtsgrundlage gewählt werden. Alternativ ist auch § 27.2 SGB VIII denkbar.

Darüber hinaus können auch Gruppenangebote für Kinder psychisch erkrankter Eltern ähnlich wie die Eltern-Kind-Gruppe in das Angebotsspektrum einer Beratungsstelle aufgenommen und über deren Regelfinanzierung gesichert werden.

Beratungsbedarfe der Kinder und Jugendlichen

Kinder und Jugendliche, die mit einem psychisch erkrankten Elternteil aufwachsen, beschäftigen oftmals viele Fragen und Sorgen. Entsprechende Beratungsmöglichkeiten können hier Entlastung bieten und bei der Suche nach Antworten und Lösungen unterstützen. Solche Beratungsmöglichkeiten lassen sich an mindestens drei Institutionen verankern. Voraussetzung für eine gelingende Umsetzung sind dabei weniger offene Finanzierungsfragen als vielmehr die entsprechende Sensibilisierung der Fachkräfte für die spezifische Situation der Kinder sowie ggf. ausreichende Kapazitäten, um die neu in den Blick gerückten Aufgaben ausfüllen zu können.

So ist die Beratung der Kinder und Jugendlichen immer auch als Teil der Angehörigenarbeit zu verstehen und kann entsprechend von den Kliniken im Rahmen des Budgets erbracht werden.

Kinder und Jugendliche haben außerdem nach § 8 SGB VIII ein Recht auf Beratung durch das Jugendamt. Diese ist ihnen auch ohne Wissen der Eltern zu gewähren.

Schließlich bieten die Beratungsstellen und auch sonstige Einrichtungen Beratungsmöglichkeiten für Kinder und Jugendliche an, die in der Regel pauschal durch Zuschüsse der Kommunen und des Landes finanziert sind. Junge Menschen können diese Beratungsangebote entweder eigenständig oder aber vermittelt über das Jugendamt in Anspruch nehmen.

Insbesondere bezogen auf die Beratungsmöglichkeiten durch die Sozialen Dienste, die Beratungsstellen und sonstigen Einrichtungen stellt sich als weitere Herausforderung diese Unterstützungsmöglichkeit für Kinder und Jugendliche so bekannt zu machen, dass sie im Bedarfsfall als Handlungsmöglichkeit gesehen und in Anspruch genommen wird. Hier ist besonders eine niedrigschwellige und zielgruppengerechte Gestaltung des Angebotes gefragt.

Förderbedarfe der Kinder

Wie oben ausgeführt, weisen Kinder psychisch erkrankter Eltern häufiger Förderbedarfe auf als andere Kinder. Entsprechend kommt den Förderangeboten insbesondere im Bereich der Frühförderung im System der Unterstützungsleistungen für Kinder psychisch erkrankter Eltern eine hohe Bedeutung zu. Finanzierungsmöglichkeiten bestehen hierzu in allen drei Sozialleistungsbereichen.

Entsprechend versicherte Kinder haben Anspruch auf nicht-ärztliche sozialpädiatrische Leistungen, „wenn sie in ärztlicher Verantwortung erbracht werden und erforderlich sind, um eine Krankheit zum frühestmöglichen Zeitpunkt zu erkennen und einen Behandlungsplan aufzustellen" (§ 43a SGB V). Dazu gehören diagnostische Leistungen ebenso wie Ergotherapie, Logopädie oder auch Physiotherapie.

Heilpädagogische Förderung für Kinder, die noch nicht eingeschult sind, kann als Leistung nach § 35a SGB VIII oder nach § 55 SGB IX gewährt werden. Heilpädagogische Förderung umfasst sozial- und sonderpädagogische, psychologische und psychosoziale Hilfen. Die Eltern werden in die Behandlung einbezogen und im Umgang mit ihrem Kind beraten.

Wenn unterschiedliche Maßnahmen der Frühförderung für ein Kind erforderlich werden, können diese als eine anteilig finanzierte Komplexleistung nach § 30 SGB IX gewährt werden. Diese können Leistungen der medizinischen Rehabilitation wie auch heilpädagogische Leistungen umfassen. Die Leistungen werden in interdisziplinärer Zusammenarbeit von medizinischtherapeutischen und pädagogischen Fachkräften in Frühförderstellen und sozialpädiatrischen Zentren erbracht.

Erzieherischer Bedarf

Kann seitens der Eltern bzw. der Personensorgeberechtigten eine dem Wohl des jungen Menschen entsprechende Erziehung nicht gewährleistet werden, besteht ein erzieherischer Bedarf. In diesem Fall kann, wie oben bereits erwähnt, ein Antrag auf Hilfe zur Erziehung gestellt werden. Diese werden in Form von ambulanten, teilstationären oder stationären Hilfen entsprechend der §§ 27, 29 bis 35 und 41 SGB VIII erbracht. Dazu gehören auch niedrigschwellige flexible Hilfen, die in der Regel auf der Basis des § 27 Abs. 2 SGB VIII gewährt werden.

Gehen mit dem erzieherischen Bedarf eigene Unterstützungsbedarfe der Eltern einher, die sich auf ihre persönliche Lebensführung beziehen, können diese im Rahmen der Eingliederungshilfe erbracht werden. Rechtsgrundlage ist hierfür § 53 SGB XII. „Besondere Aufgabe der Eingliederungshilfe ist es, eine drohende Behinderung zu verhüten oder eine Behinderung oder deren Folgen zu beseitigen oder zu mildern und die behinderten Menschen in die Gesellschaft einzugliedern" (§ 53 Abs. 3 Satz 1 SGB XII). Die entsprechenden Leistungen werden in der Regel in Form des betreuten Wohnens oder als persönliches Budget gem. § 17 SGB IX gewährt.

Relevante Unterschiede finden sich zwischen den Hilfen zur Erziehung und der Eingliederungshilfe hinsichtlich der Regelungen zur Kostenbeteiligung. So werden im Rahmen der Hilfen zur Erziehung Eltern nur in Formen der Fremdunterbringung (Pflegefamilie, Heimerziehung, sonstige betreute Wohnform u. ä.) zu den Kosten herangezogen. Im Rahmen der Eingliederungshilfe erfolgt die Leistungsgewährung grundsätzlich in Abhängigkeit von den finanziellen Verhältnissen der Nachfragenden.

Bedarf an Schutzmaßnahmen für das Kind

Werden seitens der Fachkräfte oder auch Personen aus dem sozialen Umfeld der Familie gewichtige Anhaltspunkte für eine Kindeswohlgefährdung festgestellt, wird eine Risikoeinschätzung nach § 8a SGB VIII erforderlich. Genaueres zum Vorgehen wurde oben in Abschnitt 6.4 beschrieben.

Wenn ein Kind oder Jugendlicher selbst darum bittet oder aber seitens der Fachkräfte eine dringende Gefahr für das Wohl des jungen Menschen gesehen wird, kann ein Kind oder Jugendlicher auf der Grundlage von § 42 SGB VIII in Obhut genommen werden. Die Gefährdungssituation ist umgehend zu klären, wobei der junge Mensch wie auch die Eltern bzw. Personensorgeberechtigten hieran zu beteiligen sind. Möglichkeiten der Hilfe und Unterstützung sind aufzuzeigen.

Infrastrukturleistungen und Prävention

Über die fallbezogene Gewährung und Finanzierung von Unterstützungsleistungen hinaus bieten unterschiedliche Stellen und Regelungen auch fallübergreifende sowie fallunabhängige Finanzierungsmöglichkeiten für Infrastrukturleistungen und Präventionsmaßnahmen. Dazu gehören (für Rheinland-Pfalz):

- **die Förderung von Hilfen für Kinder psychisch kranker Eltern über das Landeskinderschutzgesetz:** Den Jugendämtern werden pro 0-6-jährigem Kind jährlich 7 Euro zur Verfügung gestellt. Die Kommunen sind in der Verwendung der Mittel im Rahmen der Umsetzung des Gesetzes frei. Entsprechend können hierüber beispielsweise auch Gruppenangebote pauschal finanziert werden.
- **die Vereinbarung des MASGFF mit den Kommunalen Spitzenverbänden zum Zwecke der verbesserten Zusammenarbeit bei den Hilfen zur Erziehung:** Hier ist die Einrichtung einer Kommission Hilfen zur Erziehung geregelt. Die Kommission hat sich beginnend mit dem Jahr 2009 für eine Modellphase von drei Jahren auf die Einrichtung eines so genannten projektbezogenen Innovationstitels verständigt. Kerngedanke ist, dass ein Anteil der Kostenerstattung des Landes aus dem Gesamtbudget, und zwar bis zu 10.000 Euro pro Jugendamt, für die Förderung präventiver, niedrigschwelliger und sozialräumlicher Angebote und Unterstützungsleistungen festgelegt wird. Hierüber können dann beispielsweise auch Angebote und Unterstützungsleistungen für Kinder psychisch erkrankter Eltern gefördert

werden, die auf die Stärkung sozialer Netzwerke von Familien zielen und sozialräumliche Ressourcen im Lebensumfeld der Familien erschließen.

- **Eine Finanzierung präventiver Maßnahmen durch die Krankenkassen** ist prinzipiell denkbar und auf der Basis von § 20 SGB V auch begründbar. Die in den Leitlinien festgelegte Förderpraxis zielt allerdings eher auf breitenwirksame Interventionen, die auch langfristige Kosteneinsparungen ermöglichen. Bei konkreten Vorhaben mit örtlichen Krankenkassen ist zu empfehlen bezüglich einer Finanzierungsbeteiligung ins Gespräch zu gehen.
- **Die Krankenkassen fördern Selbsthilfegruppen und -organisationen**, die sich die gesundheitliche Prävention und Rehabilitation zum Ziel gesetzt haben. Der Gesetzgeber sieht einen bestimmten finanziellen Betrag vor, den jede Krankenkasse zur Förderung der Selbsthilfe zu erbringen hat. Mindestens die Hälfte davon ist für die kassenartenübergreifende Gemeinschaftsförderung aufzubringen. Die Verteilung der Mittel wird jeweils durch eine Krankenkasse verwaltet, die Zuständigkeit wechselt.
- Anschubfinanzierung für Projekte über die so genannte Psychiatriemark. Diese ist über die Psychiatriebeiräte zu beantragen.
- Anschubfinanzierung für Projekte durch den Verein zur Unterstützung gemeindenaher Psychiatrie Rheinland-Pfalz e. V.
- Stiftungen, auch lokale wie z. B. Sparkassen, Rotary-Club etc.

Wie die Zusammenschau der vorgestellten Finanzierungsmöglichkeiten zeigt, gibt es auf allen relevanten Unterstützungsebenen rechtlich verankerte Leistungen, die ein differenziertes Hilfespektrum eröffnen. So bieten die vorhandenen Rechtsgrundlagen der Kindertagesbetreuung wie auch der Familienbildung ein Fundament für die Einbindung von Unterstützungsstrukturen in den Regelbereich. Hinzu kommt, dass sich (niedrigschwellige) Beratungs- und Gruppenangebote für Eltern und Kinder sowohl in der Kinder- und Jugendhilfe als auch in der Gesundheits- und Eingliederungshilfe verorten lassen sowie fachlich an bestehende Strukturen anschließen können. Schließlich ergibt sich aus der Summe der Möglichkeiten am einzelfallorientierter Hilfen für (psychisch erkrankte) Eltern und Kinder aus allen drei Leistungsbereichen ein Set an Hilfeangeboten, das in der Bewältigung der psychischen Erkrankung ebenso Unterstützung bieten kann wie in der Entwicklung von Erziehungs- und Alltagskompetenzen sowie der Förderung der jungen Menschen in ihrer eigenen Persönlichkeitsentwicklung.

Die nachfolgende Tabelle führt die zunächst einzeln beschriebenen Angebote zusammen und ordnet sie im Sinne einer Übersicht dem jeweiligen Leistungsbereich und den oben definierten Unterstützungsebenen (vgl. Abschnitt 4.4.2) zu. Darüber hinaus wird systematisch zwischen fallbezogenen und infrastrukturellen Finanzierungsstrukturen unterschieden. Dabei werden auch die zentralen Hilfe gewährenden Institutionen aufgenommen.

Finanzierungsmöglichkeiten nach Leistungsbereich und Unterstützungsebene			
	Prävention / Regelstruktur	**Niedrigschwellige Hilfen**	**Intensive Hilfen**
	SGB V		
Fallbezogene Finanzierung		Haushaltshilfe Mutter-Kind- bzw. Vater-Kind-Kur gem. §§ 24 und 41 SGB V Leistungen der Hebammen	Nicht-ärztliche sozialpädiatrische Leistungen gem. § 43a SGB V Psychiatrische Behandlung des betroffenen Elternteils Therapie
Infrastrukturelle Finanzierung	Präventive Maßnahmen gem. § 20 SGB V Förderung von Selbsthilfegruppen /-organisationen	Förderung von Selbsthilfegruppen / -organisationen	Öffentlicher Gesundheitsdienst, inkl. Sozialpsychiatrischer Dienst Sozialpädiatrische Zentren gem. § 119 SGB V Integrierte Versorgung gem. § 140a SGB V

	SGB VIII		
Fallbezogene Finanzierung		Eltern-Kind-Gruppe Kindergruppen Sonstige niedrigschwellige / flexible Hilfen gem. § 27.2 SGB VIII	Hilfen zur Erziehung gem. § 27 ff SGB VIII Heilpädagogische Förderung für die Kinder gem. § 35a SGB VIII Eingliederungshilfe für die Kinder gem. § 35a SGB VIII Inobhutnahme gem. § 42 SGB VIII Gemeinsame Wohnformen für alleinerziehende Mütter/Väter gem. § 19 SGB VIII
Infrastrukturelle Finanzierung	Kindertagesbetreuung Familien-/ Elternbildung gem. § 16 SGB VIII Patenschaften (bzgl. Gewinnung, Schulung und Begleitung der Paten)	Offene/ zugehende Beratungsangebote Offene Gruppenangebote im Rahmen von Beratungsstellen	Jugendamt
	SGB IX bzw. XII		
Fallbezogene Finanzierung			Frühförderung gem. § 30 SGB IX Heilpädagogische Förderung für die Kinder gem. § 55 SGB IX Eingliederungshilfe für psychisch erkrankte Elternteile gem. § 53 SGB XII Persönliches Budget gem. § 17 SGB IX
Infrastrukturelle Finanzierung		Psychosoziale Beratungsstellen	Sozialamt

Trotz dieser vielfältigen rechtlich abgesicherten Finanzierungsmöglichkeiten, zeigt die Praxis dennoch, dass Betroffene oftmals nicht die notwendigen Hilfen erhalten. Dies ist zum einen im mangelnden Wissen über die vorhandenen Möglichkeiten begründet. Zum anderen fehlt es an einem bedarfsgerechten Zuschnitt der Hilfen oder auch in den insgesamt verfügbaren Kapazitäten.

6.2 Unterstützungsstrukturen für psychisch erkrankte Eltern und ihre Kinder im Rahmen vorhandener Finanzierungsmöglichkeiten entwickeln: Konkrete Ansätze und Perspektiven

Entlastenden und unterstützenden Angeboten im Alltag kommt ebenso wie niedrigschwelligen Beratungsmöglichkeiten für Eltern und junge Menschen eine wichtige familienerhaltende und – mit Blick auf die Kinder – entwicklungsfördernde und die seelische Gesundheit stärkende Funktion zu. Diese Unterstützungsstrukturen bedarfsgerecht bereitzustellen und gut zugänglich zu machen, stellt einen wesentlichen Teil öffentlicher Verantwortung für das Aufwachsen junger Menschen dar, in deren Familie ein Elternteil psychisch erkrankt ist. Wie gezeigt, genügen die vorhandenen Rechtsgrundlagen bereits, um ein differenziertes Unterstützungssystem aufzubauen. Darüber hinaus bedarf es insbesondere des politischen Willens die soziale Infrastruktur bedarfsorientiert weiterzuentwickeln. Außerdem gilt es die Belange dieser Zielgruppe in der Gesundheits-, Sozial- und Jugendhilfeplanung systematischer zu berücksichtigen und Hilfeentscheidungsprozesse im Einzelfall vor dem Hintergrund ihrer spezifischen Bedarfslage zu reflektieren. Daraus ergeben sich vier zentrale Anforderungen an die Qualifizierung des bestehenden Hilfesystems in Bezug auf psychisch erkrankte Eltern und ihre Kinder:

Stärkung der allgemeinen Förderung der Erziehung in der Familie:

Die allgemeine Förderung der Erziehung in der Familie ist eine zentrale Aufgabe der öffentlichen Jugendhilfe, die es entsprechend ihrer Positionierung im SGB VIII auszugestalten gilt. Dazu gehört wesentlich die Bereitstellung und Förderung von familienunterstützenden Angeboten, die gerade auch Familien in besonders belastenden Lebenssituationen ansprechen. Um bestehende Strukturen der Familienbildung entsprechend weiterentwickeln zu können, bedarf es hier der systematischeren Berücksichtigung dieses Handlungsfeldes in der Jugendhilfeplanung sowie eine angemessene finanzielle Ausstattung dieses Leistungsbereiches. Dies ist angesichts der schwierigen Haushaltslage vieler Kommunen eine große Herausforderung. Die Komplexität der Bewältigungsanforderungen an Familien erfordert aber zugleich eine breit angelegte und frühzeitige Unterstützungsstruktur, um intensivere Hilfebedarfe möglichst vermeiden und in der Folge den Kostenaufwand begrenzen zu können.

Qualifizierung der Kindertagesstätten und Tagespflege:

Mit der Erweiterung des Rechtsanspruchs auf einen Kindertagesstättenplatz und den bedarfsorientierten Ausbau der Ganztagsbetreuung sowie der Plätze für Kleinkinder sind auch die Entlastungsmöglichkeiten für psychisch erkrankte Eltern im Rahmen der Regelversorgung breiter geworden. Dennoch bedarf es in der Vergabepraxis ggf. knapper Plätze noch einer stärkeren Sensibilisierung für die Bedeutung der Tagesbetreuung als Entlastungsmöglichkeit für psychisch erkrankte Eltern. Darüber hinaus sind die Fachkräfte in den Kindertagesstätten auf eine entsprechende Qualifizierung und fachliche Beratung im Umgang mit psychisch erkrankten Eltern und den Förderbedarfen der Kinder angewiesen. Hier gilt es neben den vielfältigen Entwicklungsaufgaben im Bereich der Kindertagesstätten entsprechend Raum für die spezifischen Aspekte im Hinblick auf Kinder psychisch erkrankter Eltern zu schaffen. Kindertagesstättenfachberatung und Beratungsstellen bieten hierzu gewachsene Unterstützungsstrukturen, die es entsprechend zu stärken gilt.

Ausbau und bedarfsorientierte Weiterentwicklung niedrigschwelliger Beratungsangebote:

Beratungsstellen, Jugend-, Gesundheits- und Sozialämter, die Sozialdienste in den Kliniken und sonstige Einrichtungen bieten vielfältige Beratungsmöglichkeiten. Allerdings sind diese Beratungsangebote von einer Komm-Struktur geprägt. Für viele psychisch erkrankte Eltern und auch ihre Kinder sind diese oftmals nicht als Hilfeoptionen bekannt oder sie fühlen sich nicht angesprochen. Hier gilt es stärker an den Alltag der Betroffenen anzuschließen, die Personalausstattung entsprechend anzupassen und auch finanziell im Rahmen der zu treffenden Leistungsvereinbarungen zu fördern. Beratungsangebote in den Kliniken oder auch Modelle der zugehenden Beratung in Kindertagesstätten wurden als mögliche Wege in Kapitel 7 aufgezeigt.

Berücksichtigung der spezifischen Bedarfe von psychisch erkrankten Eltern und ihren Kindern in der Hilfegewährungspraxis aller Leistungsbereiche

Die Zusammenstellung von einzelfallbezogenen Hilfen für (psychisch erkrankte) Eltern und ihre Kinder von den Hilfen in Notsituationen über die Erziehungshilfen und die gemeinsamen betreuten Wohnformen für alleinerziehende Mütter und Väter bis hin zu Förderangeboten für Kinder und Eingliederungshilfen für psychisch erkrankte Eltern zeigen zunächst ein breites Hilfeset auf. Allerdings sind unterschiedliche Schwerpunktsetzungen zu beachten, die für die Hilfegewährung jeweils relevant sind. Um im Rahmen der gegebenen Möglichkeiten Hilfebedarfe adäquat einschätzen und möglichst passgenaue Hilfesettings entwickeln zu können, braucht es hier immer eine familienbezogene Bedarfsanalyse. Dies bedeutet, dass jede Bedarfseinschätzung immer auch die Wechselwirkungen mit den anderen Familienmitgliedern sowie dem sozialen Umfeld im Blick haben muss. Dazu gehören auch prognostische Einschätzungen zum Gesundheits- bzw. Krankheitsverlauf des betroffenen Elternteils einerseits und der Entwicklung des jungen Menschen andererseits. Diese Aspekte sind entsprechend in der Entscheidungsfindung hinsichtlich der geeigneten und notwendigen Hilfe, aber auch in der Dauer einer Hilfe zu berücksichtigen. Darüber hinaus gilt es jeweils kritisch zu reflektieren, mit welcher Hilfe aus welchem Leistungsbereich dem identifizierten Bedarf am besten entsprochen werden kann. Dies erfordert entsprechende Schnittstellenkompetenz und die Kooperation der Leistungsbereiche im Einzelfall.

Insgesamt führt die Frage nach geeigneten Unterstützungsstrukturen für psychisch erkrankte Eltern und ihre Kinder sowie daraus resultierende Weiterentwicklungsbedarfe im bestehenden Hilfesystem zu einer deutlicheren Akzentuierung präventiver und niedrigschwelliger Maßnahmen. Diese Forderung ist nicht grundsätzlich neu, sondern entspricht den fachlichen Prämissen der Kinder- und Jugendhilfe, der Gemeindepsychiatrie und auch der Behindertenhilfe (z. B. Lebensweltorientierung, Entspezialisierung, Sozialraumorientierung, Flexibilisierung etc.). Angesichts des quantitativen Umfangs der Zielgruppe „Kinder psychisch erkrankter Eltern" sowie der wachsenden gesellschaftlichen Bedeutung psychischer Erkrankung werden allerdings der Ausbau und die Weiterentwicklung dieses Segmentes im Hilfesystem über alle Leistungsbereiche hinweg besonders dringlich. Dies schließt das bedarfsgerechte Zusammenwirken aller Akteure ein.

6.3 Möglichkeiten des Zusammenwirkens unterschiedlicher Leistungsbereiche durch Mischfinanzierung

Die Notwendigkeit des Zusammenwirkens von Jugendhilfe und Psychiatrie, genauer von Jugend-, Gesundheits- und Eingliederungshilfe ergibt sich im Zuge der Entwicklung von bedarfsgerechten Unterstützungsstrukturen für psychisch erkrankte Eltern und ihre Kinder auf mindestens drei Ebenen. Dies ist zum einen die Ebene der fallübergreifenden Kooperation mit dem Ziel der fachlichen Verständigung zu Bedarfseinschätzungs- und Entscheidungsprozessen sowie Zielperspektiven und Vorgehensweisen in der Hilfegestaltung. Hierbei geht es immer auch um die Entwicklung von Arbeitsformen und Kulturen des multiprofessionellen und leistungsbereichsübergreifenden Zusammenwirkens. Zum anderen bedarf es bezogen auf den Einzelfall eines Zusammenwirkens in der Entwicklung bedarfsgerechter Hilfesettings sowie in der Planung und Steuerung des Hilfeprozesses. Dabei stellt sich zugleich für die beteiligten Fachkräfte die Herausforderung über versäulte Hilfesysteme hinweg bedarfs- und zielorientiert zusammenzuarbeiten. Zum dritten geht es schließlich um Möglichkeiten der geteilten, leistungsbereichsübergreifenden Finanzierung von Leistungen, die im Einzelfall erbracht werden. Dazu gehören außerdem die gemeinsame Verantwortung für die Weiterentwicklung der sozialen Infrastruktur hinsichtlich der spezifischen Bedarfe von psychisch erkrankten Eltern und ihren Kindern sowie die Berücksichtigung von Ressourcen für Kooperationsarbeit in allen Leistungsbereichen.

Wie die obige Auflistung von Leistungsmöglichkeiten der Jugend-, Gesundheits- und Eingliederungshilfe gezeigt hat, steht hier ein breites Spektrum zur Verfügung. Allerdings sind die Zugangswege zu den einzelnen Leistungen unterschiedlich und werden meist in von einander unabhängigen Entscheidungsprozessen gewährt. Damit einher gehen unterschiedliche Zuständigkeiten. Abstimmungsprozesse zwischen den durchführenden Fachkräften mit oder auch ohne die Eltern und jungen Menschen müssen meist eigens organisiert werden. Dies ist aufwändig und bleibt oftmals der Beliebigkeit überlassen, sofern keine entsprechenden Kooperationsvereinbarungen getroffen werden. Um hier die Verbindlichkeit des Zusammenwirkens zu erhöhen und – gemeinsam mit der Familie – die Gesamtheit der in Anspruch genommenen Hilfen reflektieren und ggf. bedarfsorientiert flexibel anpassen zu können, erscheint es hilfreich, verstärkt über Möglichkeiten der gemeinsamen Finanzierung im Sinne einer Mischfinanzierung nachzudenken.

Diesem Ansinnen steht allerdings der grundsätzliche Zuschnitt sämtlicher Sozialgesetzbücher entgegen, die auf jeweils bestimmte Bedarfslagen ausgerichtet sind und entsprechend den Zuständigkeitsbereich genau zu bestimmen suchen. Darüber hinaus wird in § 30 SGB IV allen Sozialversicherungsträgern ausdrücklich untersagt, über ihre gesetzlich vorgeschriebenen und zugelassenen Aufgaben hinaus tätig zu werden. Einzig die Komplexleistung „Frühförderung“ und das trägerübergreifende persönliche Budget sind bisher Instrumente, die Verbindungsmöglichkeiten zwischen verschiedenen Sozialleistungsbereichen schaffen. Im Folgenden sollen diese daraufhin betrachtet werden, welche Anhaltspunkte sich hieraus für mögliche Formen der Mischfinanzierung von Hilfen für psychisch erkrankte Eltern und ihre Kinder gewinnen lassen.

6.3.1 Die Komplexleistung Frühförderung

Nach § 30 SGB IX werden medizinische Leistungen zur Früherkennung und Frühförderung behinderter und von Behinderung bedrohter Kinder als Komplexleistungen in Verbindung mit heilpädagogischen Leistungen erbracht. Hintergrund dieser Regelung ist das Verständnis, dass Frühförderung nur in einer „fachübergreifenden Zusammenarbeit angemessen erfüllt werden kann. Medizinische, psychologische, pädagogische und soziale Maßnahmen sind dabei als unverzichtbare Bestandteile eines ganzheitlichen Konzeptes zu sehen, in das die Familie einbezogen ist. ... Differenzierte Diagnostik, Therapie und pädagogische Förderung sind in der praktischen Frühförderarbeit nicht voneinander zu trennen, bedingen sich gegenseitig und sind aufeinander bezogen“ (BMAS 2005, zit. nach BMFSFJ 2009, S. 204). Außerdem gehört neben der Behandlung und Förderung des Kindes immer auch die Beratung der Eltern konstitutiv zur Leistung der Frühförderung dazu.

Frühförderung wird als Komplexleistung in fachübergreifend arbeitenden Diensten und Einrichtungen erbracht. Dies sind insbesondere sozialpädiatrische Zentren und interdisziplinäre Frühförderstellen. Die notwendige personelle, fachliche, räumliche und sachliche Ausstattung wird vor Ort im Rahmen von Leistungsvereinbarungen geklärt.

In der Komplexleistung Frühförderung werden Aufgaben und Leistungen des Gesundheitssystems sowie der Sozial- und Jugendhilfe so zusammengeführt, dass Doppelstrukturen vermieden werden können. Allerdings sieht der Gesetzgeber analoge Modelle bisher für keine weiteren Hilfebereiche vor. Hinsichtlich der Unterstützungsbedarfe von Kindern psychisch erkrankter Eltern ergeben sich vor diesem Hintergrund dennoch zwei Anknüpfungspunkte für weitergehende Entwicklungen. Zum einen geht es dabei um die Qualifizierung der Komplexleistung Frühförderung hinsichtlich der besonderen Anforderungen dieser Zielgruppe, des Verstehens des familiären Kontextes und der Beratung der Eltern. Denn wie oben aufgezeigt, haben Kinder psychisch erkrankter Eltern einen erhöhten Bedarf an Frühförderung. Die Frühförderung ist hier in besonderer Weise geeignet, um die multiprofessionellen Kompetenzen für Kinder und Eltern nutzbar zu machen und über die Einbindung in ein breites Kooperationsnetzwerk Brücken zu weiteren Unterstützungsangeboten zu bauen. Dies erfordert allerdings zugleich die Anerkennung dieser Leistungen und die damit erforderliche Personalausstattung in den Leistungsvereinbarungen (vgl. BMFSFJ 2009). Zum anderen lässt sich entlang der interdisziplinären Frühförderstellen darüber nachdenken, wie multiprofessionelle Teams gebildet werden können, so dass Hilfen für psychisch erkrankte Eltern und ihre Kinder unter einem Dach entwickelt und erbracht werden können.

6.3.2 Das trägerübergreifende persönliche Budget

Mit dem persönlichen Budget wurde im Rahmen der Behindertenhilfe ein Instrument geschaffen, das die „Selbständigkeit, Selbstbestimmung und gleichberechtigte Teilhabe von Menschen, die körperlich, geistig oder seelisch behindert sind oder denen eine solche Behinderung droht“ (Rothenburg 2009, S. 47) fördern und unterstützen soll. Auf diese Weise können Sozialleistungen, die herkömmlich als Sachleistung erbracht werden, als Geldleistung oder Gutschein gewährt werden. Die Auszahlung von Geldleistungen oder Gutscheinen soll es den Leistungsberechtigten ermöglichen eigenverantwortlich einen Leistungsanbieter auszuwählen und die konkrete Erbringung der Leistung selbstbestimmt zu klären.

Das persönliche Budget ermöglicht darüber hinaus, dass mehrere notwendige Leistungen entsprechend koordiniert in einem Budget zusammengeführt werden. Werden allerdings Leistungen unterschiedlicher Leistungsträger beantragt und bewilligt, müssen jeweils eindeutig zuordnenbare Teilbudgets definiert werden. So bleibt erkennbar, „welcher Teil des Gesamtbetrages für welche Art von Leistung bestimmt ist“ (Rothenburg 2009, S. 67). Damit wird zugleich eine Mischfinanzierung vermieden, wie sie nach § 30 SGB IV unzulässig ist.

Budgetfähig sind alle Leistungen zur Teilhabe sowie „Leistungen der Krankenkassen und der Pflegekassen, Leistungen der Träger der Unfallversicherung bei Pflegebedürftigkeit sowie Hilfe zur Pflege der Sozialhilfe, die sich auf alltäglich und regelmäßig wiederkehrende Bedarfe beziehen und als Geldleistungen oder durch Gutscheine erbracht werden können" (§ 17 Abs. 2 Satz 4 SGB IX). Aus dem Bereich der Kinder- und Jugendhilfe sind demnach allein Hilfen nach § 35a SGB VIII budgetfähig. Für Leistungen der Sozialhilfe gilt auch hier das Nachrangprinzip, d. h. sie werden „nur unterhalb der gesetzlich bestimmten Einkommens- und Vermögensgrenzen erbracht" (Rothenburg 2009, S. 77).

Das trägerübergreifende persönliche Budget ist im Rahmen dieser Vorgaben nur bedingt ein Modell, das die Zusammenführung und Abstimmung unterschiedlicher Hilfen für psychisch erkrankte Eltern und ihre Kinder erleichtern kann. Allerdings können die Definition von Teilbudgets entsprechend der einzelnen erforderlichen Leistungen und deren Zusammenführung in einem Gesamtbudget als Reflexionsfolie für mögliche neue Finanzierungsstrukturen dienen. So wäre zu prüfen, inwieweit die insgesamt innerhalb einer Familie erforderlichen Hilfen in einem Familien-Budget gebündelt und durch ein entsprechendes Case-Management verwaltet werden können. Mit der Hilfeplanung nach § 36 SGB VIII und der Teilhabeplanung bestehen zudem fallbezogene Steuerungsinstrumente, die es über entsprechende gemeinsame Konferenzen aufeinander zu beziehen und für die Gesamtsteuerung des Familien-Budgets nutzbar zu machen gilt.

6.4 Hilfen für psychisch erkrankte Eltern und ihre Kinder aus einer Hand oder unter einem Dach – Überlegungen zu möglichen Entwicklungsperspektiven

Die Unterstützungsbedarfe von Familien mit einem psychisch erkrankten Elternteil liegen oftmals auf verschiedenen Ebenen. So geht es um die Unterstützung in der Krankheitsbewältigung ebenso wie um Entlastung im Alltag und die Förderung der Kinder. Die deutsche Sozialgesetzgebung hält ein breites Spektrum an Hilfen für unterschiedliche Bedarfslagen vor. Allerdings müssen diese der Struktur nach jeweils einzeln beantragt und bewilligt werden. Die Komplexleistung Frühförderung und das trägerübergreifende persönliche Budget sind bisher die einzigen Instrumente, die Möglichkeiten zur Bündelung von Leistungen schaffen. Dies geschieht allerdings mit unterschiedlicher Zielsetzung. Aus der Betrachtung beider Instrumente lassen sich allerdings Anknüpfungspunkte gewinnen, wie leistungsbereichsübergreifend ein familienorientierter und damit systemischer Blick in der Entwicklung und Gestaltung von einzelfallbezogenen Hilfesettings erreicht werden kann. So sind vor dem Hintergrund der bisherigen Erkenntnisse folgende Schritte bedenkenswert:

- Systematischer Aufbau von Kooperationsstrukturen zwischen den leistungsgewährenden Instanzen in der Jugend-, Gesundheits- und Eingliederungshilfe. Ein regelmäßiger fachlicher Austausch und die Vereinbarung von Formen der Zusammenarbeit sowie Möglichkeiten der gemeinsamen Fallberatung von Jugend-, Gesundheits- und Sozialamt stellen dazu einen wichtigen Beitrag dar (vgl. Abschnitt 5.3 in diesem Band).
- Die Vernetzung aller Professionen und Institutionen, die Hilfen für psychisch erkrankte Eltern und ihre Kinder anbieten. Dabei geht es wie oben aufgezeigt sowohl um eine fachliche Verständigung zu Bedarfen und geeigneten Unterstützungsmöglichkeiten für psychisch erkrankte Eltern und ihre Kinder als auch um die konkreten Vereinbarungen von Formen der Zusammenarbeit (Informations- und Zugangswege, fallbezogene Verständigung zu Aufgabenverteilung und Zielperspektiven etc.)
- Implementierung von Fallkonferenzen, die der wechselseitigen Abstimmung und entsprechenden Vereinbarungen von Teil-Leistungen aus den relevanten Leistungsbereichen dienen. Außerdem sollte in diesem Rahmen im Sinne des Case-Managements geklärt werden, wer die Koordination der Einzelleistungen im Gesamtsetting übernimmt. Diese Fallkonferenzen dienen zugleich der Zusammenführung der Hilfeplanungs- und Teilhabeplanungsprozesse, wie sie in der Kinder- und Jugendhilfe sowie in der Sozialhilfe erforderlich sind. In der Gestaltung dieser Fallkonferenzen ist darauf zu achten, dass die Leistungsberechtigten soweit als möglich beteiligt werden. Dies stellt entsprechende Anforderungen an das Setting und die kommunikative Ausgestaltung desselben.

- Um notwendige Abstimmungsprozesse zwischen den verschiedenen Leistungen auch im Verlauf des Hilfeprozesses zu gewährleisten, bietet es sich an, dass diejenige Fachkraft, die die Koordination des Gesamtsettings übernimmt, zugleich Ansprechpartner für alle Beteiligten (inkl. der Familie) ist. Ihre Aufgabe ist es, nach Bedarf entsprechende Klärungsprozesse einzuleiten, ggf. zwischen den Beteiligten zu vermitteln oder auch eine Fallkonferenz einzuberufen, wenn grundsätzliche Fragen zu bedenken sind.

Um ein solches Modell regelhaft umsetzen zu können, bedarf es allerdings der Anerkennung von Vernetzungs- und Kooperationsaufgaben als quasi flankierende Leistungen durch alle Leistungsträger. Ebenso sind Fallkonferenzen und Koordinationsleistungen in Leistungs- und Entgeltvereinbarungen bzw. in der Vereinbarung von Budgets zu berücksichtigen. Dazu gehören auch Aufgaben wie die Vermittlung und Begleitung niedrigschwelliger Unterstützungsangebote. Dies gilt umso mehr, wenn dem Anspruch der weitgehenden Normalisierung und Inklusion nachgekommen werden soll.

In der Summe ist festzustellen, dass es im Rahmen der bestehenden gesetzlichen Regelungen zwar Möglichkeiten gibt, die notwendigen Leistungen aus unterschiedlichen Bereichen besser aufeinander abzustimmen. Um diese allerdings für alle Beteiligten wahrnehmbar aus einer Hand oder unter einem Dach anzubieten, fehlen noch wesentliche Voraussetzungen. Als zentrale Hürde ist dabei die grundsätzliche Versäulung der verschiedenen Sozialleistungsbereiche anzusehen, die insbesondere in der Orientierung an Abgrenzung und der fehlenden Anerkennung von bereichsübergreifenden Kooperationsleistungen zum Ausdruck kommt. Hier bedarf es dringend entsprechend gesetzlicher Anpassungen, die das Zusammenwirken der Leistungsbereiche erleichtern und einen ganzheitlichen, besonders auch familienorientierten Blick fördern. Diese Notwendigkeit zeigt sich allerdings nicht nur im Kontext der Entwicklung von bedarfsgerechten Unterstützungsstrukturen für Familien mit einem psychisch erkrankten Elternteil, sondern ebenso im Bereich der Frühen Hilfen oder der Gesundheitsförderung und Prävention allgemein (vgl. BMFSFJ 2009).

7. Handlungsempfehlungen zum Aufbau von Unterstützungsstrukturen für psychisch erkrankte Eltern und ihre Kinder

Kinder psychisch erkrankter Eltern sind als Zielgruppe mit besonderen Unterstützungsbedarfen sowohl im Bereich der Kinder- und Jugendhilfe als auch der Psychiatrie in den vergangenen Jahren mehr und mehr in den Blick gerückt. Dazu haben erwachsene Kinder psychisch erkrankter Eltern wesentlich beigetragen, die sich öffentlich bzw. in einem entsprechend fachöffentlichen Rahmen zu Wort gemeldet haben. Aber auch auf Seiten der Fachkräfte entstand eine zunehmende Sensibilität für die spezifischen Belastungen in diesen Familien.

Die Gesamtzahl an Kindern psychisch erkrankter Eltern lässt sich für die Bundesrepublik nicht eindeutig ermitteln. Sämtliche Untersuchungen können aber belegen, dass der Umfang dieser Zielgruppe bedeutsam ist. Im Rahmen des Landesmodellprojektes „Kinder psychisch kranker Eltern" konnten entlang der befragten Institutionen folgende Hinweise zum Umfang gewonnen werden:

- Der Anteil der stationär behandelten Patientinnen und Patienten mit minderjährigen Kindern lag in allen beteiligten Kliniken bei einem Fünftel. Im Durchschnitt hat ein Elternteil 1,8 Kinder. Bei rund 37.500 stationär behandelten Erwachsenen in Rheinland-Pfalz im Jahr 2008 sind dies ungefähr 7.500 Elternteile mit 13.500 Kindern.
- In den Jugendämtern wird das Thema psychische Erkrankung oder Suchterkrankung bei ungefähr einem Drittel der Familien relevant. Bei rund 21.500 gewährten Hilfen zur Erziehung in Rheinland-Pfalz im Jahr 2008 bedeutet dies, dass sich die beteiligten Fachkräfte in 6.000 bis 7.000 Fällen mit Fragen rund um diesen Themenkreis beschäftigen müssen.

- In der Kinder- und Jugendpsychiatrie liegt dieser Anteil ebenfalls bei einem Drittel. Im Jahr 2008 wurden in Rheinland-Pfalz rund 1.200 junge Menschen stationär behandelt, so dass die analoge Hochrechnung ca. 400 junge Menschen ergibt, die eine entsprechende familiäre Belastung mitbringen.

Aus Erfahrungsberichten und Forschungsergebnissen konnten eine Reihe von Erkenntnissen dazu gewonnen werden, was die Besonderheit der Lebenssituation von Kindern psychisch erkrankter Eltern auszeichnet und was die Bewältigung der Erkrankung und ihrer Auswirkungen unterstützen kann. Im Folgenden werden diese Erkenntnisse hinsichtlich wesentlicher Elemente skizziert, bevor anschließend konkrete Handlungsempfehlungen zum Aufbau von Unterstützungsstrukturen formuliert werden.

7.1 Zusammenfassung: Spezifische Belastungen und Bewältigungsanforderungen von Kindern psychisch erkrankter Eltern

Die Besonderheiten in der Lebenssituation von Kindern psychisch erkrankter Eltern ergeben sich aus der Erkrankung des Elternteils sowie deren Auswirkungen auf die Gestaltung von Erziehung und familialem Alltag. Hieraus resultieren spezifische Bewältigungsanforderungen und Risiken für ihr Aufwachsen. Diese sind wie folgt zu umreißen:

- Psychische Erkrankungen beeinträchtigen das Denken, Fühlen und Handeln der betroffenen Menschen. Für Eltern kann dies bedeuten, dass ihre Feinfühligkeit für das Kind/die Kinder eingeschränkt ist. Es fällt ihnen schwer(er) die Bedürfnisse des Kindes/der Kinder wahrzunehmen und adäquat darauf einzugehen. Die Auswirkungen für die Kinder sind umso gravierender einzuschätzen, wenn die Hauptbezugsperson psychisch erkrankt, diese allein mit den Kindern lebt oder aber die zweite erwachsene Bezugsperson in der Familie ebenfalls durch Krankheit oder Behinderung beeinträchtigt ist.

- Auswirkungen der psychischen Erkrankung auf die Alltagsorganisation (z. B. Zubereiten von Mahlzeiten, Aufräumen und Sauberhalten der Wohnung, strukturierter Tagesablauf etc.), die allgemein in der Folge einer psychischen Erkrankung festzustellen sind, bedingen im Zusammenleben mit Kindern oftmals auch Beeinträchtigungen in der Versorgung und Pflege der Kinder. Dies trifft umso stärker zu, je jünger die Kinder sind. Entsprechend gewinnt die Frage an Bedeutung, inwieweit es andere erwachsene Bezugspersonen in der Familie bzw. im nahen Umfeld gibt, die bestimmte Aufgaben übernehmen und unterstützend tätig werden können.
- Je nach Auswirkungen der psychischen Erkrankung werden hierüber auch die Beziehungs- und somit auch die Erziehungskompetenzen der betroffenen Eltern beeinträchtigt. Dem Erziehungsverhalten kommt aber eine zentrale Bedeutung für die Entwicklung des Kindes zu. Insbesondere ungünstige Erziehungspraktiken (z. B. rigide Regeldurchsetzung etc.) wirken sich nachhaltig auf die Entwicklung der Kinder aus. Außerdem ist hier zu beachten, dass unterschiedliche Auswirkungen der Erkrankung in Abhängigkeit von Alter und Entwicklungsstand des Kindes zu mehr oder weniger großen Begrenzungen hinsichtlich einer angemessenen Förderung des Kindes führen können (z. B. Bindungsaufbau bei Kindern unter 3 Jahre, Regellernen im Vorschul- und Grundschulalter, Verselbstständigung im Jugendalter etc.).
- Neben den konkreten Auswirkungen der Erkrankung stellen die Art und Angemessenheit der Krankheitsbewältigung seitens des betroffenen Elternteils aber auch der gesamten Familie einen wesentlichen Faktor dar. Krankheitseinsicht und eine möglichst aktive bzw. auch reflexive Ausein-

andersetzung mit der Erkrankung sind wesentliche Voraussetzungen für eine gelingende Bewältigung. Dazu gehört auch die alltagspraktische Organisation und Aufgabenverteilung innerhalb der Familie sowie berufliche Aufgaben und schulische Unterstützungsbedarfe entsprechend der verfügbaren Ressourcen zu gestalten. Dabei gilt es die Grenzen in Folge der Erkrankung zu akzeptieren, aber auch Selbsthilfepotentiale zu identifizieren und zu stärken.

- Eine psychische Erkrankung, insbesondere wenn sie sich verfestigt und chronifiziert hat, verläuft oftmals phasenhaft. Damit einher gehen meist Zeiten, in denen die betroffenen Elternteile unterschiedlich präsent sein können. Für die Kinder resultieren hieraus häufig Erfahrungen von Diskontinuität und mangelnder Verlässlichkeit. Kontinuität, Konsistenz und Verlässlichkeit sind demgegenüber aber zentrale Rahmenbedingungen für ein gelingendes Aufwachsen. In Familien mit einem psychisch erkrankten Elternteil stellt sich entsprechend die Frage, wie ein solcher Rahmen gewährleistet werden kann, wenn dies die Eltern selbst nicht ausreichend können.
- In Familien mit einem psychisch erkrankten Elternteil besteht die Gefahr einer familiendynamischen Entwicklung, die zu einer Umkehrung der Eltern- und Kinderrolle führt. Insbesondere wenn psychisch erkrankte Eltern mit ihren Kindern alleine leben oder der „gesunde“ Elternteil an die Grenze seiner eigenen Kräfte kommt, übernehmen Kinder häufig mehr Verantwortung im Alltag. Dies wird dann zu einem eigenen Belastungsfaktor, wenn Kinder bezogen auf ihr Alter und ihren Entwicklungsstand übermäßig viel Verantwortung (über längere Zeit) tragen und/oder Eltern- bzw. Partnerfunktionen in der Familie wahrnehmen (müssen).
- Kinder beobachten und spüren sehr genau, wenn es ihren Eltern nicht gut geht, sich deren Verhalten verändert oder es in der eigenen Familie „seltsam anders“ ist als in anderen Familien. Oftmals bleiben sie mit ihren Beobachtungen und daraus sich ergebenden Fragen und Sorgen allein. Dann besteht die Gefahr, dass sie Schuldgefühle und Ängste entwickeln, die sie zusätzlich belasten. Eine möglichst frühzeitige Information der Kin-

der sowie eine alters- und entwicklungsangemessene Aufklärung sind hier wichtige Schritte, um Schuldgefühlen und Ängsten entgegenzuwirken. Dies setzt allerdings eine gewisse Krankheitseinsicht auf Seiten des betroffenen Elternteils voraus.

In der Summe ist festzuhalten, dass Kinder psychisch erkrankter Eltern in familialen Kontexten aufwachsen, die verdichtete Anforderungen an die Lebensbewältigung junger Menschen stellen. Dies gilt umso mehr, wenn man bedenkt, dass psychisch erkrankte Menschen (Erwachsene) überproportional häufig von Arbeitslosigkeit bedroht sind und sich in Armutslagen befinden. Auch gehen mit einer psychischen Erkrankung oftmals andere soziale Belastungsfaktoren wie Partnerschaftskonflikte, Trennung/Scheidung oder auch parallele Erkrankungen (z. B. Suchterkrankung) einher. So kommt es in Familien mit einem psychisch erkrankten Elternteil besonders oft zu einer Kumulation von Belastungsfaktoren. Entsprechend der Erkenntnisse der Risikoforschung bedarf es hier tragfähiger Unterstützungsstrukturen, um ein gelingendes Aufwachsen auch unter diesen erschwerten Bedingungen zu gewährleisten.

Die psychische Erkrankung eines Elternteils ist darüber hinaus auch als ein Risikofaktor an sich anzusehen. So zeigen Kinder psychisch erkrankter Eltern bereits im Verlauf ihrer Kindheit überproportional häufig psychische Auffälligkeiten. Außerdem ist die Wahrscheinlichkeit, dass sie als Erwachsene psychisch krank werden, deutlich erhöht. Allerdings besteht ein enger Zusammenhang zwischen dem innerfamiliären Umgang mit der Erkrankung und der seelischen Gesundheit der Kinder. So tragen Krankheitseinsicht und Behandlungsbereitschaft auf Seiten des betroffenen Elternteils ebenso wie ein offener Umgang mit der Erkrankung und die Gewährleistung von Kontinuität und Verlässlichkeit für die Kinder wesentlich zu einer gesunden Entwicklung der Kinder bei.

Vor dem Hintergrund dieser Erkenntnisse lassen sich als unterstützende Rahmenbedingungen für ein gelingendes Aufwachsen in einer Familie mit einem psychisch erkrankten Elternteil folgende Aspekte benennen:

- Gewährleistung eines strukturierten Alltags hinsichtlich der alters- und entwicklungsnotwendigen Versorgung, Betreuung und Erziehung
- Verlässliche und für die Kinder gut erreichbare weitere erwachsene Bezugsperson neben dem psychisch erkrankten Elternteil
- Ansprechpartner für die Sorgen und Ängste der Kinder
- Ausreichend Freiraum für die Kinder, um alters- und entwicklungsentsprechend Kind sein zu dürfen
- Unterstützung des betroffenen Elternteils hin zu Krankheitseinsicht und Behandlungsbereitschaft
- Berücksichtigung der Elternrolle und erforderlicher Erziehungskompetenzen in der Psychoedukation
- Entlastungsmöglichkeiten für psychisch erkrankte Eltern bezüglich Alltags- und Erziehungsaufgaben
- Gewährleistung angemessener Unterstützungsangebote, die die Selbsthilfe und -verantwortung der betroffenen Eltern wie auch der gesamten Familie fördern.

Wie diese Aufzählung zeigt, erfordern angemessene Unterstützungsstrukturen für Kinder psychisch erkrankter Eltern die Bedarfe von Eltern und Kindern gleichermaßen in den Blick zu nehmen und Angebote entsprechend darauf abzustimmen. Dabei gilt es neben einzelfallorientierten Hilfen die soziale Infrastruktur dahingehend weiter zu entwickeln, dass notwendige Entlastungs- und Unterstützungsstrukturen für die betroffenen Familien möglichst gut zugänglich sind. Hierbei ist zu berücksichtigen, dass psychische Erkrankungen nach wie vor tabuisiert werden und sich psychisch erkrankte Eltern ebenso wie ihre Kinder oftmals als stigmatisiert erleben. Entsprechend ist hier in besonderer Weise auf die Normalisierung von Unterstützungsangeboten und -strukturen zu achten. Diese ist letztlich auch ein zentraler Beitrag zur Förderung des Kindeswohls in diesen Familien.

7.2 Handlungsempfehlungen

Damit möglichst viele Kinder psychisch erkrankter Eltern sich im Kontext ihrer Familie gut entwickeln und heranwachsen können, braucht es ein differenziertes Unterstützungssystem. Dazu gehört die bedarfsorientierte Weiterentwicklung des professionellen Hilfesystems ebenso wie die gezielte Qualifizierung der sozialen Infrastruktur und allgemeine Anstrengungen zur Enttabuisierung psychischer Erkrankung. Im Einzelnen lassen sich aus den Erkenntnissen des Landesmodellprojektes „Kinder psychisch kranker Eltern" sechs Handlungsebenen herauskristallisieren, die im Aufbau bedarfsgerechter Unterstützungsstrukturen bedeutsam sind. Diese sind:

- eine stärkere Vernetzung der relevanten Leistungsbereiche und eine strukturell abgesicherte Kooperation von Jugendhilfe und Erwachsenenpsychiatrie
- die systematische Verankerung des Themas Elternschaft in der psychiatrischen Behandlung
- die zielgruppenspezifische Qualifizierung bestehender Hilfeangebote
- ein gezielter Ausbau von präventiven und niedrigschwelligen Unterstützungsangeboten
- die Sensibilisierung und Qualifizierung von Fachkräften in den Regelstrukturen
- allgemeine Öffentlichkeitsarbeit zum Thema psychische Erkrankung

Des Weiteren konnte eine Reihe von geeigneten Maßnahmen herausgearbeitet und erprobt werden, die Entwicklungsprozesse in der aufgezeigten Zielrichtung fördern. Diese werden im Folgenden entlang der aufgezeigten Handlungsebenen zusammenfassend skizziert. In der Summe ergibt sich daraus ein breiter Maßnahmenkatalog, wie Unterstützungsstrukturen für psychisch erkrankte Eltern und ihre Kinder in der Kommune bzw. in einer Versorgungsregion entwickelt werden können.

7.2.1 Stärkung der Kooperation von Jugendhilfe und Erwachsenenpsychiatrie

Die Entwicklung angemessener Unterstützungsstrukturen für psychisch erkrankte Eltern und ihre Kinder erfordert das Zusammenwirken von Jugendhilfe und Erwachsenenpsychiatrie. Dies gilt für die Einschätzung der oftmals komplexen Bedarfslagen und die Sondierung passgenauer Hilfesettings im Einzelfall ebenso wie für die Weiterentwicklung der sozialen Infrastruktur im Hinblick auf diese Zielgruppe. Dabei geht es sowohl um die Zusammenführung der professionellen Kompetenzen aus beiden Leistungsbereichen als auch um die fachliche Abstimmung von Einschätzungsprozessen aus den unterschiedlichen Perspektiven bezogen auf Eltern und Kinder.

Um tragfähige Formen der Zusammenarbeit zu erreichen, bedarf es der strukturellen Verankerung von entsprechenden Kooperationsbeziehungen. Dies erfordert verbindliche Vereinbarungen auf fallübergreifender wie auch auf fallbezogener Ebene. Dazu haben sich Anknüpfungspunkte in unterschiedlichen Kontexten bewährt, die sukzessive entwickelt werden und somit zu einem wachsenden Kooperationsnetz beitragen können.

1. **In der Kommune oder der Versorgungsregion braucht es fallübergreifende Kooperationsorte, die Raum für fachliche Verständigung zwischen Jugendhilfe und Erwachsenenpsychiatrie schaffen und die Abstimmung von Entwicklungsprozessen gewährleisten.**

Um eine gelingende Zusammenarbeit zwischen Jugendhilfe und Erwachsenenpsychiatrie sowie den hier relevanten Institutionen und Professionen entwickeln zu können, braucht es einen verbindlichen Ort, um sich wechselseitig kennenlernen und eine gemeinsame fachliche Perspektive erarbeiten zu können. Dafür bietet sich ein Arbeitskreis oder ein Runder Tisch zum Thema an, der sich regelmäßig trifft und anstehende Fragen miteinander bearbeitet. Die beteiligten Institutionen sollten nach Möglichkeit konstant durch die gleichen Personen vertreten sein. Für Rheinland-Pfalz bietet sich an, einen solchen Arbeitskreis bzw. Runden Tisch im Rahmen der lokalen Netzwerke zur Förderung des Kindeswohls zu implementieren, wie sie mit dem Landeskinderschutzgesetz für alle Kommunen verbindlich vorgegeben sind.

Im Zuge des Landesmodellprojektes „Kinder psychisch kranker Eltern“ konnte genauer herausgearbeitet werden, welche Institutionen und Professionen im Aufbau von fallübergreifenden Kooperationsstrukturen einbezogen werden sollten. Im Einzelnen sind hier zu nennen:

- Jugendamt
- Erziehungsberatung
- Einrichtungen und Dienste der Hilfen zur Erziehung
- Sozialpsychiatrischer Dienst im Gesundheitsamt
- Klinik der Erwachsenenpsychiatrie
- Niedergelassene Psychiaterinnen und Psychiater
- Niedergelassene Psychotherapeutinnen und Psychotherapeuten
- Einrichtungen und Dienste der Eingliederungshilfe
- Klinik der Kinder- und Jugendpsychiatrie
- Niedergelassene Kinder- und Jugendpsychiaterinnen und -psychiater
- Niedergelassene Kinder- und Jugendlichenpsychotherapeutinnen und -psychotherapeuten
- Sozialpädiatrie
- Gesetzliche Betreuung

Nicht immer gelingt es von Beginn an alle relevanten Akteure für die Mitwirkung zu gewinnen. In diesem Fall empfiehlt es sich in kleinerer Runde zu starten, über die Aktivitäten zu informieren und für die Mitwirkung zu werben. Hierbei ist zu berücksichtigen, dass die jeweils subjektive Einschätzung des Verhältnisses zwischen Ressourcenaufwand und Nutzen des Engagements in fallübergreifenden Kooperationsstrukturen einen wesentlichen Einfluss auf die Motivation zur Zusammenarbeit hat. Entsprechend bedeutsam sind klare Vereinbarungen zur Moderation, Dokumentation und Kommunikation von Ergebnissen sowie eine insgesamt zielorientierte Gestaltung der Zusammenarbeit, die für alle Beteiligten erweiterte Handlungsmöglichkeiten in der eigenen Aufgabenerfüllung erwarten lässt.[19]

[19] Anregungen zur Implementierung fallübergreifender Kooperationsorte in Kapitel 5.2.

2. Es braucht Orte und Gelegenheiten für institutionsübergreifenden Austausch und Fortbildung der Fachkräfte, um ein gemeinsames fachliches Verständnis als Voraussetzung für abgestimmte Hilfesettings entwickeln zu können.

Neben dem Arbeitskreis bzw. Runden Tisch, an dem in der Regel nur einzelne Personen der jeweiligen Institutionen vertreten sind, braucht es Gelegenheiten, damit auch auf breiterer Basis und auf Fachkräfteebene ein gemeinsames fachliches Verständnis für die Bedarfe und geeigneten Unterstützungsstrukturen für psychisch erkrankte Eltern und ihre Kinder wachsen kann. Dazu bieten sich in gewissen zeitlichen Abständen und auch in unterschiedlichen Konstellationen Fachtage, Workshops oder auch institutionsübergreifende Fortbildungen an. Solche Veranstaltungen können für alle an fallübergreifenden Kooperationsstrukturen beteiligten Institutionen konzipiert oder auch zwischen einer kleineren Gruppe (z. B. Einrichtung der Kinder- und Jugendhilfe mit Vertreterinnen und Vertretern der psychiatrischen Klinik) vereinbart werden.

Inhaltlich bieten sich für solche Veranstaltungen die wechselseitige Vorstellung zentraler Strukturen der Leistungsbereiche (Kinder- und Jugendhilfe, psychiatrisches Versorgungssystem) oder auch die Bearbeitung wesentlicher Schnittstellenthemen an (z. B. Bewältigungsanforderungen an psychisch erkrankte Eltern und ihre Kinder, Information und Aufklärung der Kinder, psychische Erkrankung und Kindeswohlgefährdung etc.).

Damit aus solchen Aktivitäten tragfähige Impulse für eine verbesserte Zusammenarbeit zwischen den Institutionen hervorgehen können, müssen diese in die jeweils internen Qualifizierungs- und Organisationsentwicklungsprozesse eingebunden werden. Dazu gehören Klärungsprozesse zu Verfahrensabläufen und fachlichen Standards der Fallbearbeitung ebenso wie die Einübung von entsprechenden methodischen Kompetenzen.[20]

[20] Anregungen zur Planung und Durchführung von Foren zum institutionsübergreifenden Austausch in Kapitel 5.3

3. **Es braucht verlässliche Strukturen für überinstitutionelle Fallberatung und Helferkonferenzen, um die Kooperation im Einzelfall entsprechend abstimmen und reflektieren zu können.**

Familien mit einem psychisch erkrankten Elternteil erhalten oftmals parallele Hilfen aus mehreren Leistungsbereichen. Um zu einem abgestimmten Hilfesetting zu kommen, bedarf es hier Schnittstellen zur Überprüfung der Bedarfseinschätzung, Zielsetzung und Aufgabenteilung zwischen den beteiligten Akteuren. Nur so können konkurrierende Vorgehensweisen oder auch „blinde Flecken“ in der Zusammenarbeit mit der Familie vermieden werden.

Die Helferkonferenz oder auch allgemeiner formuliert die überinstitutionelle Fallberatung stellt hierfür einen Rahmen dar, in dem zu Beginn oder auch im Verlauf der Hilfen eine solche Abstimmung vorgenommen und ein gemeinsames Fallverständnis entwickelt werden können. So kann zugleich eine Schnittstelle zwischen der Hilfeplanung nach SGB VIII (wenn Hilfen zur Erziehung implementiert sind), der individuellen Teilhabeplanung (wenn Eingliederungshilfe gewährt wird) und der psychiatrischen Behandlung und Therapie hergestellt werden.

Um dieses Instrument zielorientiert in der Fallarbeit nutzen zu können, ist es hilfreich auf fallübergreifender Ebene die zentralen Rahmenbedingungen der überinstitutionellen Fallberatung zu klären. Dazu gehört die Frage, wann eine solche Fallberatung durch wen einberufen werden kann, wo und in welchem Zeitrahmen diese stattfinden kann, wer diese nach welcher Methode moderiert und welche Vorbereitung erforderlich ist. Darüber hinaus stellt aber auch die Anerkennung der für die Durchführung notwendigen Zeiten als Arbeitszeit einen wesentlichen Gelingensfaktor dar.[21]

4. **Die bedarfs- und aufgabenorientierte Klärung von Schnittstellen zwischen Jugend-, Gesundheits- und Sozialamt stellt eine zentrale Voraussetzung in der Entwicklung passgenauer Unterstützungsstrukturen in der Kommune dar.**

[21] Anregungen zur Umsetzung überinstitutioneller Fallberatung in Kapitel 5.5.

Neben der fallübergreifenden wie auch fallbezogenen Kooperation aller im Hinblick auf psychisch erkrankte Eltern und ihre Kinder relevanten Akteure stellt das Zusammenwirken von Jugend-, Gesundheits- und Sozialamt innerhalb der kommunalen Verwaltung einen weiteren zentralen Strang im Aufbau von bedarfsgerechten Unterstützungsstrukturen für Kinder psychisch erkrankter Eltern dar. Dabei gilt es insbesondere Aspekte bezogen auf die Leistungsgewährung und in diesem Kontext auftretende Schnittstellenfragen zu bearbeiten.

Die Zusammenarbeit der Leistungsbereiche innerhalb der Verwaltung ist oftmals durch die Abgrenzung von Zuständigkeiten geprägt. Die Entwicklung von bedarfsgerechten Hilfesettings für psychisch erkrankte Eltern und ihre Kinder erfordert allerdings einen familienorientierten Blick und somit eine kompetenzorientierte Aufgabenklärung zwischen den jeweils relevanten Leistungsbereichen. Diese gilt es durch entsprechende Abstimmungs- und Entwicklungsprozesse zu fördern.

Für die Initiierung eines solchen Prozesses bietet sich ein verwaltungsinterner Workshop unter Beteiligung möglichst aller Fach- und Leitungskräfte von Jugend-, Gesundheits- und Sozialamt an. Wie die Erfahrungen im Rahmen des Landesmodellprojektes „Kinder psychisch kranker Eltern“ zeigen, kann bereits mit einem Tag eine fachliche Auseinandersetzung mit den spezifischen Bedarfslagen von psychisch erkrankten Eltern und ihren Kindern angestoßen werden. Wesentlich ist dabei der kooperative Klärungsprozess dazu, welche Unterstützungsangebote notwendig sind und was die einzelnen Leistungsbereiche dazu beitragen können. Außerdem geht es um das gemeinsame Herausarbeiten, wie die Zusammenarbeit verbessert und dazu die bestehenden Abläufe optimiert werden können. Auf dieser Basis gilt es sodann gemeinsam getragene und verbindliche Vereinbarungen zur weiteren Konkretisierung und Umsetzung zu treffen, um so nachhaltige Schritte für ein bedarfsorientiertes Zusammenwirken von Jugend-, Gesundheits- und Sozialamt einzuleiten.[22]

[22] Anregungen zur Planung und Umsetzung eines verwaltungsinternen Workshops in Kapitel 5.3.

5. **Das bedarfsorientierte Zusammenwirken von Jugend- und Eingliederungshilfe in der Hilfe- und Teilhabeplanung ist eine wesentliche Voraussetzung für die Entwicklung passgenauer Hilfesettings und gelingender Kooperation im Einzelfall.**

Jugend- und Eingliederungshilfe verfügen über je eigene Prozesse der Hilfe- bzw. der Teilhabeplanung. In beiden Leistungsbereichen geht es dabei um eine grundsätzlich beteiligungsorientierte Klärung von Bedarfen, Zielen und geeigneten Angeboten. Allerdings zeigen sich deutliche Unterschiede in der Ausgestaltung (z. B. hinsichtlich Prozessgestaltung, Entscheidungsfindung u. ä.).

Parallel verlaufende Planungsprozesse bergen stets die Gefahr in sich, dass diese versäult nebeneinander stehen, Aus- und Nebenwirkungen wechselseitig keine Berücksichtigung finden und somit die Passgenauigkeit der Hilfen beeinträchtigt wird. Werden für eine Familie sowohl Hilfen zur Erziehung als auch Eingliederungshilfe für das psychisch erkrankte Elternteil gewährt, bedarf es einer Abstimmung der Planungsprozesse. Dies kann zum einen durch die wechselseitige Beteiligung einer fallführenden Fachkraft aus dem jeweils anderen Leistungsbereich am Hilfeplangespräch (bzw. dessen Vorbereitung) und an der Teilhabekonferenz erreicht werden. Auch kann die überinstitutionelle Fallberatung zu diesem Zweck genutzt werden, wenn sichergestellt ist, dass die hier gewonnenen Kenntnisse entsprechend in die Hilfe- und Teilhabeplanung einfließen.[23]

Wie die Schnittstelle zwischen Hilfe- und Teilhabeplanung vor Ort gestaltet wird, ist zum einen verwaltungsintern auf kommunaler Ebene zu klären. Dies kann Gegenstand des grundsätzlichen Abstimmungsprozesses zwischen Jugend-, Gesundheits- und Sozialamt sein. Darüber hinaus ist für die Teilhabeplanung auch auf Landesebene zu klären, wie die Schnittstelle zur Hilfeplanung nach § 36 SGB VIII systematisch gewährleistet werden kann. Dies gilt nicht nur für psychisch erkrankte sondern ebenso auch für alle Eltern, die auf Grund anderer Beeinträchtigungen Leistungen der Eingliederungshilfe erhalten.

[23] Weitere Anregungen zum Zusammenwirken von Hilfe- und Teilhabeplanung in Kapitel 5.7.

6. Damit parallele Hilfen unterschiedlicher Leistungsbereiche angemessen ineinander greifen können, braucht es eine familienbezogene Koordination und Finanzierung von Hilfen.

Wenn eine Familie mehrere Hilfen in Anspruch nimmt, bedarf es über die Gewährleistung eines fachlichen Abstimmungsprozesses zwischen den Fachkräften und die wechselseitige Bezugnahme von Hilfe- und Teilhabeplanung hinaus auch einer fortlaufenden Koordination der Angebote sämtlicher Helferinnen und Helfer. Wie die Zielgruppenanalyse in den beteiligten Jugendämtern zeigte, sind dies im Durchschnitt vier Akteure.

Bisher gibt es keine systematische Klärung, wer diese Koordination wahrnimmt und wie diese finanziert wird. Vielmehr muss dies in jedem Einzelfall besprochen und entsprechend vereinbart werden. In den rechtlichen Grundlagen finden sich hierzu keine systematischen Vorgaben. Diesbezüglich besteht dringender Entwicklungs- und Evaluationsbedarf hinsichtlich praktikabler und Ressourcen schonender Handlungsansätze.

Rechtliche Klärungsbedarfe bestehen darüber hinaus für familienbezogene Hilfen, die mit einem komplexen Hilfeansatz „aus einer Hand“ bzw. „unter einem Dach“ auf die Bedarfe von psychisch erkrankten Eltern und ihren Kindern zu antworten suchen. Erste Denkansätze prüfen hier familienbezogene Budgets oder auch Modelle der Mischfinanzierung, die auf der fallübergreifenden Ermittlung einer angemessenen Beteiligung der verschiedenen Leistungsträger beruhen. Diese bedürfen allerdings noch der praktischen Erprobung und systematischen Evaluation.

7. Damit Kooperation im Einzelfall wie auch fallübergreifend auf Dauer gelingen kann, müssen die dafür notwendigen Ressourcen von allen beteiligten Leistungsbereichen anerkannt werden.

Die Kooperation von Institutionen und Professionen gerade auch zwischen traditionell versäult nebeneinander agierenden Leistungsbereichen muss durch entsprechende Maßnahmen initiiert und gefördert werden. Dazu gehören wesentlich die gemeinsame fachliche Auseinandersetzung der relevanten Akteure und die aktive Suche nach geeigneten Handlungsansätzen für ein engeres Zusammenwirken. Dies kostet Zeit und muss entsprechend in der Arbeitsplanung aller Beteiligten Berücksichtigung finden.

Eine wesentliche Hürde in der Entwicklung sowohl fallübergreifender wie auch fallbezogener Kooperation zeigt sich in der unterschiedlichen Anerkennung solcher Kooperationsarbeit durch die jeweiligen Leistungsbereiche. Dies trifft insbesondere dann zu, wenn Abrechnungssysteme lediglich die face-to-face-Kontakte mit Klienten als Bezugsgröße zulassen bzw. nur minimale Vor- und Nachbereitungszeiten anerkannt werden. Hier bedarf es dringend der rechtlichen Überprüfung und Weiterentwicklung, wie für eine wirksame und nachhaltige Leistungserbringung erforderliche Kooperationsaufgaben angemessen Berücksichtigung finden können. Denn nur wenn über alle Sozialleistungsbereiche hinweg eine vergleichbare Förderung von Hilfen realisiert wird, kann auch ihre ganzheitliche und familienorientierte Ausrichtung erreicht werden.

7.2.2 Systematische Verankerung des Themas Elternschaft in der psychiatrischen Behandlung und Therapie

Psychoedukation und Trialog haben sich in der psychiatrischen Behandlung als zentrale Elemente herauskristallisiert, die Betroffene unterstützen, einen adäquaten Umgang mit der Erkrankung zu finden. Allerdings begrenzt sich der Fokus hier oftmals auf die Person, ihre beruflichen Anforderungen und sozialen Beziehungen. Die Familie kommt dabei zwar als unterstützendes System, jedoch nur begrenzt als eigener Verantwortungsbereich mit spezifischen Anforderungen in den Blick. Dies hat zur Folge, dass die Auswirkungen der elterlichen Erkrankung für die Kinder oftmals unberücksichtigt bleiben, aber auch die betroffenen Eltern in diesem zentralen Lebensbereich keine adäquate Unterstützung erhalten. Vor diesem Hintergrund stellt die verstärkte Aufmerksamkeit für die Elternschaft im Rahmen der psychiatrischen Behandlung und Therapie einen wesentlichen Strang in der Entwicklung passgenauer Unterstützungsstrukturen für Kinder psychisch erkrankter Eltern dar.

Die systematischere Verankerung des Themas Elternschaft in der psychiatrischen Behandlung und Therapie beginnt mit der Frage nach Kindern in jedem Erstgespräch. Dies ist die entscheidende Zugangsfrage, um die Relevanz dieses Themenfeldes in der Behandlung der einzelnen Patientin bzw. des Patienten festzustellen. Darüber hinaus gilt es durchgängig die Auswirkungen der Erkrankung auf die Wahrnehmung von Erziehungsverantwortung zu beleuchten, entsprechende Unterstützungsbedarfe zu identifizieren und geeignete Hilfen in der Gesamtplanung zu berücksichtigen. Dies kann sowohl im Rahmen der allgemeinen Psychoedukation als auch in spezifischen Angeboten geschehen. Hier haben sich insbesondere Gruppenangebote für Eltern bewährt. Außerdem ist in diesem Zusammenhang auf die Möglichkeit der Mutter-Kind-Behandlung zu verweisen.

8. Die Frage nach Kindern und ihrer aktuellen Versorgungssituation sollte selbstverständlich bei jeder Klinikaufnahme und jeder Anamnese auch im Bereich der ambulanten Behandlung gestellt werden.

Die Frage „Haben Sie Kinder?“ stellt – neben anderen – eine zentrale Eingangsfrage in der psychiatrischen Behandlung dar, um die Lebenssituation der Patientin bzw. des Patienten angemessen erfassen und die Auswirkungen der Erkrankung umfassend einschätzen zu können. Dennoch wird diese Frage noch nicht selbstverständlich in jedem Fall gestellt. Darüber hinaus ist die Frage nach Kindern bei der stationären Aufnahme in Bezug auf möglicherweise noch zu klärende Versorgungsfragen relevant. Dies gilt umso mehr als gerade Mütter und Väter, die in einer Haushaltsgemeinschaft mit ihren Kindern leben und für deren Versorgung hauptverantwortlich sind, sich nur dann auf eine Behandlung einlassen können, wenn sie die Kinder für diese Zeit gut versorgt wissen. Ähnlich bedeutsam sind diese Aspekte in der Planung einer teilstationären Behandlung (Tagesklinik).

Um sicherzustellen, dass in jedem Fall nach Kindern gefragt wird, ist es hilfreich diese Fragen in die Aufnahmeroutinen bzw. in den Anamnesebogen aufzunehmen. Im Rahmen des Landesmodellprojektes „Kinder psychisch kranker Eltern“ wurde hierzu ein Leitfaden für die Kliniken entwickelt, der in die Abläufe und Instrumente der jeweiligen Institutionen aufgenommen werden kann.[24] Dabei kommt es darauf an, immer auch nach dem Alter der Kinder sowie der aktuellen Versorgungssituation zu fragen. Wesentlich ist dabei neben der sachlichen Information, wer sich um die Kinder kümmert, auch die subjektive Einschätzung der Patientin bzw. des Patienten zur Qualität der Lösung einzuholen bzw. Raum dafür zu geben, dass sie/er Sorgen um die Kinder mitteilen kann. Damit wird eine doppelte Funktion erfüllt. Zum einen können Klärungsbedarfe bzgl. der Versorgung und Betreuung der Kinder direkt aufgegriffen und Absprachen zum weiteren Vorgehen getroffen werden (Wer kann sich kümmern? Bedarf es der Klärung seitens des Jugendamtes? etc.). Zum anderen werden zentrale diagnostische Informationen zur Lebenssituation und zu den Auswirkungen der Erkrankung auf die Elternschaft gewonnen, die in der weiteren Behandlung Berücksichtigung finden können.

Um psychisch erkrankte Eltern und ihre Kinder angemessen unterstützen zu können, sollten diese Fragen möglichst in allen Kliniken der Erwachsenenpsychiatrie (voll- und teilstationär), aber entsprechend angepasst auch seitens der niedergelassenen Psychiaterinnen und Psychiater sowie Therapeutinnen und Therapeuten aufgenommen werden. Auch im Kontext der ambulanten Behandlung und Therapie ist es bedeutsam die Möglichkeiten der betroffenen Eltern ausreichend für die Pflege und Erziehung ihrer Kinder Sorge zu tragen in den Blick zu nehmen und ggf. eine Brücke zu angemessenen Hilfen zu bauen. Die Frage nach Kindern und der familiären Situation stellt so zugleich einen wesentlichen Beitrag der Psychiatrie für ein gelingendes Aufwachsen der Kinder sowie ein besseres Zusammenwirken der Hilfesysteme dar.

9. Die Auswirkungen der Erkrankung auf die Elternschaft und adäquate Formen des Umgangs damit müssen Thema der Psychoedukation werden.

Als Psychoedukation wird allgemein die Schulung von Menschen bezeichnet, die an einer psychischen Erkrankung leiden. Dabei geht es zum einen um die Vermittlung von Informationen zur Erkrankung wie deren Entstehung, typische Symptome, Behandlungskonzepte, Verläufe etc. Zum anderen geht es um die jeweils subjektiven Erfahrungen und Möglichkeiten des Umgangs

[24] Ausführlichere Erläuterungen zu diesem Leitfaden finden sich in Kapitel 6.2.

mit der Erkrankung, um Unterstützendes und Schwieriges. Ziel der Psychoedukation ist dabei die Hilfe zur Selbsthilfe zu stärken, angemessene Bewältigungsstrategien zu entwickeln und auszuweiten. Neben Einzelgesprächen wird Psychoedukation oftmals auch im Gruppensetting angeboten. Damit werden Möglichkeiten zum Erfahrungsaustausch sowie zur gemeinsamen Erarbeitung von alternativen Handlungsstrategien eröffnet.

Angebote der Psychoedukation orientieren sich bisher meist an bestimmten Krankheitsbildern (insb. Schizophrenie, aber auch Depression, Angststörung u. a.) und deren Auswirkungen auf die betroffene Person. Hier bedarf es der Weiterentwicklung in zwei Richtungen, um eine systematischere Verankerung des Themas Elternschaft in der psychiatrischen Behandlung zu erreichen. Zum einen gilt es den personenbezogenen Blick so auf das Familiensystem zu erweitern, dass die Elternschaft als zentraler Aufgaben- und Verantwortungsbereich der Person selbstverständlicher in den Fokus der Aufmerksamkeit rückt. Dazu gehört wesentlich die Frage nach den Auswirkungen der Erkrankung auf den Alltag mit Kindern und ihre Erziehung. Die hierzu relevanten Aspekte sind systematisch im Zuge der Psychoedukation mitzubearbeiten. Zum anderen können aber auch spezifische Angebote der Psychoedukation für Eltern entwickelt werden. Dies bietet sich insbesondere in Form einer Gruppenarbeit an, die in der (Tages-)Klinik oder auch im ambulanten Bereich angesiedelt ist.

10. Gruppenangebote für Eltern im Rahmen der psychiatrischen Behandlung und Therapie sind gute Möglichkeiten der themenspezifischen Ergänzung der Psychoedukation.

Gruppenangebote für Eltern, die an einer psychischen Erkrankung leiden, stellen eine wichtige Ergänzung im Gesamtsystem der Unterstützungsangebote dar. Elternschaft und psychische Erkrankung sind dabei die verbindenden Themen der Gruppe. Dabei geht es insbesondere um die Bearbeitung von Spannungsfeldern zwischen den Auswirkungen der Erkrankung und den daraus resultierenden Einschränkungen der Eltern einerseits und den Bedürfnissen der Kinder sowie damit in Zusammenhang stehenden Anforderungen an die Wahrnehmung von Erziehungsverantwortung andererseits.

Gruppenangebote für Eltern im Rahmen der psychiatrischen Behandlung und Therapie ermöglichen Psychoedukation systematischer mit Schulungselementen zu Elternschaft zu verbinden. Informationen zu zentralen Entwicklungs- und Erziehungsfragen sind dabei ebenso relevant wie die Betrachtung von typischen Erziehungssituationen und unterschiedlichen Reaktionsmöglichkeiten. Neben dem Erfahrungsaustausch zwischen den Eltern können insbesondere soziales Kompetenztraining, Kommunikationstraining und die Vermittlung von Entspannungstechniken Impulse für die Entwicklung alternativer Handlungsstrategien eröffnen. Darüber hinaus bietet es sich in diesem Rahmen an, Unterstützungsmöglichkeiten für Eltern im Bereich der niedrigschwelligen und ambulanten Hilfen bekannt zu machen.

Solche Gruppenangebote für Eltern gibt es bisher nur punktuell. Sie sind entsprechend konzeptionell auszuformulieren und in unterschiedlichen Kontexten zu erproben. Im Rahmen der Klinikbehandlung ist zu prüfen, wie ein solches Gruppenangebot integriert bzw. als zusätzliches Angebot mit dem Kostenträger verhandelt werden kann. Ähnliche Fragen sind auch für den Bereich der ambulanten Behandlung zu klären. In der Umsetzung ist ggf. eine Kooperation mit der Kinder- und Jugendhilfe, beispielsweise einer Erziehungsberatungsstelle zu bedenken. Darüber hinaus sind Schnittstellen und Übergänge zur Eltern-Kind-Gruppe als niedrigschwelliges und längerfristig unterstützendes Angebot bedenkenswert.

11. Für Mütter, die postpartal erkranken, braucht es Möglichkeiten der Mutter-Kind-Behandlung.

Wenn Mütter von Säuglingen und Kleinkindern unter drei Jahren psychisch erkranken, hat dies besondere Auswirkungen auf den Bindungsaufbau und damit oftmals auch auf die weitere Entwicklung der Kinder. Darüber hinaus zeichnen sich gerade postpartale psychische Erkrankungen dadurch aus, dass sich die krankheitstypischen Symptome immer auch auf das Neugeborene beziehen. Vor diesem Hintergrund kommt in der Konstellation der gemeinsamen Behandlung von Mutter und Kind, die eine gezielte Förderung der Mutter-Kind-Beziehung einschließt, eine besondere Bedeutung zu.

Bislang findet sich das Angebot der Mutter-Kind-Behandlung bundesweit nur an vereinzelten psychiatrischen Kliniken. Daneben gibt es Modelle des RoomingIn, die allerdings „nur" die Betreuung und Versorgung der Kinder sicherstellen. Angesichts einer steigenden Anzahl an Müttern, die postpartal erkranken, und dem gleichzeitigen Wissen um die Bedeutung einer sicheren Mutter-Kind-Bindung besteht ein dringender Bedarf für ein dichteres Angebotsnetz von Möglichkeiten der Mutter-Kind-Behandlung, die zugleich den Bindungsaufbau fördert. So erkranken 10-15 % aller Frauen nach der Geburt an einer postpartalen Depression. Hinzu kommen Angst- und Zwangserkrankungen, bipolare und schizophrene Psychosen (vgl. Hornstein 2008). Für diese doch auch quantitativ beachtliche Gruppe stellen adäquate Behandlungsmöglichkeiten ein wichtiges präventives Angebot für die Kinder und damit zugleich einen zentralen Baustein im System für einen „Guten Start ins Kinderleben" dar.

7.2.3 Zielgruppenspezifische Qualifizierung bestehender Hilfeangebote

Sowohl im Bereich der Kinder- und Jugendhilfe als auch der Eingliederungshilfe bzw. dem komplementären psychiatrischen System besteht ein differenziertes Hilfeangebot mit Unterstützungsmöglichkeiten im ambulanten, teilstationären und stationären Setting. Entsprechend der lebensweltorientierten Grundausrichtung sowohl der Kinder- und Jugendhilfe als auch der Gemeindepsychiatrie sind diese in der Regel nicht auf bestimmte Zielgruppen spezialisiert, sondern orientieren sich an den individuellen Bedarfslagen. Wie die Erkenntnisse im Verlauf des Landesmodellprojektes „Kinder psychisch kranker Eltern" gezeigt haben, ist auch im Hinblick auf diese Zielgruppe keine Spezialisierung von Hilfeangeboten in diesen Leistungsbereichen zu fordern. Vielmehr stellt sich die Aufgabe, in der Kinder- und Jugendhilfe wie auch der Gemeindepsychiatrie den Blick für die Bedarfe von Eltern und Kindern zu schärfen und die Leistungsmöglichkeiten beider Bereiche stärker aufeinander zu beziehen. Dies gilt umso mehr als die konkreten Unterstützungsbedarfe von Familien mit einem psychisch erkrankten Elternteil sehr unterschiedlich sind und stets eine individuelle Ausgestaltung der Hilfen erfordern.

In der Summe betrachtet bietet das bestehende Hilfesystem vielfältige Möglichkeiten auf unterschiedlich gelagerte Bedarfe zu antworten. Als Hürden erweisen sich in der Praxis allerdings oftmals die Versäulung der Leistungsbereiche (Kinder- und Jugendhilfe, Gemeindepsychiatrie) einerseits sowie die unterschiedlichen fachlichen Blickwinkel andererseits, die auf beiden Seiten zu spezifischen Begrenzungen in Einschätzungsprozessen und Handlungsstrategien führen. Hier bedarf es über die Entwicklung von Kooperationsstrukturen hinaus der gezielten Qualifizierung der Fachkräfte beider Leistungsbereiche sowie Konzept- und Organisationsentwicklungsprozesse zur stärkeren Vernetzung unterschiedlicher Hilfeangebote. Neben der grundsätzlichen Sensibilisierung für die besondere Lebenssituation psychisch erkrankter Eltern und ihrer Kinder geht es dabei insbesondere um die Weiterentwicklung der Diagnostik, das zielorientierte Zusammenwirken von mehreren Hilfen sowie die Überprüfung der Hilfegewährungspraxis bezüglich des Umgangs mit zeitlicher Befristung.

12. Als Schlüsselprozess für Fallverstehen und Bedarfseinschätzung muss die sozialpädagogische Diagnose die Auswirkungen der psychischen Erkrankung in der gesamten Lebenssituation erkennbar machen. Dies ist Voraussetzung für ein differenziertes Hilfeprofil bezogen auf das erkrankte Elternteil, die Kinder und die Gesamtfamilie.

Wenn für psychisch erkrankte Eltern oder ihre Kinder Hilfen zur Erziehung oder Eingliederungshilfen gewährt werden, liegen in der Regel komplexe Bedarfslagen vor, die durch einen verstehens- und verständigungsorientierten Prozess der sozialpädagogischen Diagnose erschlossen werden müssen. Dabei geht es im Wesentlichen um ein methodischstrukturiertes Sondieren der Ausgangslage sowie um die Ziel- und Auftragsklärung als Basis für die Entwicklung eines bedarfsgerechten Hilfesettings.

In diesem diagnostischen Prozess gilt es unterschiedliche Ebenen zu berücksichtigen. Dazu gehören zum einen die psychische Erkrankung, ihre Auswirkungen, Behandlungsmöglichkeiten und die psychiatrische Prognose. Zum anderen gilt es die Alltags- und Erziehungssituation der Kinder sowie die Erziehungskompetenzen der Eltern einschließlich prognostizierbarer

Entwicklungsoptionen einzuschätzen. Schließlich sind daneben die persönlichen Unterstützungsbedarfe des erkrankten Elternteils bezogen auf die Bewältigung eigener Lebensfragen und Alltagsaufgaben herauszuarbeiten. Dies erfordert ein multiprofessionelles Vorgehen bei gleichzeitig geklärter Federführung eines Handlungsbereiches. Dabei empfiehlt es sich, dass jeweils der Handlungsbereich, der den diagnostischen Prozess initiiert, die Koordination übernimmt und dafür Sorge trägt, dass die einzelnen Diagnoseschritte zielorientiert angegangen und die jeweiligen Erkenntnisse anschließend zusammengeführt werden, so dass diese für die Hilfe- bzw. Teilhabeplanung handlungsleitend werden können.

Zielgruppenspezifische Qualifizierung bedeutet in diesem Zusammenhang die Entwicklung eines diagnostischen Vorgehens, das die relevanten Themenbereiche angemessen in den Blick nimmt, die Erkenntnisse bündelt und fachlich reflektiert sowie mit den Eltern und jungen Menschen angemessen kommuniziert. Vereinbarungen zur Kooperation zwischen den relevanten Fachbereichen sind dabei ebenso bedeutsam wie die Entwicklung von Kompetenzen im Umgang mit psychisch erkrankten Menschen sowie in der Einschätzung von alters- und entwicklungsgerechten Erziehungsverhältnissen. Bestehende diagnostische Verfahren in den Hilfen zur Erziehung wie auch in der Eingliederungshilfe, bei den leistungsgewährenden Instanzen (Jugendamt, Sozialamt, ggf. auch Sozialpsychiatrischer Dienst) wie auch den leistungserbringenden Einrichtungen und Diensten sind dahin gehend weiterzuentwickeln.

13. Hilfe- und Teilhabeplanung müssen gleichermaßen die Bedarfe von Eltern und Kindern in den Blick nehmen, entsprechend eltern- und kindbezogene Ziele erarbeiten sowie prüfen, mit welchen Leistungen diese Ziele angemessen erreicht werden können.

Aufbauend auf die sozialpädagogische Diagnose, die die Bedarfe von Eltern und Kindern eruiert, gilt es sowohl im Prozess der Hilfeplanung als auch der Teilhabeplanung systematisch danach zu fragen, welche Ziele sich daraus für Eltern und Kinder ergeben. Bezogen auf das erkrankte Elternteil ist dabei immer auch zwischen Zielen zu unterscheiden, die die Person einerseits und die Elternschaft andererseits betreffen. Ausgehend von dieser Zielklärung gilt es dann zu prüfen, welche Leistungen zur Erreichung der verschiedenen Ziele insgesamt notwendig und geeignet sind und welche Hilfeangebote dazu angemessen beitragen können.

Um eine solche ziel- und bedarfsorientierte Planung und Ausgestaltung von Hilfen zu erreichen, bedarf es der Qualifizierung in zweierlei Hinsicht. Zum einen ist eine kritische Reflexion der je eigenen Leistungsmöglichkeiten der jeweiligen Handlungsbereiche erforderlich. Davon ausgehend gilt es Möglichkeiten zur Erweiterung durch die Kombination von Hilfen und die entsprechende Kooperation zwischen den Leistungsbereichen zu entwickeln. Zum anderen sind die einzelnen Leistungsbereiche aber auch herausgefordert, die eigenen Kompetenzen im Umgang mit psychisch erkrankten Eltern und ihren Kindern zu erweitern. Für die Kinder- und Jugendhilfe bedeutet dies vor allem das notwendige Fachwissen zu psychischer Erkrankung sowie Gesprächsführungskompetenzen mit psychisch erkrankten Menschen zu erwerben. Für die Eingliederungshilfe bzw. die Gemeindepsychiatrie geht es dagegen stärker um die notwendigen Einschätzungskompetenzen im Hinblick auf eine altersgemäße Entwicklung von Kindern und die angemessene Wahrnehmung von Erziehungsaufgaben durch die Eltern.

Diese Anforderungen gilt es in der Fortbildungsplanung sowohl im Bereich der Kinder- und Jugendhilfe als auch der Gemeindepsychiatrie zu berücksichtigen. Darüber hinaus sind aber auch die Prozesse der Hilfe- und Teilhabeplanung in diesem Sinne weiterzuentwickeln und zu qualifizieren. Darüber hinaus gilt es systematisch Orte der gemeinsamen Fallberatung zu implementieren, die Fallreflexionen an der Schnittstelle von Jugendhilfe und Gemeindepsychiatrie und somit ein wechselseitiges Lernen in der Kooperation ermöglichen.

14. Für psychisch erkrankte Eltern und ihre Kinder braucht es neben veränderungsorientierten Hilfen auch längerfristig flankierende Hilfen, die das Aufwachsen der Kinder in der Familie begleiten und bedarfsorientiert unterstützen.

In der Hilfegewährungspraxis ist es zunehmend selbstverständlicher geworden Hilfen zeitlich befristet zu gewähren. Aus einer solchen Begrenzung können aktivierende Impulse hervorgehen, wenn damit konkrete und in diesem Zeitraum erreichbare Ziele einhergehen. In der Zusammenarbeit mit psychisch erkrankten Eltern hat sich allerdings gezeigt, dass es hier oftmals weniger um Veränderungen geht, die in einem überschaubaren Zeitraum erreicht und in gewisser Weise auch abgeschlossen werden können. Vielmehr kommt es hier auf eine längerfristige Begleitung der Familie im Umgang mit der Erkrankung an, die sich aus dem Entwicklungsprozess der Kinder immer wieder neu ergebende Anforderungen aufgreifen und geeignete Lösungen gemeinsam mit der Familie entwickeln kann.

An die Gewährung von bedarfsorientierten Hilfen stellt sich hier entsprechend die Herausforderung Formen zu finden, die eine möglichst hohe personelle Kontinuität in der Begleitung der Familie gewährleisten können. Zugleich sollte sich die Intensität wie auch inhaltliche Ausrichtung der Hilfe flexibel an die Entwicklung des Bedarfs anpassen können. Vor diesem Hintergrund ist es bedenkenswert, bei bestimmten familiären Konstellationen gewissermaßen eine Sockelleistung sozialpädagogischer Begleitung längerfristig zu finanzieren, um intensivere Unterstützungsbedarfe frühzeitig erkennen und zeitnah passende Hilfen anbieten zu können. Dabei geht es immer auch darum, den familiären Lebensraum für die Kinder zu erhalten, aber auch für die Kinder belastende Zuspitzungen zu vermeiden.

7.2.4 Ausbau präventiver und niedrigschwelliger Unterstützungsangebote

Die psychische Erkrankung eines Elternteils und die damit einhergehenden Auswirkungen auf die Alltagsgestaltung und Wahrnehmung von Erziehungsaufgaben führen oftmals zu besonderen Belastungssituationen und komplexen Anforderungslagen in diesen Familien. Um dennoch ein möglichst förderliches Aufwachsen der Kinder gewährleisten zu können, braucht es bedarfsgerechte alltagsentlastende und familienunterstützende Hilfen. Diese sind allerdings nicht immer in der Intensität von Hilfen zur Erziehung oder

Eingliederungshilfe erforderlich. Oftmals genügen frühzeitig bekannte und leicht zugängliche Entlastungsangebote, um die Selbsthilfekräfte der Familie zu stärken bzw. die vorhandenen Bewältigungsressourcen zu erweitern. Vor diesem Hintergrund stellt sich die Aufgabe die soziale Infrastruktur so weiter zu entwickeln, dass gerade auch Familien mit einem psychisch erkrankten Elternteil so mit präventiven und niedrigschwelligen Hilfen unterstützt werden können, dass stärker intervenierende und nur über ein individuelles Antragsverfahren zugängliche Hilfen vermieden werden können.

Präventive und niedrigschwellige Hilfen zeichnen sich dadurch aus, dass sie nah am Alltag der Familien angesiedelt sind und sich in ihrer Ausgestaltung an deren lebensweltlicher Prägung orientieren. Präventiv wirken sie, indem sie der Verfestigung von schwierigen Lebenssituationen entgegenwirken, eine altersgemäße Entwicklung der Kinder fördern und die Bewältigung der psychischen Erkrankung sowie der damit einhergehenden Auswirkungen unterstützen. Die Niedrigschwelligkeit wird insbesondere hinsichtlich der Erreichbarkeit und Zugänglichkeit der Angebote bedeutsam. So sollten diese Hilfen möglichst freiwillig und ohne gesonderte Beantragung in Anspruch genommen werden können sowie räumlich und zeitlich gut erreichbar sein.

Im Verlauf des Landesmodellprojektes „Kinder psychisch kranker Eltern“ konnte eine Reihe von Ansatzpunkten für solche präventiven und niedrigschwelligen Hilfen identifiziert werden. Dazu gehören zuvorderst der Ausbau der Ganztagsbetreuung in Kindertagesstätten und Schulen sowie die Erweiterung und Weiterentwicklung von entsprechenden Angeboten der Familienbildung. Darüber hinaus haben sich Gruppenangebote für Eltern und Kinder als wichtige Unterstützungsmöglichkeiten erwiesen. Dies gilt in besonderer Weise für die Eltern-Kind-Gruppe als paralleles Angebot für Eltern und Kinder. Außerdem stellen Patenschaften und niedrigschwellige Beratungsangebote wichtige Elemente einer sozialen Infrastruktur dar, die psychisch erkrankte Eltern und ihre Kinder unterstützt. Allerdings ist festzustellen, dass gerade der Bereich der präventiven und niedrigschwelligen Angebote noch viel stärker in der Jugendhilfe- und Sozialplanung Berücksichtigung finden muss, damit tatsächlich eine bedarfsorientierte Entwicklung und Ausgestaltung familienorientierter, entlastender und unterstützender Hilfen möglich wird.

15. Für Kinder psychisch erkrankter Eltern sollte aufgrund der familiären Belastungssituation ein Ganztagsplatz in der Kindertagesstätte bzw. in der Schule gewährt werden, unabhängig von einer eventuellen Berufstätigkeit der Eltern.

Die Ganztagsbetreuung in Kindertagesstätten und Schulen stellt für die Eltern eine zentrale Entlastungsmöglichkeit im Alltag mit Kindern dar. Insbesondere in den Bereichen der Essensversorgung, der schulischen Förderung, aber auch der Persönlichkeitsentwicklung übernimmt die Ganztagsbetreuung wesentliche Aufgaben und trägt damit zu einem verlässlichen Alltag für die Kinder bei. Zugleich ist diese Form der Entlastung in die Regelstrukturen der Kindertagesbetreuung und schulischen Bildung integriert, so dass hierüber ein hohes Maß an Normalität gewährleistet wird. Darüber hinaus sichert und fördert die Ganztagsbetreuung für die Kinder Gleichaltrigenkontakte und eröffnet zusätzliche Erfahrungsräume neben der Familie. Für die betroffenen Eltern entstehen Freiräume für Behandlung und Therapie, die für eine gelingende Bewältigung der Erkrankung wesentlich sind.

Die Ganztagsbetreuung wird in Kindertagesstätten und Schulen seit einigen Jahren sukzessive ausgebaut. Dennoch ist noch kein flächendeckendes Angebot erreicht. Darüber hinaus ist oftmals eine schuljahrsbezogene Anmeldung erforderlich. Hier bedeutet Niedrigschwelligkeit dann eine Ganztagesbetreuung möglich zu machen, wenn der Bedarf der Familie bekannt wird. Für psychisch erkrankte Eltern ist es meist ein langer Weg, bis sie ihre Grenzen anerkennen und Hilfe in Anspruch nehmen können. Wenn sie diesen Schritt geschafft haben, braucht es möglichst kurzfristige Lösungen, um die erreichte Motivation zu erhalten. Die Ganztagsbetreuung sollte dann aber auch über Krisenzeiten hinaus längerfristig erhalten bleiben, um hierüber Kontinuität im Alltag der Kinder zu sichern. Dafür gilt es ggf. bei den Eltern zu werben, wenn diese die Ganztagsbetreuung wieder beenden möchten.

16. Die Angebote der Familienbildung gilt es u. a. hinsichtlich der besonderen Bedarfe von psychisch erkrankten Eltern weiterzuentwickeln und als Elemente der sozialen Infrastruktur verstärkt öffentlich zu finanzieren.

Die Familienbildung stellt im Rahmen der Kinder- und Jugendhilfe einen zentralen Bereich der allgemeinen Förderung der Erziehung in der Familie dar. Im Hinblick auf psychisch erkrankte Eltern geht es dabei vor allem um Angebote, die Gelegenheiten zur Reflexion der eigenen Elternrolle und zur Einübung von alternativen Handlungsstrategien im Erziehungsalltag schaffen. Darüber hinaus gilt es diese Angebote so bekannt zu machen sowie räumlich und zeitlich zu verorten, dass sie auch Eltern mit Beeinträchtigungen ansprechen und für diese erreichbar sind.

Die Netzwerke der Familienbildung, wie sie in Rheinland-Pfalz im Rahmen der Initiative „Viva Familia" aufgebaut wurden, bieten hierzu geeignete Anknüpfungsmöglichkeiten. Familienbildungsstätten entwickeln sich hier zu sozialraumorientierten Netzwerkgestaltern weiter, die niedrigschwellig und alltagsnah Angebote bereithalten. In diesem Rahmen gilt es systematisch auch die Bedarfe von psychisch erkrankten Eltern in den Blick zu nehmen und darauf zugeschnittene Angebote zu entwickeln. Dabei kann die Kooperation mit Beratungsstellen, Sozialpsychiatrischem Dienst, einer Klinik der Erwachsenenpsychiatrie oder auch anderen Akteuren, die mit psychisch erkrankten Eltern zusammenarbeiten, hilfreich sein.

17. Es braucht (offene) Gruppenangebote für psychisch erkrankte Eltern und ihre Kinder, die es erlauben sich mit anderen in ähnlicher Situation auszutauschen und sich in den eigenen Selbsthilfekräften wechselseitig zu bestärken.

Gruppenangebote für psychisch erkrankte Eltern ebenso wie für ihre Kinder schaffen einen geschützten Rahmen, in dem eine grundsätzliche Anerkennung der psychischen Erkrankung besteht und damit die oftmals im Alltag bestehende Tabuisierung oder auch erfahrene Stigmatisierung aufgehoben werden kann. Zugleich fällt es vielen Betroffenen in einem solchen Rahmen leichter Schwierigkeiten zur Sprache zu bringen und Anregungen von anderen aufzunehmen.

Solche Gruppenangebote können von Beratungsstellen oder auch anderen Institutionen und Initiativen vorgehalten werden. Wichtig ist die Anleitung der Gruppe durch mindestens eine Fachkraft, die zu den zentralen Themen kundig ist, die psychisch erkrankte Eltern und ihre Kinder betreffen. Eltern und Kinder sollten möglichst ohne gesondertes Antragsverfahren ein solches Gruppenangebot in Anspruch nehmen können. Empfehlenswert ist eine Projektfinanzierung für die Gruppe, damit nicht in jedem Einzelfall die Finanzierung der Teilnahme geklärt werden muss und hierüber möglicherweise Zugänge erschwert oder gar verhindert werden.

18. Es empfiehlt sich an weiteren Kliniken der Erwachsenenpsychiatrie in Kooperation mit einem Jugendhilfeträger eine Eltern-Kind-Gruppe einzurichten, die sowohl in die (Tages-)Klinik-Behandlung eingebunden als auch als fortlaufende Unterstützungsstruktur von psychisch erkrankten Eltern und ihren Kindern genutzt werden kann.

Die Eltern-Kind-Gruppe zeichnet sich durch das parallele Angebot einer Eltern- und einer Kindergruppe aus, wobei Eltern und Kinder einer Familie gemeinsam teilnehmen können, aber nicht müssen. Die Eltern-Kind-Gruppe ist als offene Gruppe konzipiert, so dass sowohl eine wechselnde als auch über längere Zeit kontinuierliche Teilnahme möglich ist. Beide Gruppen sollten möglichst durch zwei Fachkräfte angeleitet werden, wobei jeweils eine Fachkraft aus dem Bereich der Kinder- und Jugendhilfe und eine aus dem Bereich der Psychiatrie kommt. So wird eine wechselseitige Unterstützung mit dem Wissen und der Erfahrung aus zwei Fachbereichen möglich. Außerdem kann so die Kooperation zwischen Institutionen und Fachkräften beider Leistungsbereiche durch gemeinsames Tun wachsen.

Im Unterschied zu separaten Gruppenangeboten für psychisch erkrankte Eltern einerseits und deren Kinder andererseits unterstützt die Eltern-Kind-Gruppe mittels der Parallelität der Gruppenangebote stets die doppelte Perspektive auf Eltern und Kindern aufrecht zu erhalten. Außerdem ermöglicht die strukturelle Verankerung im Klinikbereich die systematische Einbindung dieses Angebotes in die psychiatrische Behandlung und schafft hier einen

Ort für das Thema Elternschaft. Über die Öffnung für alle psychisch erkrankten Eltern im Einzugsbereich reicht das Angebot zugleich über die Klinikbehandlung hinaus und bietet einen regelmäßigen Kontaktpunkt im Alltag.

19. Patenschaften sind eine wichtige Unterstützungsmöglichkeit für die Kinder psychisch erkrankter Eltern, die durch infrastrukturelle Leistungen bezogen auf die Auswahl, Vorbereitung und Begleitung der Paten gefördert werden sollte.

Patenschaften für Kinder psychisch erkrankter Eltern eröffnen den Zugang zu einer verlässlichen und erreichbaren Bezugsperson neben dem erkrankten Elternteil. Dies ist insbesondere für Kinder bedeutsam, die neben dem psychisch erkrankten Elternteil über keine weiteren erwachsenen Ansprechpartner verfügen und somit leicht - altersunangemessen - auf sich alleine gestellt sind.

Gelingende Patenschaften erfordern, dass die Patin bzw. der Pate sowohl von den Eltern als auch den Kindern akzeptiert wird, wechselseitige Wertschätzung besteht und Vertrauen wachsen kann. Zudem muss die Patin bzw. der Pate in erreichbarer Nähe wohnen und in Krisenzeiten das Kind auch über Nacht in den eigenen Haushalt aufnehmen können. Dies sind komplexe Anforderungen an die Paten. Um solche Paten zu gewinnen, auf diese Aufgabe vorbereiten und auch angemessen begleiten zu können, braucht es entsprechende Ressourcen und Kompetenzen. Da davon auszugehen ist, dass Patenschaften eher in Einzelfällen umgesetzt werden, empfiehlt es sich, diese Aufgabe an einen bestehenden Dienst mit ähnlichem Aufgabenprofil anzuschließen. Dies können die Tagespflegebörse, der Pflegekinderdienst, eine Ehrenamtsbörse oder Freiwilligenagentur u. ä. sein. Aber auch die Häuser der Familie, Familienzentren oder Beratungsstellen können bei entsprechender Konzeptionierung solche Leistungen erbringen.

Bisher wurden Patenschaften allerdings meist im Rahmen von Projekten realisiert. Wie Patenschaften im Kontext bestehender Infrastrukturleistungen entwickelt und begleitet werden können, muss noch erprobt und für die Praxis weiter ausbuchstabiert werden.

20. Es braucht mehr niedrigschwellige Beratungsangebote für psychisch erkrankte Eltern wie offene Sprechstunden in Kliniken (oder auch anderen Stellen) und Modelle der zugehenden Beratung in Kindertagesstätten.

Beratungsstellen stellen einen wichtigen Bestandteil der sozialen Infrastruktur dar. Allerdings werden Anmeldeverfahren, Wartezeiten und räumliche Entfernung oftmals als große Hürden in der Inanspruchnahme erfahren. Die Weiterentwicklung der Beratungsangebote unter dem Aspekt der Niedrigschwelligkeit stellt vor diesem Hintergrund einen dringenden Bedarf dar.

In diesem Zusammenhang haben sich die Modelle der offenen Sprechstunde und der zugehenden Beratung als hilfreich erwiesen. In der offenen Sprechstunde kann während einer festen regelmäßigen Sprechzeit ohne Voranmeldung ein Beratungsgespräch geführt werden. Eine solche offene Sprechstunde kann in der Beratungsstelle selbst oder an einem anderen Ort angeboten werden. Mit dem Begriff der zugehenden Beratung werden vor allem zielgruppenorientierte und aufsuchende Beratungsangebote umschrieben.

Offene Sprechstunden einer Beratungsstelle oder eine zugehende Beratung sind in Bezug auf psychisch erkrankte Eltern insbesondere in Kliniken der Erwachsenenpsychiatrie, aber auch in den Häusern der Familie und in Kindertagesstätten zu empfehlen. Beratungsangebote in den Kliniken bieten Eltern Gelegenheit sich mit Fragen ihrer Elternschaft und dem wieder anstehenden Alltag mit den Kindern noch während des Klinikaufenthaltes auseinanderzusetzen und ggf. notwendige Schritte bereits hier einzuleiten. Die Häuser der Familie ebenso wie die Kindertagesstätten sind Institutionen im Kontext der Regelstrukturen, in denen sich die Eltern alltäglich bewegen (insbesondere Kindertagesstätten) oder die als Anlaufstellen für Familien bekannt sind.

Im Aufbau einer differenzierten Unterstützungsstruktur für psychisch erkrankte Eltern und ihre Kinder stellt die konzeptionelle Weiterentwicklung der Beratungsstellen hin zu aufsuchenden Ansätzen und einem entsprechenden Anteil offener Sprechstunden einen zentralen Bestandteil dar. Dabei gilt es Beratungsangebote insbesondere dort zu verorten, wo Eltern in ihren Alltagsvollzügen hinkommen. Im Zuge der regionalen Bedarfsplanung ist jeweils zu prüfen, welche Orte neben den Kindertagesstätten und – für Rheinland-Pfalz – den Häusern der Familie hier in besonderer Weise in Betracht zu ziehen sind. Diese Angebote sind dann auch entsprechend in den Leistungs- und Entgeltvereinbarungen zu berücksichtigen.

21. **Präventive und niedrigschwellige Hilfen für psychisch erkrankte Eltern und ihre Kinder müssen systematisch in der Jugendhilfe- und Psychiatrieplanung mitbedacht werden, damit eine bedarfsorientierte Entwicklung und Ausgestaltung gewährleistet werden können.**

Der Bereich der präventiven und niedrigschwelligen Hilfen ist sowohl im Bereich der Kinder- und Jugendhilfe als auch der Gemeindepsychiatrie erst in Ansätzen entwickelt. Die im Rahmen des Landesmodellprojektes „Kinder psychisch kranker Eltern" erarbeiteten Ansätze stellen hier eine Ideensammlung dar, die erst in Ansätzen erprobt ist. Wie diese Elemente in der sozialen Infrastruktur so zu verankern sind, dass sie tatsächlich gut zugänglich sind und den Bedarfslagen der Familien entsprechen, gilt es zu beobachten und entsprechend auszuwerten. Auch erhebt die hier getroffene Zusammenstellung keinen Anspruch auf Vollständigkeit. Vielmehr ist es als Aufgabe einer familienorientierten Jugendhilfe- und Psychiatrieplanung anzusehen systematischer die Bedarfe an präventiven und niedrigschwelligen Hilfen zu erheben. Dabei ist es empfehlenswert beide Planungsprozesse zu vernetzen und vor dem Hintergrund der spezifischen Bedarfslage von psychisch erkrankten Eltern und ihren Kindern kooperativ die notwendige Angebotsweiterentwicklung zu reflektieren. Nur so ist eine bedarfsgerechte und abgestimmte soziale Infrastruktur zu erreichen.

7.2.5 Sensibilisierung und Qualifizierung von Fachkräften in Regeleinrichtungen und -strukturen

Auch wenn psychische Erkrankungen nicht gerade selten auftreten und grundsätzlich jeden und jede treffen können, fällt es vielen dennoch schwer darüber zu sprechen. Darüber hinaus besteht in der Bevölkerung, aber auch bei vielen Fachkräften Unsicherheit im Umgang mit psychisch erkrankten Menschen. Fachkräfte der Regeleinrichtungen wie die Kindertagesstätten und Schulen, aber auch Hebammen als zentrale Akteure der Regelversorgung im Bereich der Geburtshilfe gehören oftmals zu denjenigen, die relativ früh besondere Belastungssituationen wahrnehmen und in einem alltagsnahen Kontakt zu den Kindern bzw. auch zu den Eltern stehen. Die Sensibilisierung dieser Fachkräfte für die besondere Situation von Kindern psychisch erkrankter Eltern und ihre Qualifizierung hin zu einem kompetenten Umgang und der kundigen Vermittlung in weiterführende Hilfen stellen vor diesem Hintergrund einen wichtigen Beitrag in der Entwicklung von Unterstützungsstrukturen dar.

22. Fachkräfte der Kindertagesstätten und Schulen brauchen ein Grundwissen zu psychischer Erkrankung, der besonderen Situation von Kindern psychisch erkrankter Eltern sowie zu Hilfemöglichkeiten im näheren Umkreis.

Fachkräfte der Kindertagesstätten und Schulen verbringen einen wesentlichen Teil des Tages gemeinsam mit den jungen Menschen und erfahren so oftmals viel Persönliches von ihnen. Ein kompetenter Umgang gerade auch mit Hilferufen der Kinder und Jugendlichen stellt hier eine besondere Anforderung an die Fachkräfte dar, zumal dies entscheidend für ausreichend frühzeitige Interventionen werden kann. Um aber diesen Anforderungen gerecht werden zu können, bedarf es einer entsprechenden Sensibilisierung und Qualifizierung dieser Fachkräfte für die besondere Situation von psychisch erkrankten Eltern und ihren Kindern. Dazu gehören neben einem Grundverständnis zur Dynamik psychischer Erkrankung insbesondere entsprechende Gesprächsführungskompetenzen sowie ein hinreichendes Wissen über Hilfeangebote im näheren Umkreis.

Um eine solche Sensibilisierung und Qualifizierung von Fachkräften der Regeleinrichtungen zu erreichen, empfiehlt es sich das Thema psychische Erkrankung und deren Auswirkungen auf Eltern und Kinder im Rahmen von Team- oder Studientagen zu bearbeiten. Zusätzlich bietet es sich für die Schulen an, dass die Beratungslehrerinnen und -lehrer sich im Rahmen entsprechender Fortbildungen eingehender mit den hier relevanten Fragen beschäftigen. Darüber hinaus braucht es für Kindertagesstätten und Schulen Möglichkeiten der Fach- und Fallberatung, um Einschätzungen und Erfahrungen im Dialog mit Kolleginnen und Kollegen reflektieren und so auch aus Fällen lernen zu können. Außerdem sollten Gelegenheiten geschaffen werden mögliche Hilfeinstanzen kennenzulernen. Dies trägt neben der schriftlichen Zusammenstellung von Hilfen wesentlich dazu bei, dass die Fachkräfte gezielter an andere Institutionen vermitteln können.

23. Fortbildungsangebote für Hebammen müssen den Umgang mit psychischer Erkrankung und die Vermittlung betroffener Mütter in adäquate Hilfen berücksichtigen.

Hebammen beraten und begleiten werdende Mütter und Wöchnerinnen in zentralen Fragen der Schwangerschaft, Geburt und Versorgung des Säuglings. Im Kontakt mit den Frauen (und ihren Familien) erfahren sie oftmals viel Persönliches. Dabei kommen auch psychisch stark belastete Situationen zum Vorschein. Auch sind die Hebammen häufig die ersten, die Schwierigkeiten im Bindungsaufbau feststellen. Um mit solchen Konstellationen adäquat umgehen zu können, brauchen Hebammen Grundwissen zu psychischer Erkrankung und zu den Hilfemöglichkeiten für die Mütter. Dabei geht es sowohl um Beratungsmöglichkeiten als auch um unterstützende Angebote im Bindungsaufbau zwischen Mutter und Kind sowie um medizinischpsychiatrische Behandlung.

Angesichts des wachsenden Anteils von Müttern, die postpartal psychisch erkranken, gewinnt die Qualifizierung der Hebammen zu diesem Themenkreis an Bedeutung. Dabei genügt es nicht einzelne Hebammen besonders hierfür zu qualifizieren (z. B. Familienhebammen). Vielmehr ist ein breit verfügbares Wissen bei möglichst allen Hebammen erforderlich, da sich das Risiko einer postpartalen Erkrankung nicht auf bestimmte soziale Gruppen begrenzt. Insofern gilt es diesen Themenbereich allgemein in die Fortbildung der Hebammen aufzunehmen. Darüber hinaus ist es wichtig, die Berufsgruppe der Hebammen über entsprechende Angebotsentwicklungen zu informieren und sie an Netzwerken der professionellen Zusammenarbeit zu beteiligen.

7.2.6 Öffentlichkeitsarbeit

Psychische Erkrankungen stellen nach wie vor ein gesellschaftliches Tabuthema dar, obwohl der Anteil der betroffenen Menschen zunimmt. Diese gesellschaftliche Tabuisierung setzt sich oftmals bei den Betroffenen und ihren Familien fort. So ist der Weg zu Krankheitseinsicht und Behandlungsbereitschaft oft mühsam. So lange aber das betroffene Elternteil, ggf. auch weitere Erwachsene in der Familie die Erkrankung negieren, bleiben auch die Kinder mit ihren Beobachtungen und Fragen alleine. Die für eine gelingende Bewältigung so wichtige Information und Aufklärung der Kinder über die Erkrankung und die damit einhergehende familiäre Situation ist unter diesen Voraussetzungen kaum möglich.

Aber auch für die Betroffenen selbst stellt die mangelnde gesellschaftliche Akzeptanz für psychische Erkrankungen und ihre Auswirkungen oftmals eine große Hürde zur Inanspruchnahme von Hilfen dar. Damit einher geht häufig das Bemühen die schwierige Situation zu verdecken. In der Folge führt dies die betroffenen Familien häufig in die soziale Isolation, was die Kinder in besonderer Weise trifft. Sie müssen alleine mit der Erkrankung der Eltern zurechtkommen, müssen diese gar vor Gleichaltrigen geheim halten oder abwertende Zuschreibungen ertragen. Soziale Isolation, Ausgrenzung und auf sich allein gestellt zu sein stellen für die Kinder zusätzliche Belastungsfaktoren dar.

Vor diesem Hintergrund stellt die Öffentlichkeitsarbeit mit dem Ziel der Enttabuisierung psychischer Erkrankung und der Entstigmatisierung der Betroffenen nach wie vor einen wichtigen Bestandteil einer Unterstützungsstruktur für psychisch erkrankte Eltern und ihre Kinder dar. Um darüber hinaus auch gezielt psychisch erkrankte Eltern anzusprechen und zur Inanspruchnahme von Hilfen zu ermutigen, wurde im Rahmen des Landesmodellprojektes „Kinder psychisch kranker Eltern“ ein Flyer entwickelt, der entsprechend ausgelegt und auch in Beratungskontexten genutzt werden kann. Darüber hinaus ist eine verstärkte Aufklärungsarbeit an Schulen zum Thema psychische Erkrankung zu empfehlen.

24. Der Info-Flyer für Eltern steht als Medium für die Öffentlichkeitsarbeit zur Verfügung und kann auch in der Arbeit mit Eltern eingesetzt werden.

Der Info-Flyer für Eltern enthält eine Zusammenstellung zentraler Informationen für psychisch erkrankte Eltern, die zur Inanspruchnahme von Hilfen ermutigen sollen. Dabei geht es zum einen um die Botschaft, dass sie nicht alleine sind, sondern es vielen anderen Eltern ähnlich geht. Zum anderen wird das Verständnis vermittelt, dass die Bewältigung der Erkrankung und der Erziehungsaufgaben in der Summe zur Überforderung führen kann. Es ist erlaubt und als besonders verantwortlich anzusehen sich Entlastung und Hilfe zu holen. Zum dritten wird hervorgehoben, wie wichtig es ist mit den Kindern über die Erkrankung und die familiäre Situation zu sprechen. Schließlich wird als praktischer Tipp angeregt gemeinsam mit den Kindern einen Notfallplan zu erstellen, so dass die Kinder wissen, an wen sie sich wenden können, wenn es zu Hause ganz schwierig wird.

Dieser Flyer ist – wie oben angegeben – über das MASGFF beziehen. Er kann überall da ausgelegt werden, wo auch andere Hinweise auf mögliche Hilfen für Familien und/oder psychisch erkrankte Menschen zur Verfügung gestellt werden. Darüber hinaus kann er auch in Beratungskontexten hinzugezogen und als Gesprächsgrundlage genutzt oder aber zum eigenständigen Weiterlesen und -denken mitgegeben werden.

25. Aufklärungsarbeit an Schulen trägt zu einem besseren Verständnis für psychische Erkrankungen bei und kann darüber hinaus auch für bereits betroffene Kinder psychisch erkrankter Eltern Gelegenheiten eröffnen sich Hilfe zu suchen.

Thematische Einheiten und Projekte zur seelischen Gesundheit können in der Schule zur Enttabuisierung psychischer Erkrankung und zu einem offeneren Umgang mit Krisen und schwierigen Lebenssituationen beitragen. Beispielsweise werden solche Veranstaltungen von dem bundesweit tätigen Verein „Irrsinnig menschlich“ durchgeführt. Dabei geht es um Informationen zu psychischer Erkrankung, aber auch um die Begegnung mit Betroffenen. Außerdem werden Möglichkeiten aufgezeigt, was man selbst für die eigene seelische Gesundheit tun kann.

Im Rahmen der Gesundheitsprävention in Schulen sollten dringend solche Projekte aufgenommen und verstärkt umgesetzt werden. In Verbindung mit einer breiteren Qualifizierung der Schulen zum Thema psychische Erkrankung kann so Sensibilität für die besondere familiäre Situation der Kinder erreicht werden, aber auch der Mut wachsen Auffälligkeiten anzusprechen und im Zugang zu Hilfen unterstützend tätig zu werden. So kann die Schule als zentraler Lebensort der jungen Menschen dazu beitragen Brücken zu angemessenen Unterstützungsangeboten zu bauen und damit selbst zu einem Teil der Unterstützungsstrukturen werden.

Wie die Summe der skizzierten Handlungsmöglichkeiten zeigt, gibt es vielfältige Ansätze zur Entwicklung und Stärkung von Unterstützungsstrukturen für psychisch erkrankte Eltern und ihre Kinder. Damit diese Unterstützungsmöglichkeiten tatsächlich umgesetzt und wirksam werden, braucht es den entsprechenden politischen Willen, die notwendigen Ressourcen bereit zu stellen, aber auch Initiativen von Professionellen, Betroffenenverbänden und engagierten Bürgerinnen und Bürgern zu fördern.

Die hier zusammengetragenen Erkenntnisse des Landesmodellprojektes „Kinder psychisch kranker Eltern“ können Impulse für die Weiterentwicklung der Praxis setzen. Darüber hinaus ist es wünschenswert, dass diese Ergebnisse in umfassendere Planungszusammenhänge in der Kommune bzw. in Versorgungsregionen einfließen. Nur so werden sie zur Weiterentwicklung professioneller Routinen und zum Aufbau von Unterstützungsstrukturen beitragen, die für möglichst viele psychisch erkrankte Eltern und ihre Kinder frühzeitig und niedrigschwellig alltagsentlastende und familienunterstützende Hilfen zugänglich machen. Darin aber ist ein wesentlicher Beitrag für die soziale Inklusion von psychisch erkrankten Menschen und ein förderliches Aufwachsen ihrer Kinder zu sehen.

8. Zur Vertiefung: Ergebnisse der Bestandsaufnahme zur Situation von Kinder psychisch erkrankter Eltern in den Modellstandorten

Wie oben aufgezeigt stellt die psychische Erkrankung eines Elternteils einen Risikofaktor für das Aufwachsen der Kinder dar. Zugleich gibt es eine Reihe von personalen, familiären und sozialen Faktoren, die als Schutzfaktoren anzusehen sind und bewältigungsfördernd wirken. Um betroffene Familien in der Nutzung und ggf. auch Erweiterung dieser Ressourcen angemessen unterstützen zu können, bedarf es zum einen der individuellen Betrachtung, auf welche Ressourcen die einzelne Familie zurückgreifen kann und welche Hilfeangebote ggf. angezeigt sind. Zum anderen ist es aber auch eine öffentliche Aufgabe, die soziale Infrastruktur für diese Zielgruppe weiterzuentwickeln und für ihre Bedarfe zu qualifizieren. Die Analyse ihrer Lebenssituation hinsichtlich zentraler Merkmale der individuellen und sozialen Konstellationen stellt dazu eine wichtige Grundlage dar. Von Interesse sind dabei insbesondere Daten zum Umfang der Zielgruppe, zu den Formen des Zusammenlebens, zum sozialen Netzwerk, zum Verlauf der Erkrankung und der Inanspruchnahme von professionellen Hilfen. Außerdem bedarf es der Erkenntnisse zur Verteilung dieser Merkmale in der Gesamtgruppe sowie zu Einschätzungen hinsichtlich Bedarfen und geeigneten Unterstützungsformen aus Sicht der Eltern, der Kinder und der Fachkräfte.

Darüber hinaus konnte oben bereits aufgezeigt werden, dass die Entwicklung angemessener Unterstützungsstrukturen für Kinder psychisch erkrankter Eltern immer auch die Kooperation von Jugendhilfe und Erwachsenenpsychiatrie bzw. das Zusammenwirken multidisziplinärer Institutionen und Professionen erfordert. Insofern gilt es neben der Lebenssituation der betroffenen Familien immer auch das Zusammenwirken der Fachkräfte zu betrachten und förderliche Bedingungen der Kooperation zu identifizieren. Dies gilt umso mehr als hier traditionell versäult nebeneinander agierende Leistungsbereiche herausgefordert sind, sich im Einzelfall wechselseitig im fachlichen Handeln zu unterstützen und bezogen auf die eigenen Vorgehensweisen abzustimmen. Zu beleuchten sind dabei vor allem, wie eine solche Kooperation im Einzelfall, aber auch in der fallübergreifenden Beschäftigung mit diesem Themenfeld gelingen kann und welche Rahmenbedingungen sowie flankierende Maßnahmen zielführend sind.

Zu beiden Gegenstandsbereichen – nämlich sowohl zur Lebenssituation von Kindern psychisch erkrankter Eltern als auch zur Kooperation von Jugendhilfe und Erwachsenenpsychiatrie – gibt es bisher nur wenige Untersuchungen. Außerdem steht die Analyse der Lebenssituation von Kindern psychisch erkrankter Eltern vor der besonderen Aufgabe eine Zielgruppe zu untersuchen, die als solche nur schwer in ihrer Gesamtheit zu ermitteln ist. Denn zum einen ist nicht eindeutig zu definieren, wer psychisch erkrankt ist, somit kann die Zielgruppe nicht klar eingegrenzt werden. Zum anderen nehmen nicht alle psychisch erkrankten Menschen ärztliche oder therapeutische Behandlung in Anspruch, so dass sie als Gesamtgruppe dem öffentlichen System nicht zugänglich sind. Bisherige Untersuchungen zur Lebenssituation von Kindern psychisch erkrankter Eltern wählten meist Zugänge über psychiatrische Kliniken. Diese Erhebungen betrachten entsprechend den Ausschnitt der stationär behandelten psychisch erkrankten Eltern und ihre Kinder (vgl. Lenz 2005, außerdem dort verwiesen auf Bohus u. a. 1998, Gärtner 1999, Pivorno 1999, Sommer u. a. 2001).

Vor diesem Hintergrund erschien es angezeigt im Rahmen des Landesmodellprojektes „Kinder psychisch kranker Eltern. Prävention und Kooperation von Jugendhilfe und Erwachsenenpsychiatrie“ eine eigene Bestandsaufnahme durchzuführen. Darüber hinaus ermöglichte dieser Untersuchungsschritt den Kooperationspartnern an den Modellstandorten sich zur Lebenssituation von Kindern psychisch erkrankter Eltern in ihrem jeweiligen Einzugsbereich kundig und damit zugleich mit den spezifischen Herausforderungen vertrauter zu machen. Außerdem sollten die bisherigen Kooperationserfahrungen der Reflexion zugänglich gemacht und Entwicklungsoptionen gemeinsam erarbeitet werden. Die Untersuchungsergebnisse dienten dazu als Bezugspunkt und Materialgrundlage.

Wie oben bereits aufgezeigt wurde für die Durchführung dieser Bestandsaufnahme ein multiperspektivisches und methodenplurales Vorgehen gewählt. Es wurden sowohl die Lebenssituation von Kindern psychisch erkrankter Eltern samt der sich daraus ergebenden Unterstützungsbedarfe als auch die Anforderungen an die Kooperation der Fachkräfte aus unterschiedlichen Perspektiven (Fachkräfte, Eltern, Kinder) betrachtet. So wurde mit dieser Bestandsaufnahme zum einen eine quantitative Datengrundlage für die Modellregion und weiterführend für Rheinland-Pfalz geschaffen, an die entsprechende Planungsprozesse anschließen können. Zum anderen konnten Anforderungen und Bedarfe an Unterstützungsstrukturen qualitativ beschrieben werden.

Um diesen Anforderungen zu entsprechen, wurde zum einen eine umfangreiche Zielgruppenanalyse in vier Handlungsbereichen, nämlich in den Kliniken der Erwachsenenpsychiatrie, den Jugendämtern, den Kliniken der Kinder- und Jugendpsychiatrie sowie den Erziehungs- und Lebensberatungsstellen durchgeführt. Damit wurde der Erkenntnis Rechnung getragen, dass die Unterstützungsbedarfe von psychisch erkrankten Eltern und ihren Kindern auf so unterschiedlichen Ebenen gelagert sind, dass ein Hilfesystem allein diesen nicht gerecht werden kann. Analog zu bereits vorliegenden Untersuchungen sollte in den Kliniken der Erwachsenenpsychiatrie überprüft werden, wie hoch der Anteil psychisch erkrankter Eltern ist und welche Merkmale die Lebenssituation dieser Mütter und Väter auszeichnen. Daneben wurde in den projektbeteiligten Jugendämtern untersucht, welche Relevanz dem

Thema psychische Erkrankung im Bereich der Hilfen zur Erziehung zukommt und welche Merkmale die Lebenssituation der betroffenen Familien hier besonders auszeichnen. Darüber hinaus wurde im Bereich der Kinder- und Jugendpsychiatrie betrachtet, in welchem Maße die psychischen Auffälligkeiten der Kinder mit einer psychischen Erkrankung ihrer Eltern einhergehen. Schließlich wurden Erziehungs- und Lebensberatungsstellen als vierter Handlungsbereich ausgewählt, in dem Eltern und junge Menschen Rat und Unterstützung in schwierigen Lebenslagen und zu vielfältigen Problembereichen suchen. Hierbei war vor allem von Interesse, in welchem Maße psychisch belastete und erkrankte Eltern dieses Angebot in Anspruch nehmen und für welche Familien dies eine adäquate Unterstützungsmöglichkeit ist bzw. sein könnte.

Mit der Zielgruppenanalyse als einem quantitativen Verfahren konnten lediglich Konturen der Lebenssituation von Kindern psychisch erkrankter Eltern gezeichnet und erste Einschätzungen zu bestehenden Kooperationsbeziehungen auf der Fachkräfteebene gewonnen werden. Diese Erkenntnisse wurden mittels qualitativer Zugänge vertieft. Dies waren ExpertInneninterviews, zu denen Fach- und Leitungskräfte aus allen drei Standorten ausgewählt wurden. Außerdem wurden in jedem Standort zwei Fallrekonstruktionen durchgeführt. Der Fokus lag dabei auf den Kooperationserfahrungen der Fachkräfte sowie auf den professionellen Einschätzungen zu Bedarfen und geeigneten Unterstützungsmöglichkeiten für Kinder psychisch erkrankter Eltern. Neben der Perspektive der Fachkräfte sollten auch betroffene Eltern und Kinder zu Wort kommen. Dies geschah im Rahmen von Gruppeninterviews mit Eltern sowie Einzelinterviews mit Kindern bzw. Jugendlichen. Dabei ging es insbesondere um die jeweils subjektiven Einschätzungen der Betroffenen hinsichtlich erlebter Belastungsmomente und hilfreicher Unterstützungsangebote.

Im Folgenden werden die einzelnen methodischen Zugänge genauer beschrieben und die hierüber gewonnenen Erkenntnisse vorgestellt. Damit wird zugleich das empirische Material für die weitere fachliche Debatte zur

Verfügung gestellt und kann so neben den beschriebenen Instrumenten und Handlungsansätzen ebenfalls als Impulsgeber für die weitere Praxisentwicklung genutzt werden. Die Ausführungen begrenzen sich hier auf die Beschreibung und Kontextualisierung der gewonnenen Daten. Die im Zuge des Landesmodellprojektes daraus gezogenen Schlussfolgerungen sind bereits in die vorangegangenen Darstellungen eingeflossen.

8.1 Aus der Perspektive der Fachkräfte: Zentrale Merkmale der Zielgruppe

Für die Durchführung der Zielgruppenanalyse wurde ein Erhebungsraster entwickelt, anhand dessen in allen mitwirkenden Institutionen über einen vereinbarten Zeitraum systematisch zentrale Informationen erfasst wurden. Dazu gehörten Daten zur Person des erkrankten Elternteils einschließlich der psychiatrischen Diagnose, zur Person des Kindes, zum Wohnort des Kindes bzw. der Kinder, zur Versorgung und Betreuung der Kinder während eines Klinikaufenthaltes des erkrankten Elternteils, zur Kooperation zwischen Jugendhilfe und Erwachsenenpsychiatrie sowie zu flankierenden Maßnahmen.

Für die Kliniken der Erwachsenenpsychiatrie (insgesamt vier) bezog sich diese Erhebung auf alle im Zeitraum zwischen dem 15. Juli und 15. Oktober 2006 entlassenen Patientinnen und Patienten. In den vier beteiligten Jugendämtern wurde der Bogen zu jedem Kind, das in der Zeit zwischen dem 1. September und 30. November 2006 in der kollegialen Fallberatung Thema war, bearbeitet. In der Kinder- und Jugendpsychiatrie (drei Kliniken) wurden wiederum zu allen Kindern und Jugendlichen, die im Zeitraum vom 15. Juli bis 15. Oktober 2006 entlassen wurden, die notwendigen Daten erhoben. Die Beratungsstellen (eine Erziehungsberatungsstelle, zwei Lebensberatungsstellen) schließlich erfassten alle zum Stichtag 30. September 2006 laufenden Beratungen.

Die Erhebungsbögen wurden in den konkreten Formulierungen an die jeweiligen Institutionen angepasst, um den unterschiedlichen Zugängen zur Zielgruppe gerecht zu werden und diese auch abbilden zu können. Die Angaben aller eingegangenen Erhebungsbögen wurden durch das ism in entsprechende Datenmasken eingegeben und statistisch ausgewertet. Die so gewonnenen Ergebnisse wurden zu Diskussionsvorlagen aufbereitet und im Rahmen der Steuerungsgruppe wie auch bei den Standorttreffen gemeinsam betrachtet.

8.1.1 Erkenntnisse aus der Zielgruppenanalyse in den Kliniken der Erwachsenenpsychiatrie

Die Kliniken der Erwachsenenpsychiatrie bieten Menschen mit (akuten) psychischen Erkrankungen medizinisch-psychiatrische und psychotherapeutische Versorgung. Die Behandlung kann ambulant (Institutsambulanz), teilstationär (Tagesklinik) oder im vollstationären Setting durchgeführt werden. „Ziel der Psychiatrie ist es, die Wahrnehmungs-, Erlebens- und Kontaktfähigkeit des Individuums sowie seine sozialen Beziehungen wiederherzustellen oder aufrechtzuerhalten" (Klosinski 2001). Dazu bedarf es mehrdimensionaler Behandlungskonzepte, die biologischsomatische, psychische und soziale Aspekte berücksichtigen. Elternschaft ist als ein maßgeblicher sozialer Aspekt anzusehen, der die Lebenssituation psychisch erkrankter Eltern prägt und im Hinblick auf den Umgang mit der Erkrankung angemessener Berücksichtigung bedarf. Mit der Zielgruppenanalyse in den Kliniken der Erwachsenenpsychiatrie wurde dieser soziale Aspekt genauer beleuchtet.

In den vier projektbeteiligten Kliniken wurden jeweils die stationären und teilstationären Bereiche in die Erhebung einbezogen. Insgesamt wurden hier im Untersuchungszeitraum 563 Patientinnen und Patienten entlassen. Davon waren 113 Personen Elternteile von minderjährigen jungen Menschen bzw. sie lebten in Haushaltsgemeinschaft mit Minderjährigen.[25] Bezogen auf den

[25] Die Frage im Erhebungsraster lautet: „Hat der Patient/die Patientin minderjährige Kinder bzw. lebt mit minderjährigen Kind(ern) in einem Haushalt zusammen?" Wie die genauere Auszählung ergibt, haben sechs Patientinnen bzw. Patienten keine leiblichen Kinder, leben aber mit minderjährigen Kindern in einem Haushalt zusammen. In der Entwicklung des Untersuchungsdesigns erschien auch diese familiäre Konstellation relevant, da die Auswirkungen der psychischen Erkrankung hier gleichermaßen für die Kinder bedeutsam werden können, auch wenn die Sorgeverhältnisse anders gelagert sind.

Anteil der psychisch erkrankten Eltern, die in den beteiligten Kliniken eine stationäre Behandlung in Anspruch genommen haben, kann somit zunächst festgehalten werden, dass rund ein Fünftel der Patientinnen und Patienten in den beteiligten Kliniken der Erwachsenenpsychiatrie minderjährige Kinder hat bzw. mit minderjährigen Kindern in einer Haushaltsgemeinschaft lebt. Dieses Ergebnis liegt im Bereich der Erkenntnisse anderer Untersuchungen, die Werte zwischen 16,5 % und 27 % ermittelt haben (vgl. Lenz 2005).

Betrachtet man die Verteilung der Geschlechter, so zeigt sich ein deutlich höherer Anteil an Müttern unter den psychisch erkrankten Eltern. Gut 60 % der psychisch erkrankten Eltern sind Frauen, entsprechend knapp 40 % Männer. Nach Lenz zeigen auch andere Untersuchungen, „dass eindeutig mehr psychisch kranke Frauen Kinder haben“ (Lenz 2005, S. 33). Allerdings wurden bei einigen Untersuchungen der Anteil der psychisch erkrankten Mütter und Väter jeweils bezogen auf die Gesamtzahl der psychisch erkrankten Frauen bzw. Männer berechnet, so dass die Anteile nicht direkt verglichen werden können. In vergleichbaren Studien, bei denen die Anteile in gleicher Weise wie in der vorliegenden Untersuchung berechnet wurden, liegen die Anteile aber in ähnlichen Größenordnungen (Bohus u. a. 1998: 65 % Frauen, 35 % Männer; Sommer u. a. 2001: 54,5 % Frauen, 45,5 % Männer; Daten nach Lenz 2005).

Als weiteres personenbezogenes Merkmal wurde nach dem Migrationshintergrund der psychisch erkrankten Eltern gefragt und festgestellt, dass mehr als ein Drittel von ihnen (37,5 %) einen Migrationshintergrund hat. Damit liegt der Anteil der Menschen mit Migrationshintergrund in dieser Gruppe deutlich über dem Bevölkerungsdurchschnitt, der in 2006 für Rheinland-Pfalz bei 17,5 % lag. Im Rahmen des Projektes konnte allerdings der Bedeutung des Migrationshintergrundes für die psychische Erkrankung und der Analyse möglicher Bewältigungsunterschiede nicht weiter nachgegangen werden. Möglicherweise kann diese Frage an anderer Stelle forschungsleitend werden. Dies wäre insbesondere auch vor dem Hintergrund interessant, dass eine psychische Erkrankung auch mit der Migration selbst (Erlebnisse im Heimatland, Bedingungen der Ausreise, Wechsel ins Aufnahmeland) sowie mit den Möglichkeiten „sich sozial zu integrieren oder die eigene kulturelle Identität zu bewahren“ (Kühn/Mengel 2004, S. 4) zusammenhängen könnte. Dies aber wäre ein bedeutsames Thema für das Aufwachsen der Kinder in diesen Familien.

Mit den Fragen nach der Anzahl und dem Alter der Kinder wurden zwei zentrale Aspekte zur Familienkonstellation festgestellt. So ergab sich, dass 40 % der Patientinnen und Patienten nur ein Kind haben, entsprechend haben 60 % der Patientinnen und Patienten zwei und mehr Kinder. Im Durchschnitt gehören zu einem stationär behandelten Elternteil 1,8 Kinder. Dies bedeutet, dass in der Mehrzahl der Fälle von der psychischen Erkrankung eines Elternteils mehrere Kinder betroffen sind.

Betrachtet man die Verteilung der Kinder nach Altersgruppen im Vergleich zur Gesamtbevölkerung, dann fallen hier zunächst drei Altersgruppen auf.

Anteil der Kinder psychisch kranker Eltern an allen jungen Menschen der jeweiligen Altersgruppe in den Modellstandorten
Erhebung in der Erwachsenenpsychiatrie im Zeitraum 15. Juli bis 15. Oktober 2006

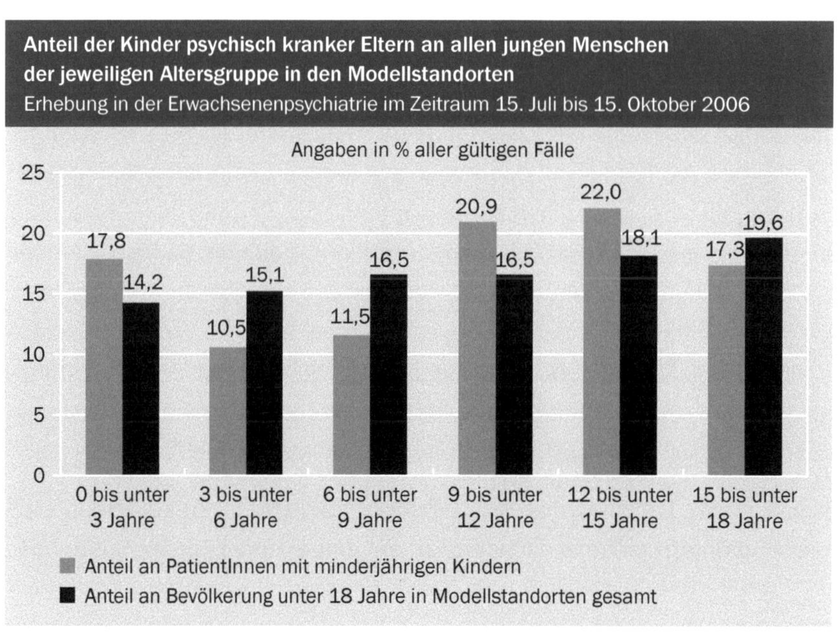

So sind die Altersgruppen der unter 3-Jährigen, der 9- bis 12- sowie der 12- bis 15-Jährigen deutlich überproportional vertreten. Die anderen drei Altersgruppen sind entsprechend unterrepräsentiert. Ist ein Elternteil psychisch erkrankt, so ist die Wahrscheinlichkeit, dass ein Klinikaufenthalt notwendig wird, in den ersten Lebensjahren des Kindes, in der Grundschulzeit sowie in der Sekundarstufe I erhöht.

Besonderer Beachtung bedarf der hohe Anteil der Kinder, die zum Zeitpunkt der stationären psychiatrischen Behandlung der Mutter oder des Vaters noch unter drei Jahre alt sind. Knapp ein Fünftel macht diese Altersgruppe aus. Sie befinden sich in der Alters- und Entwicklungsphase des Bindungsaufbaus. Sowohl die psychische Erkrankung als auch die Trennung auf Grund des Klinikaufenthaltes können sich beeinträchtigend auf den Bindungsaufbau auswirken. Vor diesem Hintergrund sind gerade für diese Altersgruppe Möglichkeiten der Mutter-Kind-Behandlung und der gezielten Förderung des Bindungsaufbaus zentrale Ansatzpunkte zur Unterstützung einer gelingenden Krankheitsbewältigung seitens des Kindes aber auch der Eltern (vgl. Lenz 2005, Hornstein/Hohm/Rave 2007).

Hinsichtlich des Wohn- und Lebensorts der Kinder interessierte insbesondere, inwieweit die Kinder mit dem psychisch kranken Elternteil zusammenleben oder aber bei Verwandten sowie in öffentlichen Formen der Fremdunterbringung wohnen. Wie die Daten zeigen, lebt nur knapp die Hälfte der Kinder mit dem stationär behandelten Elternteil in einer Haushaltsgemeinschaft. Knapp ein Drittel der Kinder lebt bei Verwandten. Rund 15 % der Kinder lebt in einer Pflegefamilie oder in Heimerziehung. Formen der Fremdunterbringung spielen somit für Kinder psychisch kranker Eltern eine große Rolle, allerdings vielfach in Arrangements innerhalb der erweiterten Familie.

Bezüglich der Lebensformen der psychisch erkrankten Eltern zeigen sich deutliche Unterschiede je nachdem, ob die Kinder in der Familie leben oder nicht. So leben in knapp 70 % der Fälle beide Elternteile zusammen, wenn das Kind bzw. die Kinder auch im Haushalt leben. Ist dies nicht der Fall, sinkt dieser Anteil auf knapp ein Fünftel. Ein umgekehrtes Verhältnis zeigt sich im Hinblick auf den Alleinerziehendenstatus der stationär behandelten Eltern. Unter den psychisch erkrankten Elternteilen, die mit ihrem Kind/ihren Kindern zusammenleben, liegt der Anteil der Alleinerziehenden bei knapp einem Viertel. Leben die Kinder nicht mehr mit ihnen zusammen, steigt dieser Anteil auf über 70 %. Trennung scheint sich so fast parallel auf der Ebene der Partnerschaft wie auch im Eltern-Kind-Verhältnis zu vollziehen.

Das Notwendigwerden eines stationären Klinikaufenthaltes kann für die Kinder zu einem kritischen, unter Umständen auch traumatisierenden Ereignis werden. Dies trifft besonders dann zu, wenn die Aufnahme in einer akuten Krisensituation geschieht und sich sämtliche Aufmerksamkeit auf die erkrankte Person richtet. Oftmals finden die Kinder mit ihren Eindrücken und Empfindungen wenig Beachtung. Mit dem Klinikaufenthalt sind darüber hinaus ganz praktische Fragen der Versorgung und Betreuung verbunden, wenn sich diese auch in Abhängigkeit vom Alter der Kinder unterschiedlich darstellen. Dies gilt umso mehr, wenn dasjenige Elternteil betroffen ist, das überwiegend die Alltagsaufgaben mit den Kindern wahrnimmt. Darum stellt die Gewährleistung der Versorgung und Betreuung während dieser Zeit einen wichtigen Aspekt auch der Krankheitsbewältigung dar. Zudem ist das Wissen um eine gute Versorgung der Kinder insbesondere für Mütter eine wichtige Voraussetzung, um sich auf die stationäre Behandlung einlassen zu können. Insofern war die Frage hiernach gerade für die Erhebung in den Kliniken der Erwachsenenpsychiatrie zentral.

Wie die Daten zeigen werden die Kinder, sofern sie mit dem psychisch erkrankten Elternteil in einer Haushaltsgemeinschaft leben, meist durch das andere Elternteil oder ein Stiefelternteil versorgt und betreut.

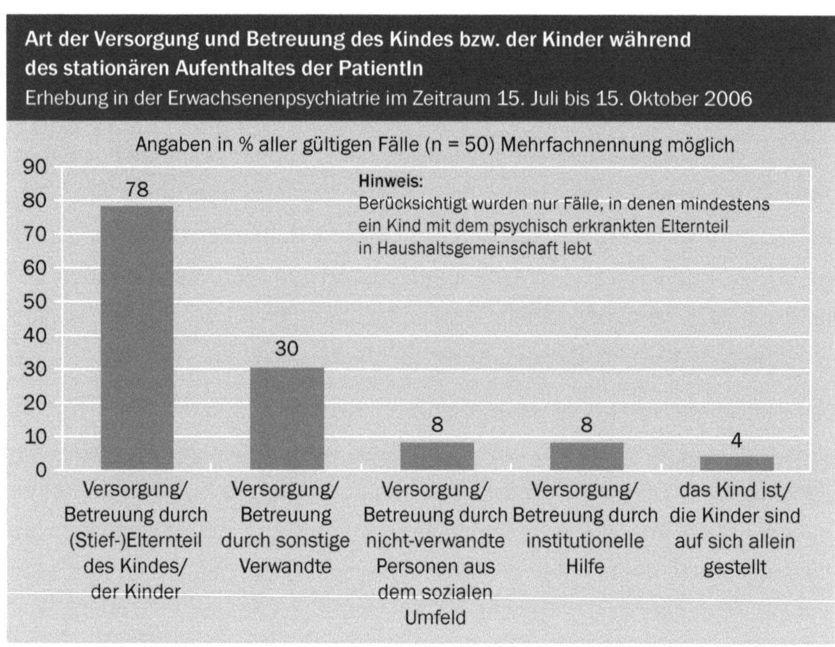

In fast 40 % der Fälle werden die Kinder durch andere Verwandte oder nicht-verwandte Personen aus dem sozialen Umfeld versorgt. Das heißt, zum Teil gibt es mehrere Personen, die sich um das Kind bzw. die Kinder kümmern (im Durchschnitt 1,3 Personen je Familie). Somit wird ein hoher Anteil der Betreuungs- und Versorgungsleistungen durch die Familien selbst und ihr soziales Umfeld erbracht. Allerdings sagen diese Daten nichts darüber aus, wie zufrieden die Beteiligten mit diesen Lösungen sind. Angesichts der vielfältigen Bewältigungsanforderungen, die an die Familien in dieser Situation gestellt sind, gilt es hier genauer nachzufragen, welche Unterstützungsleistungen die Familien gegebenenfalls benötigen, um dieser Aufgabe angemessen(er) gerecht werden zu können. Dieser Fragestellung ist vor dem Hintergrund der Dauer der stationären Behandlungen noch mehr Gewicht beizumessen.

Die Dauer der Behandlungen streut breit und zeigt keinen Zusammenhang damit, ob das psychisch erkrankte Elternteil mit den Kindern in einer Haushaltsgemeinschaft lebt.

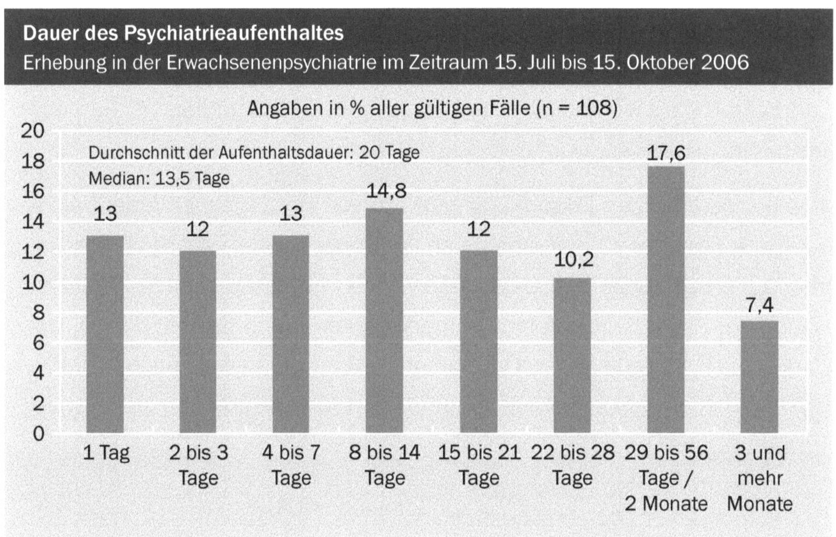

Immerhin knapp 40 % der psychisch erkrankten Eltern bleibt maximal eine Woche in der Klinik. Wie aus anderen Untersuchungen bekannt ist, brechen viele Mütter frühzeitig eine stationäre psychiatrische Behandlung ab, „um ihrem Kind eine längere Trennung zu ersparen“ (Lenz 2005, S. 52). Aber auch eigene Unsicherheit und Unzufriedenheit mit getroffenen Lösungen oder Befürchtungen hinsichtlich einer Fremdunterbringung der Kinder, können für diese Entscheidung der Eltern bedeutsam sein. Ungefähr ein Drittel der PatientInnen mit minderjährigen Kindern bleibt dagegen länger als drei Wochen in stationärer Behandlung. Hier kann die Versorgung und Betreuung, aber auch die angemessene Begleitung der Kinder zu einer großen Herausforderung für die familiäre Organisation und Kommunikation werden.

Ein weiterer Belastungsfaktor für die Kinder sowie für die ganze Familie stellen wiederkehrende Klinikaufenthalte dar. Diese werden aber - wie die Daten zeigen - in der Mehrzahl der Fälle erforderlich. So waren knapp 40 % der Patientinnen und Patienten zum ersten Mal in der Klinik. Gut 60 % befanden sich dagegen bereits zum wiederholten Male in stationärer Behandlung. Vor diesem Hintergrund gewinnt auch die Frage an Bedeutung, wie der Fall eines möglichen weiteren Klinikaufenthaltes vorbereitet und ein so genannter Krisenplan unter Beteiligung aller relevanten Personen, insbesondere auch der Kinder, erarbeitet werden kann, um entsprechend (Handlungs-)Sicherheit zu gewinnen.

Mit einer psychischen Erkrankung geht oftmals ein zyklischer Verlauf einher. In diesem Zusammenhang, aber auch im Hinblick auf die Art der Erkrankung und ihre Auswirkungen ist es schließlich von Interesse, welche Diagnosen seitens der Klinik bei den psychisch erkrankten Eltern gestellt haben. Dazu wurden die Entlassdiagnosen entsprechend des Schlüssels nach ICD 10 erfragt. Hierbei zeigten sich insbesondere vier Diagnosegruppen als relevant.

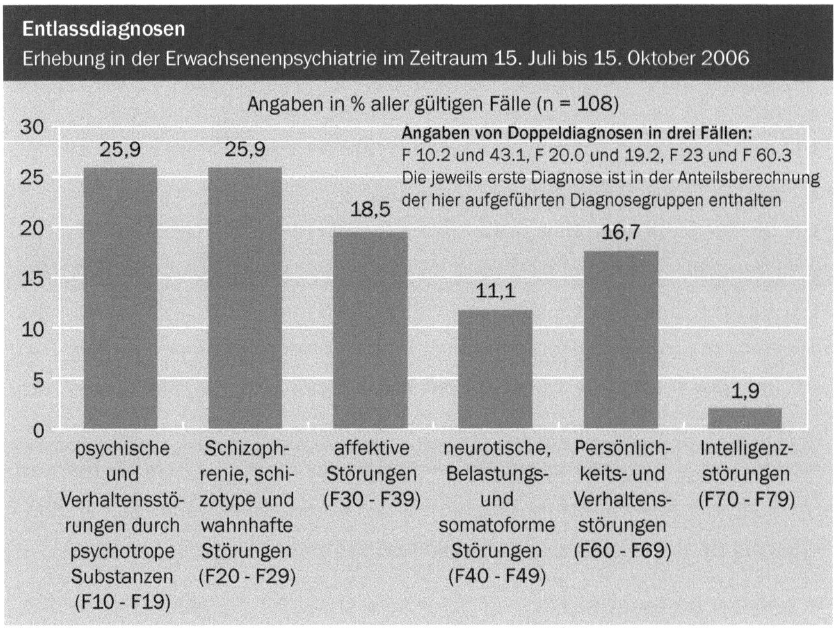

Wie die Grafik zeigt, ging es bei ungefähr einem Viertel der Patientinnen und Patienten um psychische Störungen, die durch Substanzgebrauch indiziert waren. In der Mehrzahl der Fälle handelt es sich dabei um Alkoholabhängigkeit bzw. entsprechende Entgiftungsmaßnahmen. Neben den Suchterkrankungen sind schizophrene Störungen, affektive Störungen sowie

Persönlichkeitsstörungen die drei am häufigsten bei den betroffenen Eltern diagnostizierten Krankheitsbilder. In der Gruppe der schizophrenen Störungen wurde am häufigsten Schizophrenie benannt, aber auch anhaltende wahnhafte Störungen sowie schizoaffektive Störungen. Im Bereich der affektiven Störungen wurden vor allem Formen der depressiven Erkrankung angegeben. Die Persönlichkeitsstörungen enthalten hier insbesondere emotional instabile (inkl. Borderline-Erkrankung) und die histrionische Persönlichkeitsstörung.

Damit fällt hier die Verteilung der Krankheitsbilder etwas anders aus als in der Untersuchung von Lenz (2005). Seiner Studie nach betrug der Anteil der Depressionen 36 % (Gruppe der affektiven Störungen), der Anteil der Persönlichkeitsstörungen (z. B. Neurosen) lag bei 26 % und der der Psychosen bei 23 %. Allerdings scheinen in der Summe diese drei Krankheitsbilder zusammen mit den Suchterkrankungen insgesamt diejenigen zu sein, die bei psychisch erkrankten Eltern – zumindest sofern sie eine stationäre Behandlung in Anspruch nehmen – am häufigsten auftreten.

Schließlich wurde danach gefragt, inwieweit während des Klinikaufenthaltes ein Kontakt zum Jugendamt stattgefunden hat und inwieweit Auffälligkeiten bei den Kindern zum Thema geworden sind. Danach hat in zwei von 110 Fällen während des Klinikaufenthaltes der Patientin bzw. des Patienten ein Kontakt mit dem Jugendamt stattgefunden. In einem Fall war neben der Fachkraft der Klinik auch die Patientin bzw. der Patient selbst an diesem Kontakt beteiligt.

Auffälligkeiten bei den Kindern wurden dann zum Thema, wenn diese von Patientinnen bzw. den Patienten selbst angesprochen wurden. In vier Fällen waren bei der Entlassung des psychisch erkrankten Elternteils bereits Maßnahmen der Kinder- und Jugendhilfe implementiert, mit drei weiteren Familien wurde eine solche eingeleitet. Dies war in zwei Fällen für jeweils ein Kind eine ambulante Hilfe. Im dritten Fall wurden zwei Kinder fremduntergebracht. Sonstige Unterstützungsleistungen oder Behandlungen für die Kinder wurden nicht eingeleitet.

Die Durchführung der Zielgruppenanalyse in den Kliniken der Erwachsenenpsychiatrie hat zu einer deutlichen Sensibilisierung für die Situation der Kinder geführt. Nach Aussage der projektbeteiligten Ärzte wurde es zunehmend selbstverständlicher schon bei der Aufnahme danach zu fragen, ob die Patientin bzw. der Patient Kinder hat. Um strukturell abzusichern, dass diese Frage nach Möglichkeit in jedem Aufnahmegespräch gestellt wird, wurden im weiteren Verlauf des Projektes entsprechende Leitfragen formuliert und ein Instrument mit entsprechenden Erläuterungen entwickelt. Dieses wird in Abschnitt 6.2 ausführlicher vorgestellt.

Des Weiteren entstand im Zuge der Diskussion der Ergebnisse dieser Zielgruppenanalyse der Wunsch nach einer kurzen Informationsbroschüre für Eltern, die diesen mitgegeben werden kann, wenn sie nur wenige Tage in der Klinik verbleiben. Diese Broschüre sollte die besonderen Herausforderungen ihrer Situation als psychisch erkrankte Eltern wertschätzen, für die Bedarfe ihrer Kinder sensibilisieren und zur Inanspruchnahme von unterstützenden Hilfen Mut machen. Auch dieser Impuls wurde im weiteren Projektverlauf aufgegriffen und ein Info-flyer für Eltern entwickelt, der inzwischen über das MASGFF zu beziehen ist. Zur Ansicht liegt er diesem Bericht in der Anlage bei.

8.1.2 Erkenntnisse aus der Zielgruppenanalyse in den Jugendämtern

Die Jugendämter sind die zentralen Hilfe gewährenden Stellen für Unterstützungsleistungen aus dem Bereich der Kinder- und Jugendhilfe. Aufgabe der Kinder- und Jugendhilfe ist dabei, den jungen Menschen die notwendige Förderung für ihre individuelle und soziale Entwicklung zukommen zu lassen sowie die Eltern hinsichtlich der Erziehungsaufgaben zu beraten und zu unterstützen. Außerdem soll die Kinder- und Jugendhilfe junge Menschen vor Gefahren für ihr Wohl schützen. Die Zielgruppenanalyse im Bereich der Allgemeinen Sozialen Dienste der beteiligten Jugendämter beleuchtet, in wie vielen Fällen die psychische Erkrankung eines Elternteils für die Bedarfseinschätzung und die Abwägung eines angemessenen Hilfeangebotes maßgeblich wird.

Zur Durchführung der Zielgruppenanalyse im Jugendamt wurde die kollegialen Fallberatung im Allgemeinen Sozialen Dienst als Bezugspunkt ausgewählt. Die kollegiale Fallberatung wird in den beteiligten Jugendämtern sowohl im Zuge der Entscheidungsfindung zur Gewährung einer Hilfe zur Erziehung als auch bei neu entstehenden Fragen im Hilfeverlauf durchgeführt. Auf diese Weise konnte gewährleistet werden, dass neben neuen Fällen auch solche Berücksichtigung fanden, in denen das Thema psychische Erkrankung im Hilfeverlauf relevant wurde. Außerdem war dieses Vorgehen für die durchführenden Fachkräfte praktisch gut umsetzbar, da das Erhebungsraster im Zuge der Bearbeitung aktueller Aufgaben ausgefüllt werden konnte.

Insgesamt wurden Daten zu 185 kollegial beratenen Familiensituationen erfasst. Dabei ging es um 68 Familien, in denen eine Erziehungsperson von psychischer und/oder Suchterkrankung betroffen ist bzw. ein Verdacht darauf besteht. Zu diesen 68 Familien gehören insgesamt 139 Kinder. Somit ging es im Erhebungszeitraum bei gut einem Drittel der Familien und bei 44 % der Kinder, die Gegenstand der kollegialen Fallberatung waren, um (den Verdacht auf) eine psychische und/oder Suchterkrankung eines Elternteils. Diese Anteile stellen allerdings einen Durchschnittswert über vier Jugendamtsbereiche dar, die sich bei differenzierter Betrachtung der einzelnen Jugendämter deutlich unterscheiden.

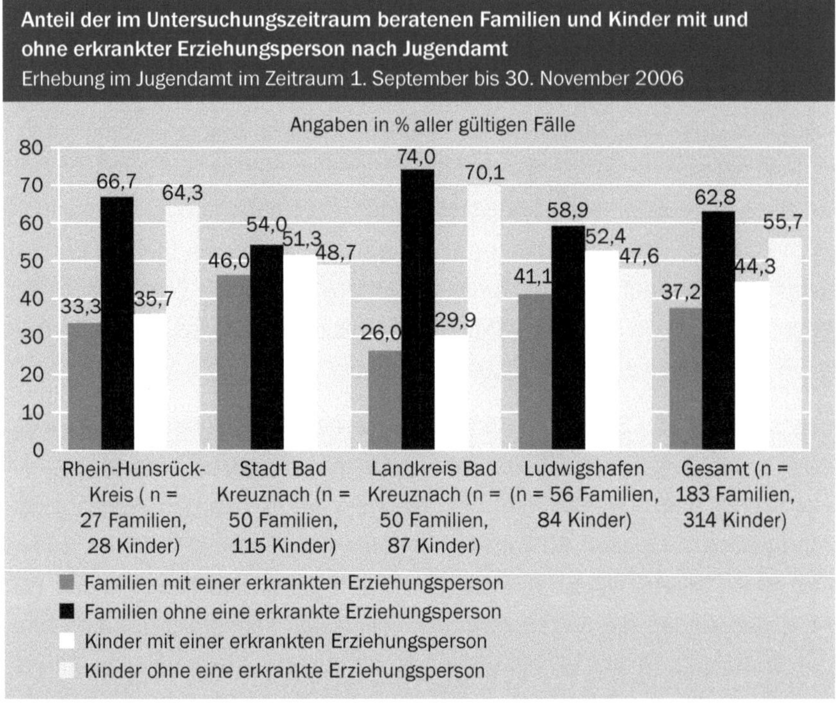

Anteil der im Untersuchungszeitraum beratenen Familien und Kinder mit und ohne erkrankter Erziehungsperson nach Jugendamt
Erhebung im Jugendamt im Zeitraum 1. September bis 30. November 2006

So liegt der Anteil in den Stadtjugendämtern Bad Kreuznach und Ludwigshafen bezogen auf die Familien bei über 40 % und bei den Kindern bei über 50 %. In den Landkreisjugendämtern war das Thema psychische Erkrankung entsprechend weniger relevant. Insgesamt zeigen diese Daten, dass sich die häufig geäußerte Einschätzung der wachsenden Bedeutung des Themas psychische Erkrankung im Kontext der Jugendamtsarbeit auch quantitativ belegen lässt.

Psychische Erkrankung ist gewissermaßen zu einem Alltagsthema in der Jugendhilfe geworden. Dabei sind Zusammenhänge in doppelter Richtung anzunehmen. So können Hilfebedarfe gleichermaßen aus den Belastungen in Folge einer psychischen Erkrankung resultieren wie auch eine psychische Erkrankung aus übermäßigen oder schwer zu bewältigenden Anforderungen in der Lebenssituation entstehen kann. Oftmals werden zunächst Auffälligkeiten der Kinder zum Anlass mit dem Jugendamt Kontakt aufzunehmen. Welche Bedeutung der psychischen Erkrankung oder auch einer starken psychischen Belastung eines Elternteils dabei zukommt, ist eine Frage, die es im Zuge der sozialpädagogischen Diagnostik zu klären gilt. An die Fachkräfte der Jugendämter stellt sich hierzu die Anforderung, bei entsprechenden Anhaltspunkten in einem angemessenen Verhältnis das mögliche Vorliegen einer psychischen Erkrankung in den Klärungsprozess einzubeziehen und ggf. mit den betroffenen Eltern Wege in die medizinischpsychiatrische Abklärung zu eröffnen.

Wie häufig Fachkräfte der Jugendämter mit offenen Fragen konfrontiert sind, zeigen die Ergebnisse zum Vorliegen einer psychiatrischen Diagnose. So war den fallführenden Fachkräften in gut zwei Drittel der hier erhobenen Fälle keine psychiatrische Diagnose bekannt, d. h. das Thema „psychische Erkrankung“ gewann an Bedeutung auf Grund der Einschätzungen und Beobachtungen der fallführenden Fachkräfte im Jugendamt, ggf. auch durch Aussagen der Betroffenen selbst. Für den Hilfeentscheidungsprozess und auch die weitere Hilfegestaltung stellt sich vor diesem Hintergrund die Frage, wie mit diesen Einschätzungen umgegangen wird und welche Vereinbarungen zum weiteren Vorgehen getroffen werden.

Bezogen auf das Geschlecht der Eltern betraf die psychische Erkrankung bzw. der Verdacht darauf in über 80 % der Fälle die Mutter, in gut 40 % der Fälle den Vater. Dies bedeutet, dass in mindestens 20 % der Familien Mutter und Vater betroffen sind. Wie in verschiedenen Untersuchungen aufgezeigt werden konnte, geht damit eine erhöhte Belastung der Kinder einher, da die Kompensationsmöglichkeiten durch das andere Elternteil verloren gehen bzw. deutlich geringer sind (vgl. Remschmidt/Mattejat 1994). Des Weiteren betrifft die Erkrankung fast immer die Mütter, zu einem deutlich geringeren Teil die Väter. Es lässt sich sogar die Hypothese aufstellen, dass in diesen Familien eher Mutter und Vater betroffen sind als nur der Vater allein.

Analog zur Erhebung in den Kliniken der Erwachsenenpsychiatrie wurden auch in den Jugendämtern die Anzahl der Kinder je Familie und das Alter der Kinder erhoben. Bezogen auf die Familiengröße zeigt sich hier, dass die Familien, die mit dem Jugendamt im Kontakt stehen, mehr Kinder haben. Im Durchschnitt gehören zu diesen Familien 2,3 Kinder. Gut 70 % der hier betrachteten Familien hat zwei und mehr Kinder. Der Anteil der Familien mit drei und mehr Kindern liegt noch bei 43 %. Familien, die mit dem Jugendamt in Kontakt sind und bei denen eine psychische oder Suchterkrankung eine Rolle spielt, sind somit besonders häufig kinderreiche Familien. Dies bedeutet, dass in der Entwicklung von Hilfeangeboten meist mehrere Kinder mit ihren spezifischen Ausdrucks- und Bewältigungsformen sowie Unterstützungsbedarfen Beachtung finden müssen.

Bezogen auf das Alter der Kinder zeigt sich im Rahmen der Jugendämter eine deutlich andere Verteilung als in den Kliniken der Erwachsenenpsychiatrie.

Alter der Kinder nach Altersgruppen im Vergleich zur Bevölkerung an Modellstandorten
Erhebung im Jugendamt im Zeitraum 1. September bis 30. November 2006

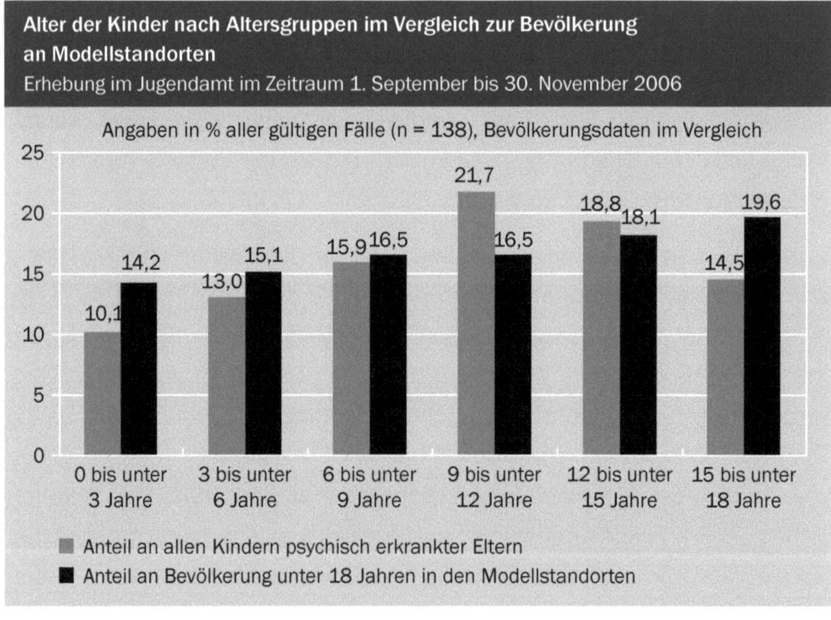

So ist im Vergleich zur Gesamtbevölkerung hier allein die Altersgruppe der 9- bis 12-Jährigen überrepräsentiert, die unter 3-Jährigen sowie die Jugendlichen im Alter zwischen 15 und 18 Jahren sind deutlich unterrepräsentiert. Dieser Befund unterstützt die oben bereits erwähnte Möglichkeit, dass die Auffälligkeiten der Kinder zum Anlass für die Kontaktaufnahme mit dem Jugendamt werden. Allerdings fällt im Vergleich zur landesweiten Inanspruchnahme der Hilfen zur Erziehung auf, dass die Kinder psychisch erkrankter Eltern früher auf sich aufmerksam machen bzw. andere – oftmals die Schule oder auch die Eltern selbst – nicht mehr weiter wissen und Veränderungsbedarf anmelden. So liegt die landesweite Inanspruchnahme von Hilfen zur Erziehung bei den 9- bis 12-Jährigen bei 18,2 %, bei den 12- bis 15-Jährigen dagegen bei 23,8 % und bei den 15- bis 18-Jährigen bei 26,1 % (vgl. Darius u. a. 2007). Hierzu konnte bereits im Rahmen der Evaluation der Hilfen zur Erziehung in der Stadt Ludwigshafen festgestellt werden, dass bei psychischer Erkrankung oder Suchterkrankung eines Elternteils Hilfen im Rahmen der Kinder- und Jugendhilfe tendenziell früher implementiert werden. So liegt das Durchschnittsalter bei Hilfebeginn in dieser Gruppe bei 8,7 Jahren. Rechnet man alle Hilfen zusammen, liegt das Durchschnittsalter bei 10,1 Jahren.[26] Kinder psychisch kranker Eltern zeigen somit im Durchschnitt fast eineinhalb Jahre früher Auffälligkeiten, die Unterstützungsbedarfe signalisieren und Hilfebedarfe begründen. Zugleich verweist dieses Durchschnittsalter darauf, wie viele Kinder psychisch erkrankter Eltern im (frühen) Kindesalter bereits neben Entwicklungs- und Alltagsaufgaben Anforderungen bewältigen müssen, die sich aus ihrer spezifischen Lebenssituation ergeben.

Wie bereits erwähnt ist die Altersgruppe der unter 3-Jährigen im Rahmen des Jugendamtes mit 10 % deutlich unterrepräsentiert bezogen auf ihren Bevölkerungsanteil. Im Vergleich zur landesweiten Inanspruchnahme von Hilfen zur Erziehung liegt dieser Wert allerdings in derselben Größenordnung (9,8 %). Dieser Wert zeigt darüber hinaus, in welchem Maße Fachkräfte der Kinder- und Jugendhilfe mit Familien mit Kleinstkindern in Kontakt stehen.

[26] Diese Daten sind aus nicht veröffentlichten Materialien zu dieser Untersuchung entnommen. Die wesentlichen Untersuchungsergebnisse sind veröffentlicht in Müller/Schmutz 2005.

So ist dieser Anteil zwar im Vergleich mit den anderen Altersgruppen verhältnismäßig gering, ist aber im Vergleich zu 2002 in fast allen Hilfearten angestiegen. Allerdings ist der stärkste Anstieg bei den Inobhutnahmen zu verzeichnen. Die zunehmende Aufmerksamkeit der Jugendämter für Familien mit Kleinstkindern ist hier somit stark dem Wächteramt verpflichtet. Dennoch hat die Sensibilisierung für Fragen des Kinderschutzes auch die fachliche Debatte um frühe Hilfen angeregt. Dabei kommt besonders frühen Unterstützungsmöglichkeiten für Familien mit psychisch erkrankten Elternteilen besondere Bedeutung zu, zumal die Geburt eines Kindes auch eine „sensible" Phase für die Entstehung bzw. das Ausbrechen einer psychischen Erkrankung ist („postpartale psychische Erkrankungen").

Auffallend ist schließlich auch der relativ geringe Anteil an Kindern psychisch kranker Eltern in den Altersgruppen der 12- bis 15-Jährigen sowie der 15- bis 18-Jährigen. Im Vergleich zur landesweiten Inanspruchnahme der Hilfen zur Erziehung sind sie deutlich unterrepräsentiert. Hier stellt sich die Frage, inwieweit Hilfe- und Unterstützungsbedarfe dieser Altersgruppe ausreichend wahrgenommen werden bzw. sie sich soweit mit ihrer familiären Situation arrangiert haben, dass sie keine eigenen Bedürfnisse mehr geltend machen. Im Hinblick auf die Bewältigung der familiären Belastungen und der gleichzeitigen Entwicklung einer eigenständigen Identität und eines eigenen Lebenskonzeptes stellen sich allerdings auch in dieser Altersphase besondere Herausforderungen, die zur Aufrechterhaltung der eigenen psychischen Gesundheit entsprechender Lösungen bedürfen.

Der Wohn- und Lebensort der Kinder ist auch bezogen auf die Familien, die mit dem Jugendamt in Kontakt stehen, ein wichtiger Indikator für die familiäre Situation. 70 % der Kinder leben mit mindestens einem Elternteil zusammen, entsprechend leben 30 % bei Verwandten/Bekannten/Dritten oder aber in einer Form der Fremdunterbringung (Pflegefamilie, Erziehungsstelle, Heimerziehung o. ä.).

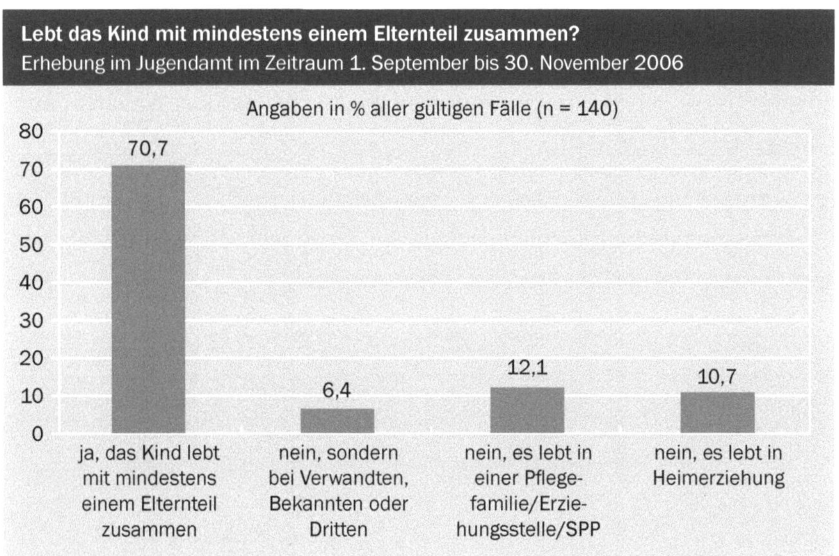

Im Zuge der Entwicklung des Erhebungsinstrumentes wurde die Hypothese geäußert, dass Familien mit einem psychisch erkrankten Elternteil oftmals Lösungen im Familiensystem entwickeln, die die Versorgung und Betreuung der Kinder auf verschiedene Familienangehörige verteilen. Dies bedeutet dann häufig, dass Geschwister getrennt werden und an unterschiedlichen Orten leben. Diese Hypothese konnte für den Bereich des Jugendamtes nicht bestätigt werden. Vielmehr scheint dies nur für eine kleine Anzahl an Familien zuzutreffen. Bezogen auf die Familien bedeutet dies, dass bei einem Viertel der Familien kein Kind mehr in der Familie lebt, bei knapp 70 % der Familien leben alle Kinder mit mindestens einem Elternteil zusammen.[27] Es bleiben somit gut 5 % der Familien, in denen ein Teil der Kinder mit mindestens einem Elternteil zusammenlebt, der andere Teil dagegen bei Verwandten, Bekannten, einer Pflegefamilie oder in Heimerziehung lebt.

Schließlich war für die Zielgruppenanalyse auch von Interesse, inwieweit im Einzelfall bereits eine Kooperation zwischen Jugendhilfe und Erwachsenenpsychiatrie sowie mit anderen Institutionen und Professionen hergestellt wur-

[27] Inwieweit das für alle Kinder das gleiche Elternteil ist, konnte allerdings mit diesem Erhebungsinstrument nicht überprüft werden.

de. Hierzu wurde zum einen gefragt, inwieweit bisher ein Kontakt zwischen Jugendhilfe und Erwachsenenpsychiatrie stattgefunden hat. Außerdem wurde abgebildet, mit welchen Institutionen die Familie darüber hinaus in Kontakt steht.

Bezogen auf die direkte Kooperationsbeziehung zwischen Jugendhilfe und Erwachsenenpsychiatrie ergibt sich ein ähnliches Bild wie auch aus der Perspektive der Kliniken der Erwachsenenpsychiatrie.

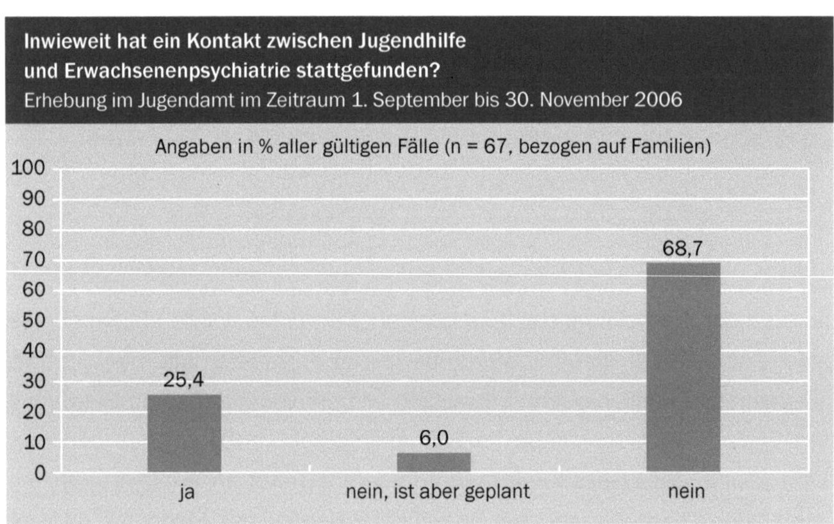

So hat in zwei Drittel der Fälle bisher kein Kontakt stattgefunden. Die Möglichkeiten der Kooperation sind aber schon während der Erhebungsphase sowie im weiteren Projektverlauf deutlich ins Blickfeld gerückt. In der Mehrzahl der bisher stattgefundenen Kooperationskontakte waren die betroffenen Eltern beteiligt. Die Kontakte wurden aus Sicht der Fachkräfte überwiegend als gelingend bewertet.

In Bezug auf die weiteren Helfer, die in der Familie tätig sind, zeigte sich, dass in diesem Zielgruppensegment fast alle Familien sonstige unterstützende Hilfen in Anspruch nehmen. So machten die fallführenden Fachkräfte zu 64 von 68 Familien konkrete Angaben. In der Summe ergibt sich daraus, dass im Durchschnitt - Jugendamt und Erwachsenenpsychiatrie ausgenommen - zwei andere Institutionen in oder mit der Familie tätig sind. Die Inanspruchnahme der verschiedenen Hilfen verteilt sich wie folgt:

Weitere Institutionen, Einrichtungen und Dienste, die in der Familie tätig sind bzw. waren
Erhebung im Jugendamt im Zeitraum 1. September bis 30. November 2006

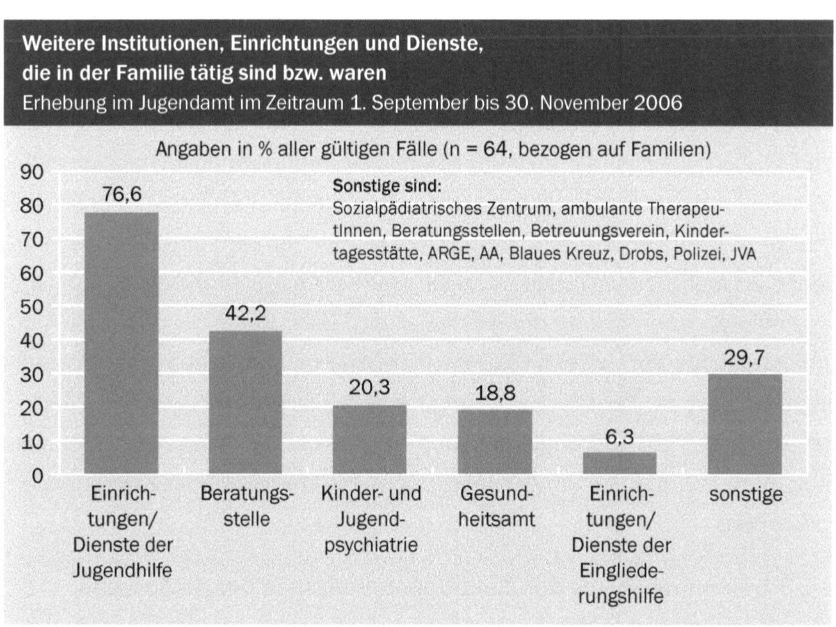

So besteht bei gut drei Viertel der Familien eine Zusammenarbeit mit Einrichtungen und Diensten der Jugendhilfe. Gut 40 % der Familien nehmen die Leistung einer Beratungsstelle in Anspruch. Ein Fünftel der Familien steht in Kontakt mit der Kinder- und Jugendpsychiatrie, knapp ein Fünftel mit dem Gesundheitsamt. Einrichtungen und Dienste der Eingliederungshilfe wurden seitens der Jugendämter nur vereinzelt angegeben.

Die Vielzahl der mit der Familie in Kontakt stehenden Institutionen zeigt, welche Herausforderungen in einer gelingenden Gestaltung der Kooperation liegen. So ist davon auszugehen, dass eine Familie, die mit dem Jugendamt in Kontakt steht und sich auf eine psychiatrische Behandlung und Begleitung (stationär oder ambulant) einlassen kann, letztlich im Durchschnitt mit vier verschiedenen Institutionen bzw. Professionen zusammenarbeitet. Hier braucht es Formen der Koordination, strukturell abgesicherte Orte der inhaltlichen Verständigung und eine geklärte Federführung, allerdings immer unter Beteiligung der Familie, um für alle Beteiligten Klarheit in der Zusammenarbeit zu erzielen. Dies ist nicht zuletzt gerade auch mit Blick auf die Auswirkungen der psychischen Erkrankung erforderlich. So besteht oftmals die Gefahr, dass sich die Beziehungs- und Kommunikationsdynamik der Erkrankung auch auf das Helfersystem niederschlägt. Konflikte, Polarisierungen, Verstrickungen u. ä. sind oftmals die Folgen. Um dem entgegenzuwirken bedarf es fachlicher Standards wie eine gute Auftrags- und Zielklärung, eine regelmäßige Überprüfung der Aufträge und Ziele, Reflexion des Hilfe- und Unterstützungsprozesses auf Fachkräfteebene (auch zwischen den Institutionen) und mit der Familie (Eltern und Kinder). Hierfür sind geeignete Methoden zu entwickeln und entsprechende Ressourcen bei allen beteiligten Institutionen einzuplanen, um ein gelingendes Zusammenwirken gewährleisten zu können.

8.1.3 Erkenntnisse aus der Zielgruppenanalyse in der Kinder- und Jugendpsychiatrie

Aufgabe der Kinder- und Jugendpsychiatrie ist die Diagnostik und Therapie von psychischen, psychosomatischen und neurologischen Erkrankungen bei Kindern und Jugendlichen. Da Kinder oftmals im Zuge der familiären Belastungen selbst psychische Auffälligkeiten entwickeln, sollte auch dieser Leistungsbereich in die Untersuchung einbezogen werden. Nach Mattejat (2008) entwickeln bis zu 60 % der Kinder psychisch erkrankter Eltern psychische Auffälligkeiten oder auch Störungen. Remschmidt/Mattejat (1994) konnten im Rahmen einer Untersuchung in der Kinder- und Jugendpsychiatrie außerdem feststellen, dass bei 37 % der stationär behandelten Kinder und Jugendlichen mindestens ein Elternteil eine psychische Erkrankung oder eine schwerwiegende psychische Auffälligkeit aufwies. Seitens der projektbeteiligten Klinken gab es überdies ein hohes Interesse, für den eigenen Zuständigkeitsbereich valide Daten zum Umfang der Zielgruppe und zentraler Merkmale zu gewinnen.

Insgesamt wurden hier Daten bei 144 Entlassungen von Kindern und Jugendlichen aufgenommen. Davon hatten 51 junge Menschen ein Elternteil, das von psychischer und/oder Suchterkrankung betroffen ist bzw. bei dem ein Verdacht darauf besteht. Das heißt der Anteil der Kinder psychisch kranker Eltern liegt in den beteiligten Kliniken im Durchschnitt bei knapp einem Drittel. Nimmt man die Eltern mit Suchterkrankung hinzu, liegt der Anteil bei 38,5 %. Allerdings streut das Ergebnis im Vergleich der drei beteiligten Kliniken recht breit.

Anteil der Kinder, deren Erziehungsperson(en) psychisch erkrankt oder suchtkrank sind bzw. ein Verdacht darauf besteht
Erhebung in der Kinder- und Jugendpsychiatrie im Zeitraum 15. Juli bis 15. Oktober 2006

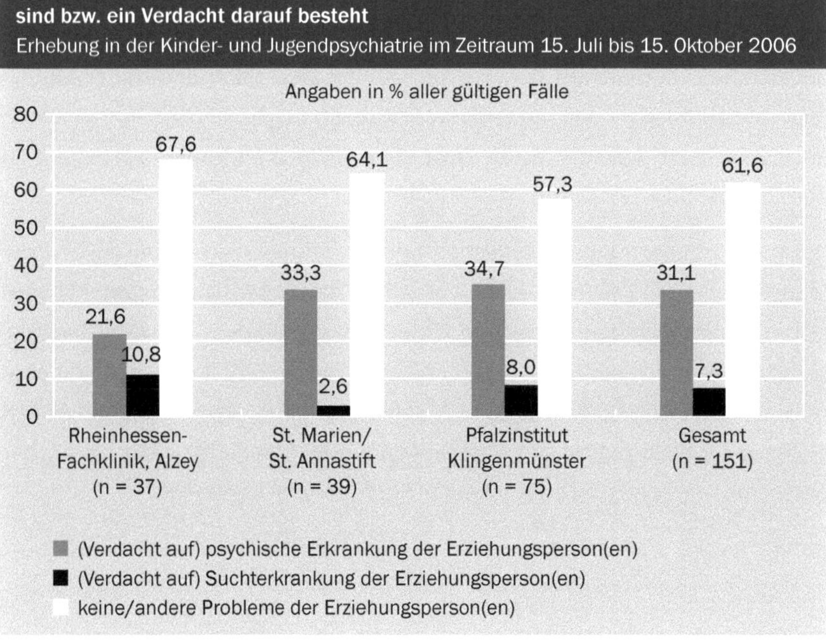

So ist der Anteil der Eltern mit psychischen Erkrankungen in der Rheinhessen-Fachklinik mit gut einem Fünftel der niedrigste, der Anteil der Eltern mit Suchterkrankung ist allerdings hier mit fast 11 % an höchsten. Zusammengenommen liegt der Anteil der betroffenen Eltern bei ungefähr einem Drittel. Im St. Marien/St. Anna-Stiftskrankenhaus in Ludwigshafen liegt der Anteil der psychisch erkrankten Eltern bei einem Drittel, allerdings gibt es hier kaum Eltern mit Suchterkrankungen, so dass beide Gruppen zusammengenommen bei rund 36 % liegen. Im Pfalzinstitut in Klingenmünster liegt bereits der Anteil der psychisch erkrankten Eltern bei rund 35 %. Außerdem wird bei 8 % der Fälle auf Seiten der Eltern eine Suchterkrankung vermutet oder ist bekannt. Hier haben also über 40 % der im Erhebungszeitraum entlassenen jungen Menschen mindestens ein Elternteil, das an einer psychischen Erkrankung oder einer Suchterkrankung leidet bzw. bei dem ein Verdacht darauf besteht.

Auf Grund der begrenzten Projektressourcen konnten diese Daten nicht eingehender diskutiert werden. So musste unberücksichtigt bleiben, welche Zusammenhänge diese Ergebnisse prägen (z. B. unterschiedliche Versorgungsaufträge der beteiligten Kliniken). Bei allen Unterschieden wird allerdings deutlich, wie bedeutsam das Thema „Kinder psychisch erkrankter Eltern“ auch für die Kinder- und Jugendpsychiatrie ist. Insofern ist es lohnenswert, auch zu diesem Ausschnitt der Zielgruppe weitere Merkmale vertiefend zu betrachten.

Bei gut 80 % der jungen Menschen betrifft die psychische Erkrankung die Mutter, bei gut 30 % der jungen Menschen den Vater. Dies bedeutet, dass sich hier eine ähnliche Verteilung findet wie im Rahmen des Jugendamtes, lediglich der Anteil der Väter und damit auch der Anteil erkrankter Elternpaare ist im Bereich der Kinder- und Jugendpsychiatrie etwas geringer. Gleich bleibt, dass auch hier in der überwiegenden Mehrzahl der Fälle die Mütter psychisch erkrankt sind oder an einer Suchterkrankung leiden.

Ebenfalls ähnlich wie im Bereich des Jugendamtes liegt in der Kinder- und Jugendpsychiatrie nur in knapp 40 % der Fälle eine psychiatrische Diagnose zu den Eltern vor. Das heißt auch in diesem Leistungsbereich beruht die Einschätzung, dass ein Elternteil psychisch krank ist oder an einer Suchterkrankung leidet, mehrheitlich auf den Wahrnehmungen der Fachkräfte (Ärzte, Therapeutinnen etc.) und ggf. auf Hinweisen der Eltern selbst. Die Frage, wie die Einschätzungen der Fachkräfte mit den Eltern kommuniziert werden können und diese ggf. zu einer weiteren Abklärung motiviert werden können, ist somit ebenso wie im Bereich der Kinder- und Jugendhilfe relevant.

Bezüglich der Kinder wurde festgestellt, dass gut drei Viertel der jungen Menschen zum ersten Mal in der Kinder- und Jugendpsychiatrie war. Dies bedeutet aber auch, dass knapp ein Viertel bereits wiederholt in die Klinik aufgenommen wurde. Damit gehen längere Krankheitsgeschichten und oftmals vielfältige Belastungserfahrungen auf Seiten der Kinder wie auch ihrer Eltern einher.

Bezüglich der Dauer des Klinikaufenthaltes fällt auf, dass ein Großteil der jungen Menschen zwei bis drei Monate in der Klinik bleibt.

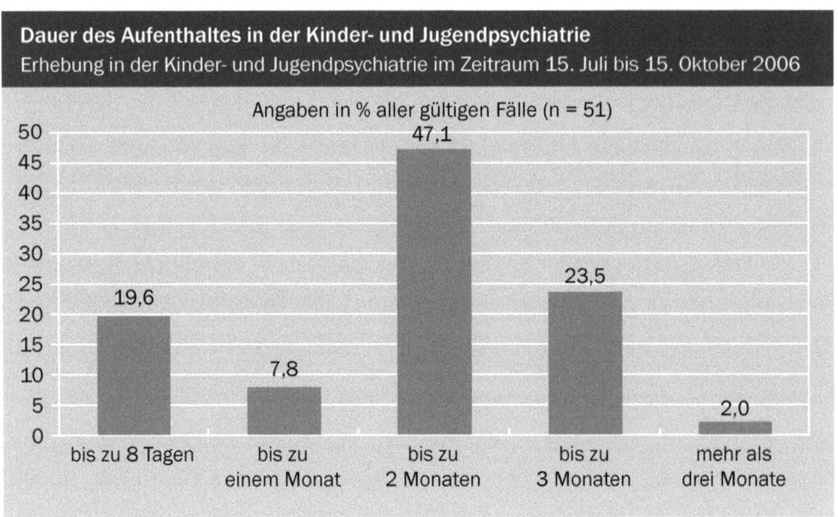

Die (teil-)stationäre Behandlung stellt damit eine deutliche Zäsur dar und ist mit einer entsprechenden Trennung von den Eltern, aber auch von den Geschwistern und dem sozialen Umfeld verbunden.

Bei den Entlassdiagnosen der jungen Menschen fallen besonders drei Krankheitsbilder auf. Dies sind kombinierte Störungen des Sozialverhaltens und der Emotionen (34 %), die hyperkinetische Störung des Sozialverhaltens (28 %) sowie neurotische, Belastungs- und somatoforme Störungen (20 %). Dies zeigt zugleich, wie die familiären Belastungen die Kinder insbesondere in der Entwicklung ihrer sozialen Kompetenzen und im Umgang mit Emotionen beeinträchtigen, aber auch Belastungspotentiale zu groß werden. Psychische Auffälligkeiten sind somit auch als Ausdruck von Überlastung zu verstehen.

Bezogen auf die Altersstruktur der jungen Menschen zeigt sich ein deutlicher Schwerpunkt in der Altersgruppe der 12- bis 15-Jährigen (44 %) gefolgt von den 15- bis 18-Jährigen (27 %). Beide Gruppen sind gegenüber ihrem Bevölkerungsanteil auffallend überrepräsentiert.

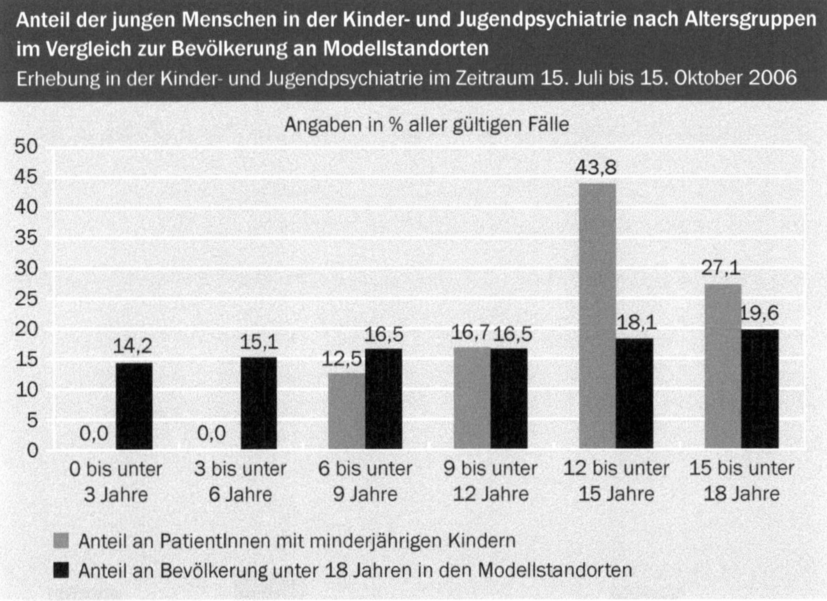

Eine (teil-)stationäre kinder- und jugendpsychiatrische Behandlung spielt bei den Kindern unter 6 Jahren noch keine Rolle. Kinder mit (psychischen) Auffälligkeiten werden in dieser Altersgruppe eher im Rahmen der Frühförderung untersucht und behandelt. Mit der Diagnose „psychisch krank" wird in dieser Alters- und Entwicklungsphase allgemein sehr zurückhaltend umgegangen. Auch 6- bis 9-Jährige sind im Vergleich zur Bevölkerung noch unterrepräsentiert. (Teil-)stationäre kinder- und jugendpsychiatrische Behandlung wird dann verstärkt mit der Pubertät wahrgenommen. Dieser Anstieg der Inanspruchnahme mit zunehmendem Alter der jungen Menschen ist zum einen auf die Genese psychischer Erkrankungen bei jungen Menschen und die Dauer der Entwicklung von Auffälligkeiten zurückzuführen, die letztlich eine (teil-)stationäre Behandlung erforderlich machen. Zum anderen kann dieser Verlauf auch als Folge der Nicht-Inanspruchnahme von frühen und präventiven Hilfen gelesen werden. So scheuen sich gerade psychisch erkrankte Eltern oftmals psychiatrische oder psychotherapeutische Hilfe in Anspruch zu nehmen – für sich, aber auch für ihre Kinder. „Kinder- und jugendpsychiatrische ambulante bzw. stationäre Institutionen sehen daher die Kinder psychisch kranker Eltern oft zu spät, d. h. nachdem sie innerhalb ihrer Familie eigenständige Störungen entwickelt haben“ (Gehrmann u. a. 2009, S. 55).

Differenziert man die Altersangaben nach Geschlecht, zeigt sich für Mädchen und Jungen allerdings ein deutlich unterschiedliches Bild.

Alter bei Aufnahme in die Kinder- und Jugendpsychiatrie bei Mädchen und Jungen
Erhebung in der Kinder- und Jugendpsychiatrie im Zeitraum 15. Juli bis 15. Oktober 2006

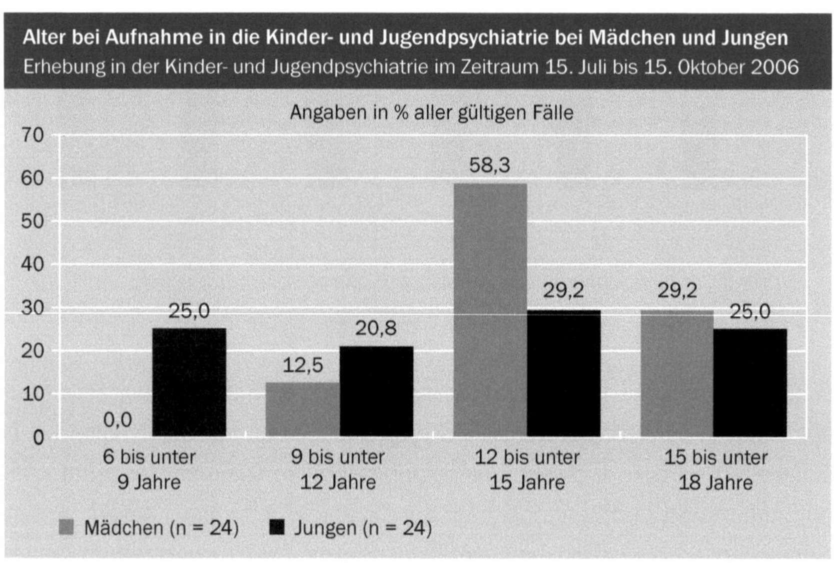

So liegt der Anteil der Jungen über alle Altersgruppen zwischen 20 und 30 %. Mädchen sind dagegen zu fast 60 % zwischen 12 und 15 Jahre alt, weitere 30 % 15 bis 18 Jahre. Jüngere Mädchen werden nur zu geringem Anteil in der Kinder- und Jugendpsychiatrie (0 % 6- bis 9-Jährige, 12,5 % 9- bis 12-Jährige) (teil-)stationär behandelt. Diese geschlechtsspezifischen Unterschiede sind auf unterschiedliche Ausdrucksmuster der jungen Menschen aber auch auf geschlechtsspezifisch geprägte Wahrnehmungs- und Deutungsmuster zurückzuführen. Ähnlich wie im Bereich der Hilfen zur Erziehung führen Auffälligkeiten der Jungen früher zu Hilfemaßnahmen. Mädchen arrangieren sich tendenziell länger mit ihrer familiären Situation, die Folgen ihrer hohen

Anpassungsleistungen werden oftmals nicht wahrgenommen bzw. ihre Ausdrucksformen werden anders interpretiert. Diese nach wie vor festzustellenden geschlechtsspezifischen Unterschiede spiegeln sich auch in der Verteilung der drei hauptsächlich angegebenen Diagnosegruppen. So werden hyperkinetische Störungen des Sozialverhaltens überwiegend bei Jungen festgestellt, während sich die Diagnose „neurotische Belastungs- und somatoforme Störungen" vor allem auf Mädchen bezieht. Kombinierte Störungen des Sozialverhaltens und der Emotionen finden sich bei beiden Geschlechtern gleichermaßen.

Auch die jungen Menschen, die zur Behandlung in die Kinder- und Jugendpsychiatrie kommen, haben meist Geschwister (86 %). Der Anteil der Familien mit zwei Kindern liegt hier bei 50 %, der der Familien mit drei und mehr Kindern bei gut einem Drittel. Im Durchschnitt gehören 2,0 Kinder zu den Familien, aus denen ein Kind sich in (teil-)stationärer kinder- und jugendpsychiatrischer Behandlung befindet. Dies bedeutet zugleich, dass es in diesen Familien neben einem psychisch erkrankten Elternteil und einem psychisch erkrankten Kind, noch ein weiteres Kind gibt. Hier ist besondere Aufmerksamkeit gefragt, wie es diesem Geschwisterkind geht, wenn bereits ein Elternteil und ein Geschwisterkind erkrankt sind.

Im Hinblick auf die Familienformen und Lebensorte der Kinder ist im Rahmen der Kinder- und Jugendpsychiatrie festzustellen, dass 78 % der Kinder mit mindestens einem Elternteil zusammen leben. 18 % leben in einer Form der Fremdunterbringung (Pflegefamilie oder Heimerziehung), lediglich 4 % leben bei Verwandten, Bekannten oder Dritten. Im Unterschied zu den Ergebnissen der Zielgruppenanalyse im Jugendamt leben hier die Geschwister bei ungefähr einem Fünftel der Familie an unterschiedlichen Orten. Das heißt ein Teil lebt bei mindestens einem Elternteil, der andere Teil lebt bei Verwandten, Bekannten, in einer Pflegefamilie oder in Heimerziehung. Anders als im Bereich der Jugendämter trifft hier die zu Beginn des Projektes formulierte Hypothese zu, wonach Familiensysteme mit einem psychisch erkrankten Elternteil oftmals die Versorgung und Betreuung auf verschiedene Stellen verteilen.

Hinsichtlich der Kooperationsbeziehungen zeigt die Untersuchung, dass es in der überwiegenden Mehrzahl der Familien bereits eine Zusammenarbeit mit Einrichtungen und Diensten der Jugendhilfe (87 %) gibt. Beratungsstellen oder auch Einrichtungen und Dienste der Eingliederungshilfe werden hier allerdings nur vereinzelt angegeben. Auch ein Kontakt zwischen Jugendamt und Erwachsenenpsychiatrie ist nur in einzelnen Fällen bekannt bzw. hat stattgefunden.

Mit dieser Zielgruppenanalyse konnte einmal mehr aufgezeigt werden, welche Relevanz Kindern psychisch kranker Eltern in der Kinder- und Jugendpsychiatrie zukommt. Ein Teil der Kinder entwickelt im Zuge der meist über längere Zeit anhaltenden innerfamiliären Belastungen selbst psychische Auffälligkeiten, die sich zu psychischen Erkrankungen verfestigen können. Dieser Prozess geht häufig damit einher, dass die Eltern selbst ihre eigene persönliche Situation (noch) nicht als psychische Erkrankung ansehen bzw. es (noch) an Krankheitseinsicht und Behandlungsbereitschaft fehlt. Darüber hinaus versuchen betroffene Familien oftmals lange ihre Situation alleine zu meistern und scheuen sich Hilfe in Anspruch zu nehmen. Für eine wirksame Behandlung der Kinder ist die Thematisierung dieses Zusammenhangs mit den Eltern eine zentrale Aufgabe der Kinder- und Jugendpsychiatrie. Dabei geht es vor allem auch um die Bestärkung der Eltern zu Krankheitseinsicht und Behandlungsbereitschaft (sofern noch nicht gegeben) sowie um das gemeinsame Reflektieren der elterlichen Erkrankung hinsichtlich der Auswirkungen auf den familiären Alltag und das Aufwachsen der Kinder. Auf dieser Basis können gemeinsam mit den Eltern geeignete Handlungsstrategien zur Unterstützung der Kinder im Kontext des familiären Alltags erarbeitet werden.

Aufgrund der oftmals erhöhten Verletzlichkeit von Kindern psychisch erkrankter Eltern ist es darüber hinaus auch hinsichtlich präventiver Angebote von großer Bedeutung die seelische Gesundheit der Kinder im Blick zu behalten. Hierzu kann die Kinder- und Jugendpsychiatrie mit ihrem fachlichen Blick und ihren Wissensbeständen einen wichtigen Beitrag im Zusammenspiel der Institutionen und Professionen leisten. Insofern ist die Kinder- und Jugendpsychiatrie auch ein wichtiger Kooperationspartner in der Entwicklung von Unterstützungsstrukturen für Kinder psychisch erkrankter Eltern und ihre Familie.

8.1.4 Erkenntnisse aus der Zielgruppenanalyse in den Erziehungs- und Lebensberatungsstellen

Aufgabe der Erziehungs- und Lebensberatungsstellen ist es Eltern und junge Menschen in der Klärung und Bewältigung von individuellen und familienbezogenen Problemen und den ihnen zu Grunde liegenden Faktoren zu unterstützen. Sie sind als niedrigschwellige Anlaufstellen für Lebens- und Erziehungsfragen konzipiert, die von Eltern und jungen Menschen direkt genutzt werden können. Nach den Erfahrungen der beteiligten Beratungsstellen sind psychische Belastungen oder auch psychische Erkrankungen zentrale Themen in der Beratungsarbeit. Mit der Zielgruppenanalyse in diesem Bereich sollte darum der Blick geschärft werden, in welchem Umfang das Thema psychische Erkrankung in der Praxis der Beratungsstellen relevant wird und welche weiteren Merkmale diese Gruppe auszeichnen. Dazu wurde in insgesamt drei Beratungsstellen (je Modellstandort eine) eine Stichtagsbetrachtung zu den laufenden Beratungskontakten durchgeführt.

Die Anzahl der laufenden Beratungskontakte, die mit der Erhebung erfasst werden konnten, war zwischen den Lebensberatungsstellen und der Erziehungsberatungsstelle sehr unterschiedlich verteilt. In den beteiligten Lebensberatungsstellen bestanden zum 30. September 2006 insgesamt 167 Beratungsverhältnisse. In der beteiligten Erziehungsberatungsstelle waren es 1067 Beratungsverhältnisse. Davon war das Thema „psychische und/oder Suchterkrankung" in insgesamt 72 Beratungsverhältnissen bedeutsam, wobei sich diese sehr gleichmäßig auf alle drei Beratungsstellen verteilten (22, 24 und 26 Fälle). In diese Beratungen wurden insgesamt 96 Kinder einbezogen bzw. diese fanden in der Beratung Berücksichtigung.

Bezogen auf die Verteilung zwischen psychischer Erkrankung und Suchterkrankung zeigen sich zwischen den drei Beratungsstellen deutliche Unterschiede. So ging es in Bad Kreuznach in gut drei Viertel der Fälle um psychische Erkrankung, entsprechend in knapp einem Viertel um Suchterkrankungen. In Ludwigshafen betrug der Anteil der psychischen Erkrankungen gut 60 %, der der Suchterkrankung entsprechend knapp 40 %. Im Rhein-Hunsrück-Kreis waren beide Krankheitsgruppen zu gleichen Anteilen vertreten. Die psychische und/oder Suchterkrankung bzw. der Verdacht darauf bezog sich in gut 70 % der Beratungsverhältnisse auf die Mutter, in 30 % der Beratungsverhältnisse auf den Vater.

Im Unterschied zu den Ergebnissen der Zielgruppenanalyse im Jugendamt und in der Kinder- und Jugendpsychiatrie ist im Kontext der Beratungsstellen bei gut 60 % der betroffenen Elternteile eine psychiatrische Diagnose bekannt. Dabei wird ein breites Spektrum von Diagnosen benannt (Angststörungen, Borderline-Erkrankungen, Depressionen, posttraumatische Belastungsstörungen, Schizophrenie, Sucht). Dies bedeutet, dass in der Mehrzahl der Fälle die psychische Erkrankung ein offenes Thema ist und im Beratungsprozess direkter an die Auswirkungen und den Umgang damit angeknüpft werden kann. Für die verbleibenden 40 % der Fälle, in denen keine Diagnose bekannt ist, stellt sich aber auch hier die Aufgabe, die Einschätzungen der Fachkräfte mit den betroffenen Eltern zu kommunizieren und sie zur Abklärung der damit verbundenen Fragestellungen zu ermuntern.

In der Verteilung der Altersgruppen der in der Beratung berücksichtigten Kinder zeigt sich ein ähnliches Bild wie im Bereich des Jugendamtes.

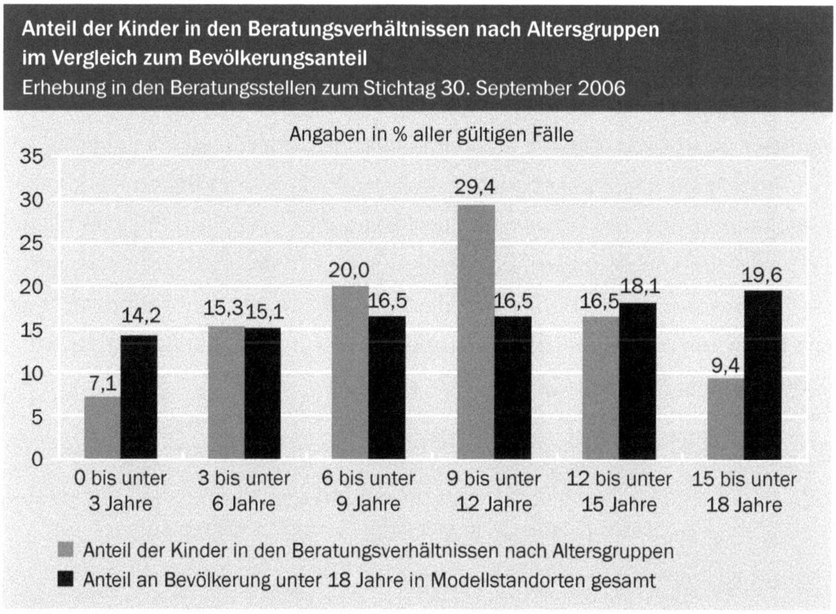

Auch hier stellen die Kinder im Alter zwischen neun und zwölf Jahren die größte Gruppe dar. Ihr Anteil beträgt rund 30 %. Neben dieser Altersgruppe sind auch die 6- bis 9-Jährigen im Vergleich zur Bevölkerung überrepräsentiert. Ihr Anteil macht immerhin noch ein Fünftel aus. Sowohl Kinder unter drei Jahren als auch Jugendliche zwischen 15 und 18 Jahren sind in der Beratungsarbeit gegenüber ihrem jeweiligen Bevölkerungsanteil deutlich unterrepräsentiert. Im Hinblick auf Familien mit Kleinstkindern stellt sich dazu die Frage, inwieweit die Möglichkeiten der Beratungsstellen zur entwicklungspsychologischen Beratung sowie zur Unterstützung gerade psychisch erkrankter oder schwer belasteter Mütter im Bindungsaufbau mit ihren Säuglingen hier noch stärker angeboten und genutzt werden könnten.

Im Durchschnitt gehören zu den Familien, die die Leistungen einer der hier beteiligten Beratungsstelle in Anspruch nehmen 2,2 Kinder. Ungefähr ein Drittel der Familien hat nur ein Kind. Der Anteil der Familien mit zwei Kindern liegt bei 43 %, der Anteil der Familien mit drei und mehr Kindern bei knapp einem Fünftel.

Bezogen auf die Kinder, die in die Beratung einbezogen wurden, leben rund 85 % in der Herkunftsfamilie bzw. mit mindestens einem Elternteil zusammen. Dies bedeutet zugleich, dass 15 % dieser Kinder bei anderen Verwandten und Bekannten, in einer Pflegefamilie oder in Heimerziehung leben. Dabei sind alle drei Lebensorte außerhalb der Herkunftsfamilie ähnlich bedeutsam (6,9 % bei Verwandten und Bekannten, 4,6 % in Pflegefamilien, 3,4 % in Heimeinrichtungen). Betrachtet man darüber hinaus die Lebensorte der Geschwister, die nicht direkt in die Beratung einbezogen waren, so zeigt sich in diesem Ausschnitt der Zielgruppe wiederum, wie häufig Geschwisterkinder an verschiedenen Orten leben.

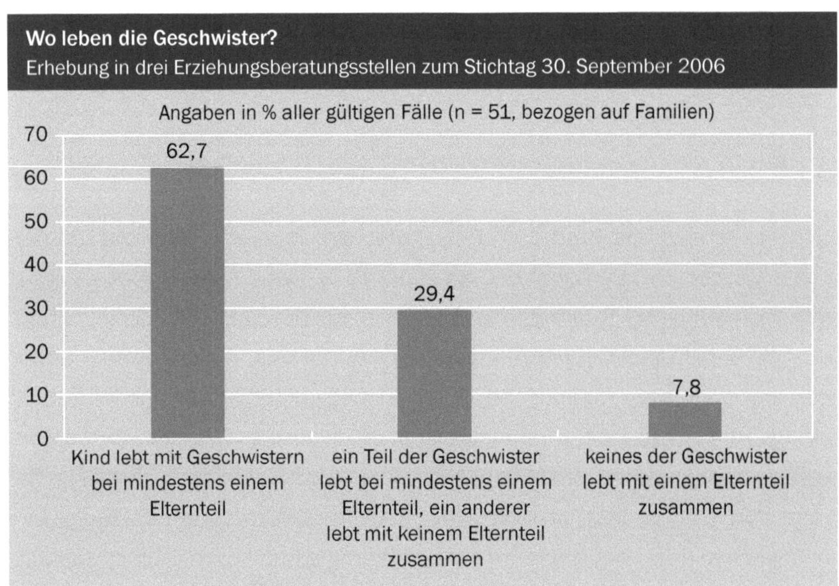

So leben in gut 60 % der beratenen Familien alle Kinder gemeinsam bei mindestens einem Elternteil. In rund 30 % der Familien lebt nur ein Teil der Kinder in der Herkunftsfamilie, ein anderer Teil entweder bei Verwandten bzw. Bekannten oder in Formen der öffentlichen Erziehung (Pflegefamilie,

Heimerziehung). Bei weniger als 10 % der Familien lebt kein Kind mehr in der Herkunftsfamilie. Vor diesem Hintergrund ist anzunehmen, dass in diesen Beratungskontexten das Zusammenleben von Eltern und Kindern ein zentrales Thema darstellt. Dabei kann es zum einen um die Frage gehen, wie das Zusammenleben erhalten und gelingender gestaltet werden kann. Zum anderen können aber auch gemeinsame Einschätzungsprozesse relevant werden, inwieweit die Eltern ihren Kindern noch ausreichend gerecht werden können und die familiäre Situation den Kindern noch zumutbar ist. Darüber hinaus kann es aber auch um die Frage gehen, wie eine Rückkehr der Kinder in den elterlichen Haushalt ermöglicht werden kann. Dabei gilt es jeweils die Möglichkeiten und Grenzen der Eltern einerseits, aber auch die Bedürfnisse der Kinder andererseits abzuwägen und aufeinander zu beziehen. Die realistische Selbsteinschätzung der Erziehungsverantwortlichen auch im Hinblick auf die psychische Erkrankung und deren Auswirkungen ist dabei genauso relevant, wie Aspekte von Krankheitseinsicht und Behandlungsbereitschaft sowie die Sensibilisierung der Eltern für die Bedürfnisse der Kinder und die Entwicklung eines angemessenen Umgangs mit der Erkrankung innerhalb der Familie.

Obwohl im Rahmen der Beratungsstelle in 60 % der Fälle eine psychiatrische Diagnose vorlag, fand auch hier in der überwiegenden Zahl der Fälle kein Kontakt mit der Erwachsenenpsychiatrie statt. Lediglich in acht von 72 Fällen kam ein solcher zustande, wobei dieser in vier Fällen ohne Beteiligung der Betroffenen nur im direkten Verhältnis von Beratungsstelle und Erwachsenenpsychiatrie durchgeführt wurde.

Ähnlich wie im Bereich des Jugendamtes zeigt sich auch in diesem Ausschnitt der Zielgruppe, dass die Familien oftmals verschiedene Institutionen und Professionen in Anspruch nehmen. Im Durchschnitt sind dies hier 1,6 Institutionen je Familie.

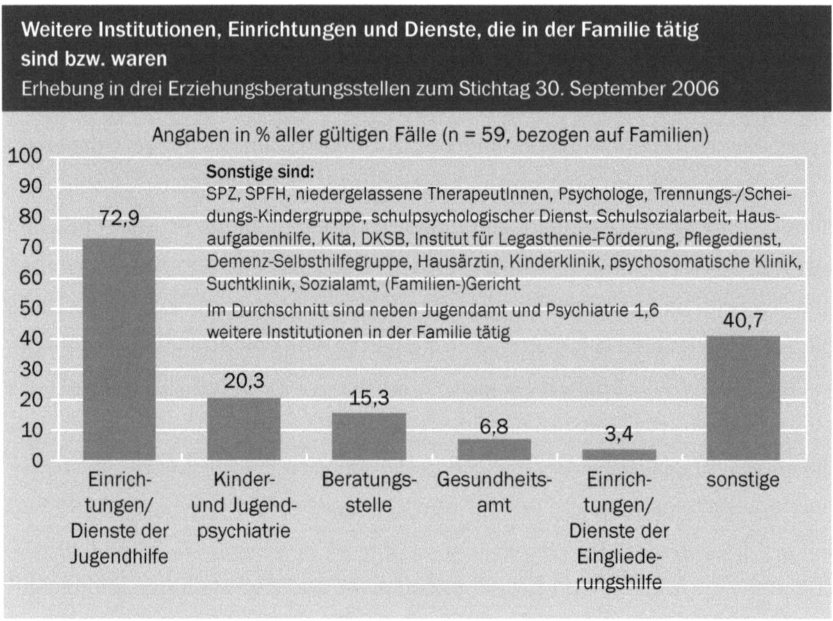

Am häufigsten werden Leistungen der Kinder- und Jugendhilfe in Anspruch genommen. Wenn Familien weitere Hilfen wahrnehmen, dann sind dies zu gut 70 % Einrichtungen und Dienste der Kinder- und Jugendhilfe. In 20 % der Fälle werden (zudem) die Angebote der Kinder- und Jugendpsychiatrie genutzt. Darüber hinaus gibt es eine breite Streuung von Institutionen und Professionen, die von den Beratungsstellen als weitere Unterstützung für die Familie angegeben werden. Dies reicht vom sozialpädiatrischen Zentrum über den schulpsychologischen Dienst bis hin zum Familiengericht.

Insgesamt zeigen die Ergebnisse zur Zielgruppenanalyse in den Beratungsstellen, dass psychisch erkrankte oder auch psychisch stark belastete Eltern und ihre Kinder auch hier eine bedeutende Gruppe innerhalb des Klientels darstellen. Dabei liegt das besondere Potential der Erziehungs- und Lebensberatungsstellen darin, dass sie auf Grund ihrer konzeptionellen Ausrichtung und fachlichen Ausstattung ein breites inhaltliches Spektrum abdecken und somit sehr individuell auf die jeweiligen Fragen und Sorgen von Eltern und

Kindern eingehen können. So können gleichermaßen individuelle Themen wie seelische Probleme, Verhaltensauffälligkeiten oder Leistungsprobleme von Eltern und Kindern wie auch familiale Krisen, Erziehungsschwierigkeiten oder Partnerschaftskonflikte bearbeitet werden. Darüber hinaus verfügen die Beratungsstellen über fachliche Wissensbestände sowohl zum Bereich psychischer Erkrankungen als auch zu Entwicklungs- und Erziehungsprozessen von Kindern, die es bezogen auf die besondere Situation von Kindern psychisch kranker Eltern entsprechend zusammenzuführen gilt.

Im Hinblick auf die Entwicklung angemessener Unterstützungsstrukturen für Kinder psychisch kranker Eltern und deren Familien sind die Beratungsstellen aber auch über die individuellen Beratungen hinaus als wichtige Kooperationspartner anzusehen. So gehören zu ihrem Leistungsspektrum auch präventive sowie einzelfallübergreifende und stärker zielgruppenorientierte Angebote sowie die Zusammenarbeit mit unterschiedlichen Institutionen insbesondere im Regelbereich (Kindertagesstätten, Schulen). Beratungsstellen verfügen oftmals über reichhaltige Erfahrungen in der Konzeptionierung und Durchführung von Gruppenangeboten für Kinder und Eltern, aber auch mit Präventionsangeboten in Kindertagesstätten und Schulen. Auch Beratungsansätze mit so genannter Geh-Struktur sind in diesem Kontext mit Blick auf die Erleichterung von Zugängen für die Rat- und Hilfesuchenden relevant. Zudem ist die Beratung von Fachkräften (z. B. in Kindertagesstätten, Schulen, Jugendhilfeeinrichtungen etc.) eine wesentliche Aufgabe von Fachkräften der Beratungsstellen. Vor diesem Hintergrund stellt sich die Frage, wie diese Kenntnisse und Erfahrungen auch für die Zielgruppe Kinder psychisch kranker Eltern nutzbar gemacht werden können.

8.1.5 Zusammenschau der Erkenntnisse zur Zielgruppe aus dem Blickwinkel von vier Handlungsbereichen

Die Zusammenschau der Ergebnisse der Zielgruppenanalyse zeigt, dass psychisch erkrankte Eltern und ihre Kinder in allen vier ausgewählten Handlungsbereichen eine bedeutende Zielgruppe darstellen. So ist davon auszugehen, dass ungefähr jede fünfte Patientin bzw. jeder fünfte Patient in den Kliniken der Erwachsenenpsychiatrie minderjährige Kinder hat. In den Fallberatungen der Allgemeinen Sozialen Dienste der Jugendämter ist die psychische Erkrankung oder Suchterkrankung eines Elternteils sogar bei jeder dritten Familie in Betracht zu ziehen. Ähnlich wird auch in der Kinder- und Jugendpsychiatrie bei fast einem Drittel der Kinder eine psychische Erkrankung eines Elternteils angenommen. Schließlich sind die Erziehungs- und Lebensberatungsstellen wichtige Anlaufstellen für psychisch erkrankte Eltern und ihre Kinder.

Im Vergleich der Ergebnisse lassen sich vier Aspekte unterscheiden, die die bisher ausgeführten Befunde differenzieren und eine vertiefende Betrachtung anregen. Dabei geht es zum einen um die besondere Bedeutung psychisch erkrankter Mütter. Zum anderen können bezogen auf die Kinder Hinweise auf altersspezifische Anforderungen an Unterstützungsstrukturen gewonnen werden. Darüber hinaus gilt es die Unterschiede zwischen den vier Erhebungen bezüglich des Lebensorts der Kinder eingehender zu beleuchten. Schließlich kann die Bedeutung der Kooperationsaufgaben der Professionellen auch über die gewonnene Datenbasis unterstrichen werden.

Während im Bereich der Kliniken der Erwachsenenpsychiatrie das Verhältnis zwischen Müttern und Vätern noch relativ ausgeglichen ist (60:40), fällt im Jugendamt ebenso wie in der Kinder- und Jugendpsychiatrie und den Beratungsstellen auf, dass hier der Anteil der betroffenen Mütter deutlich höher ist. So betrifft im Bereich des Jugendamtes wie auch der Kinder- und Jugendpsychiatrie die psychische Erkrankung oder die Suchterkrankung in 80 % der Fälle die Mutter. Im Bereich der Beratungsstellen liegt dieser Anteil bei 70 %. Eine „Mutterlastigkeit“ konnte wie oben bereits erwähnt auch in anderen Untersuchungen festgestellt werden. Danach haben mehr psychisch erkrankte Frauen als Männer Kinder und leben mit diesen in einem Haushalt zusammen (vgl. Lenz 2005). Die hier vorliegenden Ergebnisse zeigen nun darüber hinaus, dass sie auch häufiger professionelle Hilfen in Anspruch nehmen als psychisch erkrankte Väter. Dabei scheinen zwei Aspekte bedeutsam. Zum einen wirkt sich die Erkrankung der Mutter meist stärker beeinträchtigend auf die Kinder aus. Da vielfach die Mutter für die Alltagsversorgung der Kinder verantwortlich ist, führt ihre Erkrankung eher zum „Zusammenbrechen vertrauter familiärer Alltagsstrukturen" (Lenz 2008, S. 26). Ist die Mutter überdies allein erziehend, sind die Kinder viel eher auf sich allein gestellt und übernehmen entsprechend Aufgaben in der Haushaltsführung sowie in der Betreuung jüngerer Geschwister. Diese Kinder stehen stärker in der Gefahr der Überforderung und Überlastung durch zu viele und altersunangemessene Aufgaben. Zum anderen ist davon auszugehen, dass entsprechend der stärkeren Verantwortungsübernahme durch die Mütter auch ihre Bereitschaft zur Inanspruchnahme von Hilfen größer ist, wenn sie dieser Verantwortung nicht mehr ausreichend nachkommen können. Denn in aller Regel ist den Müttern sehr viel an einer gelingenden Entwicklung ihrer Kinder gelegen. Oftmals fühlen sie sich schuldig, wenn sie dieser eigenen Zielsetzung nicht adäquat gerecht werden können. Dieses Verantwortungsbewusstsein der Mütter (aber auch der Väter) ist ein wichtiger Motivation schaffender Faktor für die Inanspruchnahme von Hilfen, ggf. auch für die Erarbeitung von Krankheitseinsicht und Behandlungsbereitschaft.

Bezogen auf das Alter der Kinder zeigt der Vergleich der Erhebungen, dass Familien mit Kindern unter drei Jahren im Bereich des Jugendamtes, der Kinder- und Jugendpsychiatrie und auch der Beratungsstellen deutlich seltener vertreten sind als in den Kliniken der Erwachsenenpsychiatrie. Während fast ein Fünftel der Patientinnen und Patienten in den Kliniken der Erwachsenenpsychiatrie Kinder unter drei Jahre hat, liegt ihr Anteil sowohl im Jugendamt als auch in den Beratungsstellen bei maximal 10 %. Hier stellt sich die Frage, inwieweit psychisch erkrankte Eltern mit Kleinkindern in den Jugendämtern wie auch in den Beratungsstellen bisher ausreichend im Blick sind.

Auffallend ist der geringe Anteil an Patientinnen und Patienten in den Kliniken der Erwachsenenpsychiatrie, die (noch) mit ihren Kindern zusammenleben (knapp 50 %). Im Vergleich dazu ist dieser Anteil in den drei anderen Untersuchungen deutlich höher (70-80 %). Die Unterstützungsleistungen der

Kinder- und Jugendhilfe einschließlich der Beratungsstellen sowie die Kinder- und Jugendpsychiatrie sind vor diesem Hintergrund auch als wichtige familienerhaltende Maßnahmen anzusehen, sofern es hier um die Frage geht, wie eine möglichst gelingende Bewältigung der Erkrankung erreicht und die Kinder angemessen in ihrer Entwicklung gefördert und begleitet werden können. Allerdings zeigt sich über alle Erhebungen auch, dass Fremdunterbringungen in Pflegefamilien und Heimerziehung für Kinder psychisch kranker Eltern immer wieder notwendig werden. So liegt der Anteil der Fremdunterbringungen über alle Leistungsbereiche in einem ähnlichen Bereich (8-18 %).

Darüber hinaus wurde über die Frage nach dem Lebensort der Kinder deutlich, wie häufig Kinder psychisch erkrankter Eltern bei Verwandten und Bekannten leben und somit die Verwandtenpflege hier besondere Bedeutung gewinnt. Am stärksten ist dieses Ergebnis im Bereich der Kliniken der Erwachsenenpsychiatrie ausgeprägt. Hier lebt fast ein Drittel der Kinder bei Verwandten oder Bekannten. Sind dagegen Institutionen involviert, die mit der Förderung und Behandlung der Kinder sowie der Unterstützung der Eltern in der Wahrnehmung ihrer Erziehungsaufgaben beauftragt sind, so leben die jungen Menschen, die mit keinem Elternteil zusammenleben können, eher in einer Pflegefamilie oder in Heimerziehung als bei Verwandten oder Bekannten. Der Anteil der Verwandtenpflege liegt dann deutlich unter 10 %. Hier schließt sich die Frage an, wie die Lösungsstrategien und Ressourcen der Familien im Sinne bedarfsgerechter Hilfen genutzt und gestärkt werden können. Dazu gehört auch die frühzeitige professionelle Begleitung und Unterstützung von innerfamiliären Lösungen im Sinne niedrigschwelliger und für die Familien anschlussfähiger Hilfen.

Dem Thema Kooperation kommt schließlich in zweifacher Hinsicht für die Zielgruppe Kinder psychisch kranker Eltern besondere Bedeutung zu. Zum einen ist die Kooperation von Jugendhilfe und Erwachsenenpsychiatrie im Hinblick auf die notwendigen fachlichen Kenntnisse und Einschätzungen erforderlich. Denn bezogen auf die psychische Erkrankung und ihre Auswirkungen bedarf es immer auch medizinischpsychiatrischer Kenntnisse. Die

Fachkompetenz der Kinder- und Jugendhilfe ist demgegenüber hinsichtlich der Wahrnehmung von Erziehungsaufgaben und der Entwicklung der Kinder gefragt. Die Ergebnisse der Zielgruppenanalyse zeigen allerdings über alle Bereiche, dass die Praxis diesbezüglich noch am Anfang steht. Im Verlauf des Landesmodellprojektes konnten hierzu eine Reihe von Impulsen gesetzt, aber auch zu überwindende Hürden identifiziert und Lösungsmöglichkeiten aufgezeigt werden. Diese werden in den weiteren Kapiteln sukzessive vorgestellt und erläutert.

Zum anderen wurde über die Zielgruppenanalyse herausgearbeitet, mit wie vielen Institutionen und Professionen Familien mit einem psychisch erkrankten Elternteil in Kontakt stehen. Im Verlauf des Landesmodellprojektes konnten mögliche Ansätze zur Koordinierung und Abstimmung der Hilfen entwickelt werden.

8.2 Fachlich-inhaltliche Einschätzungen der Fachkräfte – Ergebnisse der ExpertInneninterviews

ExpertInneninterviews ermöglichen einen explorativen Zugang zu einem Handlungsfeld und nehmen dazu gezielt Bezug auf die Wissensbestände von Fachkräften in unterschiedlichen Kontexten (vgl. Meuser/Nagel 1997). Für eine Bestandsaufnahme zu Unterstützungsbedarfen von Kindern psychisch kranker Eltern war es bedeutsam Fachkräfte zu gewinnen, die auf Grund ihres professionellen Auftrages möglichst unterschiedliche Perspektiven auf Bedarfslagen und geeignete Hilfeangebote einnehmen konnten. Außerdem sollten alle drei für diese Zielgruppe maßgeblichen Leistungsbereiche (Jugendhilfe, Gesundheitswesen, Eingliederungshilfe) repräsentiert sein, um gerade auch die Kooperationserfahrungen an den Schnittstellen beleuchten zu können.

So wurden insgesamt 21 Fach- und Leitungskräfte aus den drei Modellstandorten ausgewählt. Im Einzelnen waren folgende Institutionen und Professionen vertreten: drei Leitungskräfte der Sozialen Dienste, drei Leitungskräfte in Einrichtungen der Kinder- und Jugendhilfe, vier Fachkräfte in psychiatrischen Kliniken (überwiegend Sozialdienst), drei Mitarbeiterinnen des Sozialpsychiatrischen Dienstes, fünf Mitarbeiterinnen in Beratungsstellen. In allen Bereichen waren Interviewpartnerinnen aus sämtlichen Modellstandorten vertreten. Darüber hinaus wurden Interviews mit zwei niedergelassenen Kinder- und Jugendpsychiaterinnen sowie einer Fachkraft einer Tagesförderstätte geführt.

ExpertInneninterviews zeichnen sich dadurch aus, dass sie die Einschätzungen von Fachkräften stark gegenstandsbezogen nachfragen. Entsprechend erfordert das ExpertInneninterview eine thematische Vorstrukturierung. Für die Bestandsaufnahme zum Landesmodellprojekt „Kinder psychisch kranker Eltern“ waren drei Themenbereiche maßgeblich. Dies waren

- die jeweiligen subjektiven Erfahrungen mit dem Thema „Kinder psychisch kranker Eltern“,
- die Kooperationserfahrungen vor Ort,
- bereits bestehende und aus Sicht der jeweiligen Fachkraft notwendige Angebote.

Nachfolgend werden die Erkenntnisse aus den ExpertInneninterviews entlang dieser Themenbereiche und gegliedert nach Handlungsfeldern dargestellt.

8.2.1 Bisherige Erfahrungen der Fachkräfte mit Kindern psychisch erkrankter Eltern

Über alle Interviews hinweg wurde die Einschätzung geteilt, dass sich das Thema „Kinder psychisch kranker Eltern“ vor allem im Zeitraum der letzten drei bis fünf Jahre verstärkt in der Praxis bemerkbar gemacht hat. Außerdem hatten fast alle befragten Fachkräfte konkrete Erfahrungen in der Arbeit mit psychisch erkrankten Eltern und/oder deren Kindern.

Seitens der Mitarbeitenden in den **Jugendämtern** wurde hervorgehoben, dass nicht nur der Anteil psychisch erkrankter Eltern sondern insgesamt die psychischen Belastungen in den Familien zunehmen. So wird beobachtet, dass die Lebenssituation von Familien mit psychischen Auffälligkeiten von einem wachsenden Belastungspotential gekennzeichnet ist. Diese psychischen Belastungen können auch als Vorstufe für manifestierte psychische Erkrankungen angesehen werden.

Nach Einschätzung der ASD-Fachkräfte stehen die Auffälligkeiten, die die Kinder zeigen, in deutlichem Zusammenhang mit der psychischen oder auch der Suchterkrankung der Eltern. Allerdings kommt oftmals die Erkrankung des Elternteils erst über die Auffälligkeiten der Kinder in den Blick.

Die Kinder versuchen den kranken Elternteil zu beschützen oder zu aktivieren. Auch übernehmen die Kinder sichtbar Erwachsenenaufgaben. In der Familie steht häufig der erkrankte Elternteil im Mittelpunkt. Die Situation der Kinder und die Auswirkungen auf ihre Entwicklung sind für die ASD-Fachkräfte schwer zu bewerten.

Die ASD-Fachkräfte erleben unterschiedliche Erkrankungsbilder mit unterschiedlichen Ausprägungen. Oftmals gibt es nur Hinweise, aber keine konkrete Diagnosestellung. Dies stellt für die ASD-Fachkräfte eine besondere Schwierigkeit in der Zusammenarbeit mit den Eltern dar. Ein Interviewpartner berichtet allerdings auch, dass inzwischen betroffene Eltern eher von sich aus über ihre Erkrankung sprechen. Indem es mehr Akzeptanz für psychische Erkrankungen in der Öffentlichkeit gibt und zudem die Anzahl der psychisch erkrankten Menschen steigt, somit psychische Erkrankung „normaler“ wird, wird es für die Betroffenen leichter dies selbst zum Thema zu machen.

Als Entwicklungsbedarf werden seitens der Jugendämter die eigene Rollenklärung sowie die Einschätzung von Kindeswohlgefährdung im Zusammenhang mit psychischer Erkrankung benannt. So wird zum einen eine deutlichere Rollenklarheit gegenüber psychisch erkrankten Eltern als notwendig erachtet (Wahrnehmung des Wächteramtes vs. Anbieten von Unterstützungsleistungen). Zum anderen wird innerhalb des Amtes der Bedarf für eine stärkere Standardisierung im Einschätzungsprozess einer Kindeswohlgefährdung gesehen. Dies erfordert auch die fachliche Klärung, was eine drohende Kindeswohlgefährdung auszeichnet und wo die Schwelle für einen notwendigen Eingriff anzusiedeln ist.

Im Hinblick auf die psychische Erkrankung und deren Auswirkungen auf die Kinder ist auf Seiten der ASD-Fachkräfte mehr Wissen erforderlich. Außerdem wird ein fallübergreifender Austausch mit der Erwachsenenpsychiatrie gewünscht, bezogen auf das, was gemeinsam für psychisch erkrankte Eltern getan werden kann und worauf in der Zusammenarbeit zu achten ist.

Auch aus den **Einrichtungen der Hilfen zur Erziehung** wird berichtet, dass zunehmend Hilfen für Kinder psychisch erkrankter Eltern nachgefragt werden. Dabei bezieht sich die Erkrankung meist auf die Mutter. In der Zusammenarbeit mit diesen Eltern wurde die Erfahrung gemacht, dass hier besondere Handlungsstrategien erforderlich sind.

Während aus einer Einrichtung berichtet wird, dass meist keine diagnostische Abklärung seitens der Psychiatrie vorliegt, stellt sich dies in einer zweiten Einrichtung anders dar. Hier sind oft psychiatrische Diagnosen bekannt, am häufigsten Borderline, Schizophrenie, Depression und Sucht. In mehreren Fällen kam es während des Hilfeverlaufs auch zu Klinikaufenthalten aufgrund von schweren Selbstverletzungen. In der dritten Einrichtung werden zwei Gruppen von Eltern unterschieden. Dies sind zum einen Eltern, die sich bereits in einer psychiatrischen Behandlung befinden. Zum anderen geht es um Eltern, denen auf Grund ihres elterlichen Verhaltens das Sorgerecht entzogen wurde (z. B. wenn sie ihre Kinder zweieinhalb Jahre lang nicht außer Haus gelassen haben). Hier wird das Verhalten der Eltern seitens der Fachkräfte mit einer psychischen Erkrankung in Zusammenhang gebracht, es kam bisher aber nicht zu einer psychiatrischen Abklärung.

Für die Zusammenarbeit mit den Eltern ist es wichtig, dass das Thema psychische Erkrankung angesprochen und gemeinsam betrachtet werden kann. Hierzu können über die Eingangsdiagnostik bzw. die Familienanamnese Anknüpfungspunkte geschaffen werden. So entstehen Gesprächsanlässe beispielsweise in der Genogrammarbeit oder bei der Erarbeitung eines Zeitstrahls zur Familiengeschichte. Manche Eltern können bereits offensiv mit dem Thema psychische Erkrankung umgehen und sprechen von sich aus darüber. Für andere ist dies schwieriger. Familienanamnesen zeigen zudem, dass Eltern oftmals in ihrer Jugend- oder jungen Erwachsenenzeit Drogen konsumiert haben. Sie haben sich diesbezüglich zwar zwischenzeitlich stabilisiert, sind aber psychisch anfällig geblieben. Insofern können auch zurückliegende Suchterfahrungen von Eltern für die Bewältigung der aktuellen Lebenssituation relevant werden.

Als Herausforderungen in der Zusammenarbeit mit den Eltern werden von den Fachkräften zum einen fehlende Krankheitseinsicht aber auch die Selbstüberschätzung der Eltern beschrieben. So kann auch trotz vorliegender psychiatrischer Diagnose Krankheitseinsicht fehlen. Dies wirkt sich oftmals dahingehend aus, dass die betroffenen Eltern meinen ihre Kinder ausreichend versorgen zu können, dies aber nach Einschätzung der Fachkräfte nicht der Fall ist. Diese Differenz in den Einschätzungen gilt es entsprechend zu kommunizieren. Ggf. wird auch ein deutliches Eintreten für die Kinder erforderlich.

Aus einer Einrichtung wird berichtet, dass die regelmäßige Beratung und Reflexion der Fallberatung mit einem Kinder- und Jugendpsychiater für einen gelingenderen Umgang mit diesen Eltern sehr hilfreich war. So konnte herausgearbeitet werden, wo psychisch erkrankte Eltern klare Strukturierung und deutliche Grenzziehungen statt verstehendem Hören auf ihre Wünsche brauchen. Insbesondere dann wenn im Zuge der psychischen Erkrankung die Selbstreflexion stark eingeschränkt ist, braucht es oftmals eine stärkere Führung durch die Fachkräfte und stringentes Festhalten an den relevanten Themen. Die Grenzenlosigkeit der Eltern erfordert gewissermaßen eine deutliche Begrenzung durch die Professionellen. Hilfreich kann es dabei sein, wenn eine Kontaktperson und ggf. auch feste Kontaktzeiten (bzgl. Häufigkeit und Dauer) bestimmt werden. Für manche psychisch erkrankte Eltern sind dies wichtige Rahmenbedingungen, damit eine Zusammenarbeit im Rahmen der Hilfe überhaupt möglich werden kann.

Besonders aus dem Bereich der ambulanten Hilfe wurde die mangelnde Kontinuität in der Arbeit als besondere Schwierigkeit herausgestellt. So bestimmt oftmals der Krankheitsverlauf den Hilfeverlauf. Anvisierte Zielvereinbarungen sind nicht einzuhalten. Auch wird viel Aufmerksamkeit für das betroffene Elternteil und die Erkrankung gebunden. Dabei besteht die Gefahr, dass die

Kinder aus dem Blick geraten oder auch die Fachkräfte die fachlich notwendige Distanz zu den Eltern verlieren.

Die Kinder zeigen häufig viele Ängste und Verhaltensauffälligkeiten. Sie wissen oftmals nicht, was sie erwartet, wenn sie nach Hause kommen (z. B. nach der Schule) und in welchem Zustand sie die Mutter oder den Vater vorfinden. Auch sind sie selten über die Erkrankung informiert und können sich nicht erklären, was mit ihren Eltern los ist. Zugleich zeigen die Kinder ein hohes Maß an Loyalität gegenüber ihren Eltern, verschweigen Fehlverhalten der Eltern und nehmen große Verantwortung ihnen gegenüber wahr. Gerade die älteren Kinder übernehmen oftmals Aufgaben für die Eltern, sorgen sich um jüngere Geschwister. Ihre eigenen Bedürfnisse stellen sie zurück.

Ähnlich wie in den Jugendämtern sehen auch die Leitungskräfte in den Einrichtungen der Hilfen zur Erziehung die Notwendigkeit, dass sich Fachkräfte der Kinder- und Jugendhilfe zum Thema psychische Erkrankung kundig machen und so mehr Handlungssicherheit im Umgang damit gewinnen.

Besonders im Hinblick auf kleine Kinder wird auch hier die Gewährleistung des Kindeswohls angesprochen: Wer kann die Situation innerhalb der Familie einschätzen? In welchem Maße kann das Helfersystem ausreichend Stabilität für die Kinder sichern? Wie kommt es zu der Entscheidung, dass das Kindeswohl an einer bestimmten Stelle nicht mehr gesichert ist? Dies sind komplexe Einschätzungsfragen, mit denen zugleich eine hohe Verantwortung verbunden ist. Dies gilt umso mehr, als gerade kleine Kinder nur sehr begrenzte Möglichkeiten haben, aktiv nach Hilfe zu fragen. Mit zunehmenden Alter können dagegen mit den Kindern und Jugendlichen Krisenpläne entwickelt und mögliche Handlungsstrategien erarbeitet werden, wie sie sich mit ihren Bedürfnissen zu Wort melden können.

In den **Beratungsstellen** wird das Thema psychische Erkrankung seitens der betroffenen Eltern oftmals nur indirekt angesprochen bzw. muss im Beratungsverlauf erarbeitet werden. So beziehen sich die Anmeldungen in der Erziehungsberatung meist auf Auffälligkeiten der Kinder oder die betroffenen Eltern teilen sich über Gefühle mit („ich bin oft traurig"). Andere bringen auch eher erzählend Hinweise ein („ich war auch schon mal in der Klinik", „ich hatte schon einen Nervenzusammenbruch", „mein Mann hat ein Alkoholproblem und war deshalb in Alzey"). Eine Beraterin berichtet zudem, dass sie manchmal erst im Verlauf eines Beratungsprozesses den Eindruck bekommt, dass eine psychische Erkrankung dahinter stehen könnte. Dieser Eindruck resultiert dann meist aus wiederkehrenden Erzählungen, die stutzig machen (z. B. „bei mir wird ständig eingebrochen"). Bei all diesen verschiedenen Formen von Hinweisen und Ankerpunkten sind die Beraterinnen und Berater herausgefordert, diese Mitteilungen so aufzugreifen, nachzufragen und ggf. zu konkretisieren, dass das Thema psychische Erkrankung zur Sprache kommen und im weiteren Beratungsprozess gemeinsam bearbeitet werden kann.

In einer Beratungsstelle wurde überdies festgestellt, dass das Thema „Kinder psychisch kranker Eltern" häufig im Kontext der Trennungs- und Scheidungsberatung und hier besonders in hochstrittigen Situationen der Umgangsregelung auftritt. Dabei fällt auch auf, dass es in diesen hochstrittigen Trennungssituationen oftmals um Frauen geht, die sich aus einer sehr belasteten Situation über die Trennung befreit haben. Im Zuge der Umgangsregelungen nach dem Kindschaftsrecht müssen sie sich dann erneut mit dem Ex-Partner auseinandersetzen. Daraus ergeben sich fast unlösbare Situationen.

Hinsichtlich der Beratungsarbeit mit psychisch erkrankten Eltern wird von den Fachkräften der Beratungsstellen resümiert, dass es hier um hoch belastete Familiensysteme und hoch belastete Kinder geht. Es geht um chronifizierte Probleme, die nicht mit „ein paar" Beratungseinheiten bearbeitet werden können. Oft braucht es ein kontinuierliches Beratungsangebot für die Eltern, aber auch die Arbeit mit den Eltern an der Frage, was die Kinder und das Familiensystem insgesamt benötigen.

Meist stehen diese Familien schon im Kontakt mit dem Jugendamt und häufig gibt es bereits eine sozialpädagogische Familienhilfe. Eine besondere Herausforderung in der Zusammenarbeit mit diesen Familien ist aus Sicht der Beratungsstellen die krankheitsbedingte mangelnde Kontinuität. Gerade phasenhaft verlaufende Erkrankungen, psychotische Schübe oder auch der Rückfall in die Sucht erfordern immer wieder neue Anpassungen sowie eine besondere Aufmerksamkeit für das Wohlergehen der Kinder. So können diese Eltern ihren Kindern keine kontinuierliche Verlässlichkeit bieten und überfordern sie häufig. Das Einzelgespräch mit den Kindern ist in diesem Zusammenhang ein wichtiger Bestandteil des Beratungsprozesses, um sich einen direkten Eindruck von den Kindern zu verschaffen und eine Einschätzung zu ihrem spezifischen Unterstützungsbedarf zu gewinnen. Dabei gilt es auch sensibel mögliche Gefährdungssituationen der Kinder einzuschätzen.

Im Rahmen der Drogen- und Suchtberatung fällt darüber hinaus auf, dass viele suchtkranke Kinder psychisch kranker oder auch suchtkranker Eltern sind. Bezogen auf Klienten, die illegale Drogen konsumieren, wurde zudem festgestellt, dass diese oftmals Kinder von alkoholkranken Eltern sind. Sie grenzen sich gewissermaßen von der Suchterkrankung ihrer Eltern ab, indem sie selbst ein anderes Suchtmittel nutzen.

Eltern minderjähriger Kinder kommen zum Teil im Zuge von Auflagen seitens des Jugendamtes zur Sucht- und Drogenberatung. Oftmals haben sie über Jahre versucht ihre Sucht zu verdecken. Meist hat sich dann die familiäre Situation bereits so zugespitzt, dass es zur Herausnahme der Kinder kommt. Dieser Schritt ist für die Eltern schwer zu akzeptieren. Aufgabe der Beratungsarbeit ist hier die Eltern einerseits in ihrer Situation zu verstehen, sie andererseits aber auch aus ihrer Opferrolle herauszuholen und sie in ihrer Elternverantwortung anzusprechen. Die zentrale Leitfrage ist dann, was die Eltern selbst dazu beitragen können, dass sich die häusliche Situation verbessert und das Kind zurückkehren kann. Allerdings schaffen nicht alle Eltern eine solche Veränderungsleistung.

Erfahren Beratungsfachkräfte in der Suchtberatung von schwierigen familiären Verhältnissen und möglichen Anhaltspunkten für eine Kindeswohlgefährdung, so stellen sich gerade für den illegalen Bereich spezifische Herausforderungen, da dieser einer besonderen Form der Schweigepflicht unterliegt. Denn die Beratungsstelle kann nur einen Ausstieg aus der Illegalität anbieten und unterstützen, wenn sie zugleich einen beschützten und vertraulichen Rahmen gewährleistet. Dieser wird aber mit der Information einer anderen Stelle möglicherweise gefährdet. Hier braucht es entsprechend gut abgestimmte Vorgehensweisen hinsichtlich der institutionsinternen Information, der Information des betroffenen Elternteils sowie der weiteren Bearbeitung der Meldung, die seitens der Beratungsstelle gegenüber dem Jugendamt gemacht wird. Eine entsprechende Vereinbarung mit dem Jugendamt analog der Vereinbarungen nach § 8a SGB VIII kann hier der Verständigung dienen und Handlungssicherheit schaffen.

In den **Sozialpsychiatrischen Diensten** heben die befragten Fachkräfte zum Thema „Kinder psychisch kranker Eltern“ auf unterschiedliche Aspekte ab. So stellt eine Fachkraft fest, dass die Kinder (auch noch als Erwachsene) in Folge der Erkrankung der Eltern Schwierigkeiten mit ihrer eigenen Lebensbewältigung haben. Oft fallen die Kinder auf ihre Weise auf oder erkranken ebenfalls. Allerdings ist die besondere Situation dieser Kinder noch wenig im Blick. Zugleich sind die Eltern aus Sicht einer Fachkraft „Gefangene ihrer eigenen Problematik“. Sie selbst sprechen das Thema kaum an.

Eine andere Fachkraft berichtet, dass die Kinder vor allem dann im Fokus sind, wenn die Mutter erkrankt und alleinerziehend ist. Ähnliches gilt, wenn es noch weitere Schwierigkeiten in der Familie gibt und die Situation insgesamt als instabil anzusehen ist. Dann aber gehört auch die enge Zusammenarbeit mit dem Jugendamt dazu. Insbesondere wenn es keine Angehörigen gibt, die sich um die Kinder kümmern können, werden gemeinsam mit dem Jugendamt Lösungen gesucht, vor allem wenn ein Klinikaufenthalt notwendig wird.

Allerdings kann der Sozialpsychiatrische Dienst nicht direkt unterstützende Hilfen für die Kinder (und die Eltern) vermitteln. Auch kann er nur mit Einverständnis der Eltern Kontakt zum Jugendamt aufnehmen. Dieser Schritt ist für viele Eltern mit Angst besetzt. Sie kennen die Angebote des Jugendamtes vielfach nicht, sondern verbinden damit allein die Herausnahme ihres Kindes. Auch sehen manche Eltern in einer Hilfe eher eine Überforderung denn eine Entlastung. Hier kommt den Fachkräften der Sozialpsychiatrischen Dienste eine wichtige ermutigende Funktion zu, die Brücken hin zum Jugendamt als einer zu aller erst beratenden Institution bauen kann.

Oftmals treffen psychisch erkrankte Eltern Arrangements mit Familienangehörigen, organisieren gewissermaßen selbst eine Unterbringung für ihre Kinder im Verwandtenkreis. Diese Lösungsoptionen der betroffenen Eltern werden von den Fachkräften des Sozialpsychiatrischen Dienstes unterschiedlich bewertet. Während eine Fachkraft stark die Selbstorganisationskompetenzen der Familien hervorhebt, problematisiert eine andere die Überforderung der Angehörigen. So sieht die erstere die Kinder bei den Angehörigen gut versorgt. Als Sozialpsychiatrischer Dienst steht sie als Ansprechpartnerin zur Verfügung und kennt in der Regel auch die Kontaktdaten der betreuenden Angehörigen. Ein direkter Kontakt zu den Kindern besteht hier allerdings nicht. Die andere Fachkraft hebt darauf ab, dass eine rein praktische Versorgung der Kinder nicht ausreicht. Bezüglich der seelischen Unterstützung der Kinder sind aber die Möglichkeiten der Angehörigen meist begrenzt. Die aufnehmenden Angehörigen bräuchten mehr Wissen, wie es den Kindern psychisch erkrankter Eltern geht, sowie konkrete Unterstützung in der Begleitung der Kinder.

Im Hinblick auf die Situation von Kindern psychisch kranker Eltern wird von den Fachkräften der Sozialpsychiatrischen Diensten besonders hervorgehen, dass die Stigmatisierung von psychisch Kranken und die Tabuisierung des Themas zusätzliche Belastungsfaktoren darstellen. Die Stigmatisierung im Umfeld führt zur Tabuisierung innerhalb der Familie, die Tabuisierung wiederum fördert die Stigmatisierung. Es entsteht ein Teufelskreis, aus dem schwer herauszukommen ist. Auch die Kinder gelangen immer tiefer in diesen Strudel hinein und bleiben mehr und mehr allein. Hierauf gilt es in der Entwicklung von Unterstützungsstrukturen ein besonderes Augenmerk zu legen.

Die Fachkräfte in den **Sozialdiensten der Kliniken** berichten, dass die Anzahl der Eltern mit minderjährigen Kindern unter den Patientinnen und Patienten der Kliniken deutlich angestiegen ist. Es sind allerdings insbesondere Mütter, seltener Väter. Die akute Erkrankung erfordert in der Regel eine vollstationäre Behandlung. Die Behandlung in der Tagesklinik erfordert etwas mehr Stabilität. Allerdings bevorzugen gerade psychisch erkrankte Mütter die Tagesklinik, da die Versorgung der Kinder dann einfacher zu organisieren ist.

Nach Einschätzung einer Fachkraft stehen die betroffenen Eltern häufig schon im Kontakt mit dem Jugendamt oder ein solcher hat in der Vergangenheit bereits stattgefunden. Wird eine Kontaktaufnahme mit dem Jugendamt seitens des Sozialdienstes vorgeschlagen, dann fragen Eltern häufig erst einmal nach, welche Folgen das nach sich ziehen kann. Auch hier zeigt sich deutlich die Angst der Eltern, dass ihr Kind fremduntergebracht wird. Mit einer klaren Information, dass es noch eine Reihe von anderen Hilfen gibt und es um die gemeinsame Klärung geht, welche Unterstützung für sie passend ist, lassen sich die Eltern meist beruhigen und zur Inanspruchnahme dieser Möglichkeit ermuntern. Häufig sagen auch die Mütter selbst, dass sie mit ihren Kindern nicht mehr zurecht kommen. Dies kann auch als Signal für einen Unterstützungsbedarf und die Bereitschaft zur Inanpruchnahme von Hilfen bezüglich der Ausübung von Erziehungsaufgaben verstanden und für die Kontaktaufnahme mit dem Jugendamt entsprechend genutzt werden.

Bei Müttern mit Persönlichkeitsstörungen und Selbstverletzungstendenzen fällt den Fachkräften im Sozialdienst auf, dass die Kinder häufig bereits das Verhalten der Mutter nachahmen. Das kann in der Klinik beobachtet werden, wenn die Kinder zu Besuch kommen. So malte sich beispielsweise ein Kind mit rotem Filzstift die Unterarme an. Darin spiegelte sich das Ritzen der Mutter. Manche Mütter können formulieren, dass ihnen selbst auffällt, wie die Kinder ihr eigenes Verhalten nachahmen. Aber sie wissen nicht, wie sie damit umgehen sollen. Implizit fragen die Mütter nach Beratung und Unterstützung. Auch diese Gelegenheiten werden von den Fachkräften im Sozialdienst als Türöffner für die Kontaktaufnahme zum Jugendamt genutzt.

Manche Elternteile bzw. Angehörige, die während des Klinikaufenthaltes die Betreuung der Kinder übernommen haben, fragen beim Sozialdienst nach Unterstützungsmöglichkeiten. Hier ist es wichtig, dass die Fachkräfte entsprechend kompetent beraten und Kontakte herstellen können. Eine wichtige Unterstützungsmöglichkeit sind dabei die Hilfen der Krankenkassen, z. B. das Kinderkrankengeld für berufstätige Elternteile (meist die Väter), die für die Zeit des Klinikaufenthaltes zu Hause bleiben oder auch die finanzielle Unterstützung für eine Haushaltshilfe. Falls die Mittel nicht ausreichen, können auch ergänzende Lösungen mit dem Jugendamt gefunden werden (z. B. Betreuung auch über Nacht, um eine durchgängige personelle Kontinuität für das Kind innerhalb der vertrauten Wohnung erreichen zu können). Weiter ist die Tagespflegebörse ein wichtiger Kooperationspartner, um außerfamiliäre Betreuungspersonen zu finden. Gegebenenfalls können Absprachen getroffen werden, dass die Kinder für die Zeit des Klinikaufenthaltes dort übernachten können. Schließlich bieten auch die Sozialstationen Familienhelferinnen an, die für hauswirtschaftliche Aufgaben sowie für die Versorgung und Betreuung von Kindern qualifiziert sind.

In der Kinder- und Jugendpsychiatrie steht für den Sozialdienst vor allem die Einbindung der Eltern in die Behandlung im Vordergrund. So stehen Klinik und Eltern mittels persönlicher sowie durch Telefongespräche in engem Kontakt. Auch ist von Bedeutung, welche weitere Unterstützung die Familie braucht, um ihre Gesamtsituation gut bewältigen zu können.

Auch die **niedergelassenen Kinder- und Jugendpsychiaterinnen** heben hervor, dass die psychische Erkrankung eines Elternteils oftmals erst im Behandlungsverlauf zum Thema wird. So beschreibt eine Kinder- und Jugendpsychiaterin zwei Gruppen von Kindern psychisch kranker Eltern. Zur ersten Gruppe gehören die Symptomträger. Sie werden zur Behandlung gebracht. Im Behandlungsverlauf zeigt sich dann, dass die Eltern psychisch erkrankt sind, selbst aber noch nicht in Behandlung sind. Hier geht es dann darum, die Eltern zu einer entsprechenden Behandlung zu ermutigen und sie dorthin zu leiten. In der zweiten Gruppe befinden sich die Eltern bereits in psychiatrischer oder psychotherapeutischer Behandlung. Für beide Gruppen ist aber festzustellen, dass die Kinder von psychisch auffälligen Eltern einer intensiveren Behandlung bedürfen. Wenn mit Eltern ein eigener Behandlungsbedarf herausgearbeitet werden konnte, braucht es zudem eine entsprechende Begleitung der Eltern hin zur tatsächlichen Inanspruchnahme. Dieser Übergang wird von der Kinder- und Jugendpsychiaterin begleitet. Dieser Weg wird allerdings durch lange Wartezeiten erschwert.

Aus Sicht einer Kinder- und Jugendpsychiaterin ist es in psychisch auffälligen Familien nach Erkennen eines Hilfebedarfs notwendig möglichst schnell konkrete Hilfe anzubieten. Als Beispiel schildert sie die Situation, dass eine Mutter während der Behandlung berichtet, dass sie zu Hause nichts mehr tun kann, die Hausarbeit und die Versorgung der Kinder nicht mehr schafft. In solchen Situationen bräuchte es dann eine Stelle, die innerhalb eines Tages sicherstellen kann, dass eine Fachkraft der Familie unterstützend zur Seite gestellt werden kann.

Außerdem verweist die Kinder- und Jugendpsychiaterin darauf, dass sich unter Schulverweigerern auch Kinder psychisch kranker Eltern befinden. Oftmals können die Kinder ihre eigenen Strukturen nicht mehr gut aufrechterhalten und ausfüllen, wenn zu Hause die Alltagsstruktur auf Grund der Erkrankung verloren geht.

Für den Bereich der Eingliederungshilfe wurde schließlich die Leiterin einer Tagesförderstätte befragt, um auch für diesen Handlungsbereich eine Ersteinschätzung zur Bedarfslage vornehmen zu können. Zum Zeitpunkt der Befragung bestanden noch keine direkten Erfahrungen mit Kindern psychisch erkrankter Eltern. Es zeichneten sich hierzu aber bereits Veränderungen ab. So werden zunehmend junge Erwachsene mit Persönlichkeitsstörungen aufgenommen, die ihren Ursprung in einer Drogen- bzw. Suchtproblematik haben oder aber auch mit gesellschaftlichen Veränderungsprozessen (Familie, Arbeitswelt etc.) in Zusammenhang stehen. Mit der Verjüngung der Zielgruppe wächst die Wahrscheinlichkeit, dass Eltern minderjähriger Kinder die Angebote der Eingliederungshilfe in Anspruch nehmen. Diese Einschätzung wurde bereits im Projektverlauf bestätigt.

In der Zusammenschau haben die befragten Fach- und Leitungskräfte vielfältige Aspekte zur spezifischen Lebenssituation von Kindern psychisch kranker Eltern zusammengetragen und damit zugleich auf eine Reihe von Anforderungen an angemessene Unterstützungsstrukturen verwiesen. Bevor diese im Hinblick auf geeignete Angebote weitergeführt werden, sollen im nächsten Schritt die Kooperationserfahrungen auf Fachkräfteebene beleuchtet werden.

8.2.2 Kooperationserfahrungen der befragten Fach- und Leitungskräfte

Wie oben beschrieben stellten die Kooperationserfahrungen der befragten Fach- und Leitungskräfte einen wesentlichen Gegenstandsbereich der Experteninterviews dar. Dazu wurden die InterviewpartnerInnen gebeten die aktuelle Kooperation zwischen Jugendhilfe und Erwachsenenpsychiatrie in ihrem Zuständigkeitsbereich bzw. in ihrer Region zu bewerten. Darüber hinaus sollten sie beschreiben, was in der Kooperation aus ihrer Sicht gut gelingt und was sich schwierig gestaltet. Schließlich wurde nach Weiterentwicklungsbedarfen bezogen auf die Kooperation zwischen Jugendhilfe und Erwachsenenpsychiatrie gefragt.

Die Kooperation von Jugendhilfe und Psychiatrie wird seitens der Fach- und Leitungskräfte sehr unterschiedlich bewertet. Dabei bilden sich in den Aussagen der Fachkräfte zum einen unterschiedliche Kooperationskulturen ab. Zum anderen wurde aber auch standortbezogen von sehr unterschiedlichen Kooperationserfahrungen berichtet. Mehrere Interviewpartnerinnen betonen die gelingende kooperative Zusammenarbeit im Einzelfall. Allerdings ist dies stark personenabhängig. Es gibt noch kaum fallübergreifende Kooperationsstrukturen, die eine generalisierte Klärung der Zusammenarbeit ermöglichen.

Mehrfach wurde darauf hingewiesen, dass die Kooperation dadurch erschwert ist, dass wenig Wissen über die jeweils anderen Leistungsbereiche besteht. So sind die jeweiligen Hilfe- und Unterstützungsangebote in anderen Handlungsfeldern oftmals nicht bekannt. Auch gibt es meist nur vage Vorstellungen von Möglichkeiten und Grenzen anderer Leistungsbereiche. Hinzukommt, dass mancherorts die Zusammenarbeit eher von Abgrenzung und Zuweisung bestimmt wird, denn durch gemeinsame Klärung und Ausloten passender Hilfesettings. Hier wünschen sich alle Befragten mehr Information und Austausch zwischen den Institutionen und Professionen, um gezielter aufeinander zugehen und mit den betroffenen Familien bedarfsgerechte Hilfen entwickeln zu können.

Als Hürden in der Zusammenarbeit erweisen sich zudem ein mangelnder Informationsfluss zwischen den Institutionen, das Fehlen konkreter Empfehlungen zur Inanspruchnahme von Hilfen eines anderen Leistungsbereiches (z. B. genaue Benennung einer Hilfeart oder eines Anbieters) sowie wechselseitige Erwartungen, die nicht erfüllt werden können. Im Hinblick auf den Informationsfluss geht es insbesondere um das Abwägen, welche Informationen einerseits für die Aufgabenerfüllung eines anderen Bereiches notwendig sind. Andererseits spielen aber auch Datenschutzgründe eine Rolle sowie die Wahrung des Vertrauensverhältnisses zu den psychisch erkrankten Eltern und den Kindern. Für die Entwicklung gelingender Kooperationsbeziehungen ist eine Verständigung hierüber unerlässlich. Darüber hinaus ist für alle Kooperationspartner bedeutsam, Eltern und Kinder so weit als möglich an der Informationsweitergabe zu beteiligen, ihr Einverständnis einzuholen bzw. sie selbst damit zu beauftragen.

Seitens der Jugendämter wurde mehrfach als Schwierigkeit benannt, dass Diagnosen in der Psychiatrie (Erwachsenen- wie Kinder- und Jugendpsychiatrie) oftmals in sehr konkrete Empfehlungen zur Inanspruchnahme einer bestimmten Hilfe, manchmal sogar eines bestimmten Leistungsanbieters im Bereich der Kinder- und Jugendhilfe münden. Dies wird von den Jugendämtern als übergriffig erlebt, gehört doch die Federführung in den Hilfeplanungs- und Entscheidungsprozessen zu den wesentlichen Steuerungsaufgaben des Jugendamtes. Auf der anderen Seite kommt es oftmals zu Irritationen und Unverständnis, wenn das Jugendamt im Zuge der eigenen sozialpädagogischen Diagnose zu einer anderen Bedarfseinschätzung gelangt. Hier wünscht sich wiederum die Psychiatrie mehr Beachtung ihrer Einschätzung und deren Berücksichtigung in der Hilfeplanung. Die wechselseitige Wertschätzung der jeweils anderen Fachlichkeit, aber auch die Kommunikation von Einschätzungen und unterschiedlichen Gewichtungen, ggf. auch die gemeinsame Betrachtung von Aus- und Nebenwirkungen bestimmter Vorgehensweisen ergeben sich hieraus als zentrale Anforderungen an eine gelingende Kooperationsgestaltung.

Darüber hinaus wurden in den Interviews auch unerfüllbare Erwartungen an einen anderen Leistungsbereich problematisiert. So wünschen sich Jugendämter oftmals seitens der Psychiatrie eine Prognose zum weiteren Verlauf der Erkrankung. Dies ist aber nur bedingt möglich, da insbesondere für die Entwicklung in der weiteren Zukunft unterschiedliche Einflussfaktoren maßgeblich sind, die nicht so vorhersehbar sind, dass sichere Einschätzungen getroffen werden können. So erläutert die Mitarbeiterin eines Sozialdienstes:

„Was wir sagen können, zum jetzigen Zeitpunkt ist vielleicht, dass jemand überfordert ist, sich um die Kinder zu kümmern, oder wir können sagen, zum jetzigen Zeitpunkt sehen wir kein Problem, dass die Kinder in der Familie bleiben. Aber wie es in einem halben oder drei viertel Jahr ist, ob sie dann wieder eine Psychose kriegt, oder jemand wieder in eine Krise kommt, dazu können wir keine Prognose abgeben" (EI D.L.).

Unterschiedliche fachliche Entscheidungen kommen besonders dann zum Tragen, wenn es um die Einschätzung einer möglichen Kindeswohlgefährdung und um die Frage des Verbleibs der Kinder in der Familie geht. So wird in den Interviews eine mögliche Kindeswohlgefährdung in Folge der psychischen Erkrankung eines Elternteils, besonders einer alleinerziehenden Mutter nur von Fachkräften aus der Kinder- und Jugendhilfe problematisiert, hier allerdings gleichermaßen aus Jugendämtern, Einrichtungen der Hilfen zur Erziehung und Beratungsstellen. Dabei steht vor allem die Frage im Vordergrund, was den Kindern zumutbar ist, welche Beziehungserfahrungen Kinder aus dem Zusammenleben mit einer psychisch erkrankten Mutter mitnehmen und was sie für ihre eigene Lebensbewältigung lernen.

Für die Fachkräfte im Bereich der Psychiatrie steht dagegen die Patientin bzw. der Patient im Vordergrund. Dazu gehört auch nach geeigneten Wegen der Stabilisierung ihrer/seiner aktuellen Lebenssituation zu suchen. Dies bedeutet in der Regel, dass Kinder, die in der Familie leben, nach Möglichkeit auch bleiben und hier unterstützt werden sollen.

„Wir wollen nicht, dass das Kind aus der Familie herauskommt. Es gibt zwar auch Fälle, wo das sein muss, das ist keine Frage, aber erst mal wollen wir das nicht" (EI D.L.).

Dass das Kind in der Familie bleibt, ist aus Sicht der Psychiatrie für die Stabilisierung der Mutter wichtig. Dabei geht es nicht um eine Funktionalisierung des Kindes, sondern um die Vermeidung neuer Verunsicherungen, die für die Genesung kontraproduktiv sind. Die Herausnahme des Kindes stellt einen zusätzlichen Belastungsfaktor dar. Dies gilt sowohl im Hinblick auf den Verlust des Kindes und die damit verbundenen Versagens-/Schuldgefühle der Mutter (bzw. des Vaters) als auch in Bezug auf die damit notwendigen Neuorganisationsprozesse in der eigenen Lebenssituation. Neue Verunsicherungen für die Mutter (bzw. den Vater) haben aber auch wieder Rückwirkungen auf das Kind.

Vor diesem Hintergrund wird deutlich, welch komplexe Abwägungen im Einschätzungsprozess hinsichtlich einer möglichen Kindeswohlgefährdung und den Möglichkeiten des Verbleibs des Kindes in der Familie notwendig sind. Dabei gilt es stets sowohl die Perspektive der Mutter (bzw. des Vaters) als auch des Kindes einzunehmen und hierzu die fachlichen Einschätzungen von Psychiatrie und Jugendhilfe einzuholen. Diese wiederum gilt es – möglichst gemeinsam – hinsichtlich der jeweiligen Aus- und Nebenwirkungen für das psychisch erkrankte Elternteil und das Kind zu prüfen und dabei auch die Wechselwirkungen zu berücksichtigen. Denn psychische Erkrankungen sind immer auch Familienerkrankungen. Insofern müssen Behandlungsoptionen und Strategien des Umgangs mit der Erkrankung stets in die Gefährdungseinschätzung eingehen.

Schließlich zeigen sich in der Zusammenarbeit von Jugendhilfe und Psychiatrie auch strukturell bedingte Hürden, mit denen zunächst umgegangen werden muss und auf die nur bedingt im Rahmen der Kooperationsgestaltung Einfluss genommen werden kann. So werden die Hilfeentscheidungsprozesse im Rahmen der Hilfen zur Erziehung seitens der Psychiatrie als sehr langwierig erlebt. Kann zudem nicht davon ausgegangen werden, dass das Jugendamt denselben Unterstützungsbedarf sieht, wie ihn Klinik und Patientin bzw. Patient herausgearbeitet haben, führt dies oftmals zur Verunsicherung. Hinzu kommt, dass die Dringlichkeit eines Hilfebedarfes von Psychiatrie und Jugendhilfe unterschiedlich eingeschätzt werden.

„Dringlichkeit aus Sicht der Klinik bezieht sich meist eher darauf, dass eine Person in die Familie hineingeht und damit auch die Situation vor Ort genauer einschätzen kann. Dringlichkeit besteht für das Jugendamt aber insbesondere dann, wenn das Kindeswohl gefährdet ist und eine Herausnahme des Kindes geprüft werden muss“ (EI D.L.).

Für die Hilfeplanung nach § 36 SGB VIII sind die Beteiligung der Eltern und Kinder sowie das Zusammenwirken mehrerer Fachkräfte zentrale fachliche Standards, die zwangsläufig mehrere Schritte sowie eine prozesshafte Gestaltung erfordern. Das braucht Zeit. Hinzu kommen die verwaltungsinternen Abläufe, die von Amt zu Amt unterschiedlich ausgefüllt werden können. Dennoch verweisen die Beschreibungen der Fachkräfte aus der Psychiatrie auf wichtige Aspekte, die es im Prozess der Hilfegewährung im Hinblick auf psychisch erkrankte Eltern stärker zu berücksichtigen gilt. So ist die Motivation der betroffenen Eltern zur Kontaktaufnahme mit dem Jugendamt und die Beantragung einer Hilfe zur Erziehung oftmals ein schwieriger und mühsamer Schritt. Zugleich ist diese Motivation eine wesentliche Voraussetzung für die Akzeptanz einer Hilfe und den Aufbau einer tragfähigen Zusammenarbeit im Kontext der dann zu erbringenden Hilfen zur Erziehung. Hier stellt sich darum die Frage, wie die Motivationsarbeit im Rahmen der Klinikbehandlung oder auch im Zuge einer ambulanten Behandlung, Therapie oder Beratung im Hilfeentscheidungsprozess des Jugendamtes so aufgegriffen werden kann, dass eine Verunsicherung der Hilfesuchenden vermieden wird.

Lange Wartezeiten bemängeln Fachkräfte aus Psychiatrie und Jugendhilfe hinsichtlich therapeutischer Angebote für Kinder, Jugendliche und Erwachsene. Diese sind allerdings nicht nur durch entsprechende Bewilligungsverfahren bedingt, sondern wesentlich durch ein unzureichend ausgestattetes Angebot zu begründen. Hieraus ergibt sich oftmals die Notwendigkeit, dass diejenigen, die mit den Eltern die Behandlungsbereitschaft erarbeitet haben, so lange am Erhalt der Motivation arbeiten, bis das ausgewählte Angebot tatsächlich verfügbar ist. Damit werden aber zugleich Ressourcen für die „eigentlichen“ Aufgaben gebunden.

Schließlich erweisen sich immer wieder Abstimmungen zwischen den Kostenträgern als Hürden in der Umsetzung gerade auch kooperativ entwickelter Hilfesettings. An dieser Stelle erscheint es dringend erforderlich, dass die in § 22 SGB IX vorgesehenen Servicestellen der Rehabilitationsträger eingerichtet und im Sinne des Gesetzes tätig werden. Dazu gehört neben der Beratung und Unterstützung hinsichtlich der Inanspruchnahme von Leistungen auch die Begleitung im Übergang bis zur Hilfegewährung. Außerdem ist es Aufgabe der Servicestellen auf eine zeitnahe Entscheidung und Erbringung der Leistung hinzuwirken.

Neben den beschriebenen Schwierigkeiten in der Kooperation von Jugendhilfe und Erwachsenenpsychiatrie kam in den Interviews aber auch eine Reihe von gelingenden Kooperationserfahrungen zur Sprache. So wurde zum einen herausgestellt, dass die Dezentralisierung der Psychiatrie wesentlich zur Verbesserung der Kooperation beiträgt. Dadurch ist mehr Kompetenz bezogen auf diesen Leistungsbereich vor Ort verfügbar. Zugleich vollzieht sich damit eine gewisse Annäherung der strukturellen Verfasstheit von Jugendhilfe und Psychiatrie. Für beide Bereiche besteht eine kommunale Planungsverantwortung, die es für entsprechende Abstimmungsprozesse zu nutzen gilt. Darüber hinaus erleichtert die Dezentralisierung das wechselseitige Kennenlernen sowohl der Personen als auch der jeweiligen Handlungsbereiche. Die Wege sind kürzer und damit auch das Zusammentreffen sowohl im Einzelfall als auch in der fallübergreifenden Arbeit einfacher.

Darüber hinaus wurde das wechselseitige Kennenlernen der jeweiligen Arbeitsweisen und der spezifischen Verfasstheit der jeweiligen Leistungsbereiche als eigener Gelingensfaktor in der Kooperation benannt. Außerdem ist es in diesem Zusammenhang förderlich eine gemeinsame Sprache zu entwickeln. Oftmals werden zentrale Begriffe eines Leistungsbereiches im Kontext eines anderen Handlungsfeldes mit anderen Inhalten gefüllt, wie auch der oben dargestellte Aspekt der Dringlichkeit zeigt. Für eine gelingende Verständigung und wechselseitige Unterstützung in der Entwicklung möglichst bedarfsgerechter Hilfesettings ist es wesentlich, dass solche Bedeutungsunterschiede bekannt sind und kommuniziert werden können. Andernfalls können Irritationen entstehen, die oftmals auch zu Verärgerung und Konflikten in der Zusammenarbeit führen.

Damit Kooperation über das wechselseitige Kennen- und Verstehenlernen wachsen kann, braucht es entsprechende Arbeitsstrukturen, die einen regelmäßigen Austausch gewährleisten und einen Rahmen zur Klärung der konkreten Zusammenarbeit sicherstellen. Als hilfreich haben sich neben fallübergreifenden Arbeitsformen auch die Durchführung von gemeinsamen Fallkonferenzen und Übergangsgesprächen erwiesen. Insbesondere an der Schnittstelle zwischen Jugendhilfe und Kinder- und Jugendpsychiatrie gibt es gute Erfahrungen mit regelmäßigen Kooperationsgesprächen oder turnusmäßigen Fallberatungen. Diese gelingenden Strukturen sollten hinsichtlich ihrer Übertragbarkeit auf die Erwachsenenpsychiatrie geprüft und sukzessive implementiert werden. Zugleich beinhalten diese Arbeitsformen günstige Bedingungen für die Kinder- und Jugendhilfe, um im regelmäßigen Austausch mit Vertreterinnen und Vertretern der Erwachsenenpsychiatrie mehr über psychische Erkrankungen und ihre Auswirkungen zu lernen und in den eigenen Einschätzungen sowie Handlungsentscheidungen sicherer zu werden.

Schließlich wurde von den Befragten eine möglichst frühzeitige Zusammenarbeit zwischen den Leistungsbereichen als sehr fruchtbar und förderlich eingeschätzt. Frühzeitigkeit bedeutet bezogen auf den Klinikaufenthalt psychisch erkrankter Erwachsener, dass zeitnah die Kontaktaufnahme mit dem Jugendamt geprüft und ggf. herbeigeführt wird. Außerdem sollten möglichst vor der Entlassung Anschlusshilfen sondiert und die Übergänge noch im Klinikkontext vorbereitet und begleitet werden. In diesem Rahmen sollte nach Möglichkeit ein gemeinsames Übergangsgespräch stattfinden.

Ein zentraler Anknüpfungspunkt zur Weiterentwicklung der Kooperation stellt schließlich die Abstimmung der Hilfeplanungsprozesse in Jugend- und Eingliederungshilfe dar. Bisher stehen diese meist versäult neben einander. Innerhalb der Familie sollten sie aber aufeinander abgestimmt wirksam werden können. Wie der weitere Projektverlauf zeigt, ist dieser Abstimmungsprozess keine einfache Aufgabe. Dabei werden unterschiedliche Zielrichtungen ebenso bedeutsam wie unterschiedliche Anspruchsvoraussetzungen und Planungslogiken. Allerdings kann die Abstimmung der beiden Hilfeplanungsprozesse eine wichtige Nahtstelle im Hinblick auf die Koordination unterschiedlicher Helferinnen und Helfer sein, die parallel mit Eltern und Kindern arbeiten (siehe oben).

Ein weiterer Entwicklungsbedarf wurde hinsichtlich der Qualifizierung der Kinder- und Jugendhilfe im Umgang mit psychisch erkrankten Menschen benannt. So erscheint es für die Psychiatrie ausreichend die Zugangswege zur Kinder- und Jugendhilfe zu kennen und psychisch erkrankte Eltern dorthin begleiten zu können. Fachkräfte der Kinder- und Jugendhilfe, die mit psychisch erkrankten Eltern arbeiten, müssen neben den Kenntnissen der Hilfen und Behandlungsmöglichkeiten der Psychiatrie auch eigene Kompetenzen im Umgang mit der Erkrankung erwerben. Dazu gehört insbesondere Wissen um Wesenszüge psychischer Erkrankung, ihre Auswirkungen auf Denken, Fühlen und Verhalten der Betroffenen sowie Strategien des Umgangs damit. Verhaltensweisen und Ausdrucksformen psychisch erkrankter Menschen müssen auch vor dem Hintergrund der Erkrankung verstanden werden können. So erläutert eine Fachkraft im Sozialdienst einer Klinik:

„Patienten erleben SPFH auch als starken Eingriff und Kontrolle, da muss man anders an psychisch kranke Eltern herangehen, die sind nicht einfach unmotiviert sondern es gehört auch zum Krankheitsbild misstrauisch zu sein" (EI F.U.).

Solches Wissen ist notwendig, um das Agieren der psychisch erkrankten Eltern besser einschätzen und angemessen darauf reagieren zu können. Wissen um psychische Erkrankungen ist darüber hinaus für Fachkräfte der Kinder- und Jugendhilfe insofern relevant, als Hinweise auf eine mögliche Erkrankung als solche wahrgenommen und entsprechend Schritte zur weiteren Abklärung eingeleitet werden können. Dabei soll nicht Ziel sein, dass Fachkräfte der Kinder- und Jugendhilfe Aufgaben der Diagnostik und Behandlung übernehmen, sondern dass sie rechtzeitig und kompetent die entsprechenden Kontakte herstellen können.

Zusammenfassend lässt sich so bezogen auf eine gelingende Kooperation von Jugendhilfe und Psychiatrie festhalten:

- Es braucht wechselseitiges Wissen zu den Eckpunkten der einzelnen Leistungsbereiche, ihrer inhaltlichen Ausrichtung und Zielsetzung, Möglichkeiten und Grenzen von Unterstützungsangeboten, Zugangswegen und Anspruchsvoraussetzungen.
- Die Kinder- und Jugendhilfe braucht zudem Grundwissen zu psychischen Erkrankung, insbesondere hinsichtlich ihrer Auswirkungen im sozialen Kontakt, und adäquaten Umgangsformen damit.
- Für eine gelingende Kooperation braucht es geklärte Arbeitsformen und regelmäßige Gelegenheiten zum fachlichen Austausch. Außerdem gilt es Verfahrensabläufe und Hilfeplanungsprozesse in Jugend- und Eingliederungshilfe aufeinander abzustimmen.
- Für ein gelingendes Zusammenwirken von Jugendhilfe und Psychiatrie im Einzelfall bedarf es darüber hinaus eines gemeinsamen Verständnisses von psychischer Erkrankung als Familienerkrankung. Dies erfordert einen differenzierten Blick auf die Bedürfnisse von psychisch erkrankten Eltern, Kindern und weiteren Angehörigen sowie das Abwägen von möglichen Handlungsstrategien hinsichtlich ihrer Auswirkungen auf alle Beteiligten.

Um Kooperation in diesem Sinne umsetzen zu können, bedarf es der entsprechenden Beauftragung der benannten Fachkräfte. Dies kann beispielsweise dadurch geschehen, dass Kooperationsaufgaben entsprechend in Stellenbeschreibungen aufgenommen werden. Damit entsteht Handlungssicherheit für die Fachkräfte und Legimitation im Namen der eigenen Institution aufzutreten und Arbeitszeit dafür aufzuwenden.

8.2.3 Anforderungen an Unterstützungsangebote für Kinder psychisch erkrankter Eltern aus Sicht der befragten Fachkräfte

Der dritte Fragekomplex der ExpertInneninterviews bezog sich auf bereits vorhandene und noch zu entwickelnde Unterstützungsangebote für Kinder psychisch kranker Eltern. Im Hinblick auf bereits bestehende Angebote wurde dabei der Kenntnisstand zu Projektbeginn bestätigt. Die Eltern-Kind-Gruppe im Rhein-Hunsrück-Kreis war zu dieser Zeit das einzige zielgruppenspezifische Angebot an den drei Modellstandorten. Im Verlauf der Interviews wurden aber eine Reihe von Ideen entwickelt und Anforderungen an die Gestaltung von bedarfsgerechten Angeboten formuliert, die für den weiteren Entwicklungsprozess nutzbar gemacht werden können. Die Spannbreite der Anregungen reicht dabei von niedrigschwelligen und präventiven bis hin zu stationären Angeboten. Nachfolgend werden die zentralen Aspekte und Anforderungen beschrieben.

Im Hinblick auf strukturell überforderte Familien bzw. so genannte „Risikofamilien" kommt zunächst allgemein entlastenden und unterstützenden Angeboten eine hohe Bedeutung zu. Dabei geht es vor allem um eine möglichst frühzeitige Begleitung der Eltern und eine Stärkung ihrer Erziehungsfähigkeit. Denn andauernde Überforderungssituationen gehen in der Regel mit einer wachsenden psychischen Belastung einher, die sich zu einer psychischen Erkrankung entwickeln kann. Somit sind solche Entlastungs- und Unterstützungsangebote auch als präventive Maßnahmen anzusehen, die einer möglichen psychischen Erkrankung entgegen wirken. In der Ausgestaltung solcher Angebote sind zum einen Ansätze innerhalb der Familie zu bedenken. Zum anderen sind in diesem Zusammenhang auch Elterngruppenangebote geeignet, die Alltagsfragen aller Eltern aufgreifen (z. B. Wie setze ich Grenzen? Was mache ich, wenn ...?). Gegebenfalls kann die Inanspruchnahme eines solchen Angebotes durch ein individuelles Beratungsangebot zum Beispiel durch eine Erziehungsberatungsstelle oder eine SPFH begleitet werden. Insgesamt muss in der Entwicklung solcher Angebote berücksichtigt werden, dass „mehr Geh-Struktur in den Alltag der Familien" (EI C.E.) gebracht wird.

Ist ein Elternteil psychisch erkrankt, dann sind in Bezug auf die Kinder vor allem Angebote wichtig, die sie im Alltag entlasten und kontinuierliche Verlässlichkeit sichern. Nach Einschätzung der befragten Fachkräfte kann dies zum einen durch entsprechende Möglichkeiten der Freizeitgestaltung erreicht werden, die den Kindern einen gewissen Ausgleich zum „Stress" in der Familie bieten. Auch kann über Freizeitangebote als soziale Orte außerhalb der Familie ein Raum geschaffen werden, in dem sich die Kinder selbst anders erleben und zum Familienalltag alternative Beziehungserfahrungen machen können.

„in den Familien werden eigene Strukturen und Muster aufgebaut, denen die Kinder ... hilflos gegenüber stehen: diese Kinder müssen mit anderen Strukturen und Mustern, die altersangemessen sind, in Kontakt gebracht werden" (EI B.H.).

Da eine psychische Erkrankung oftmals mit einem phasenhaften Verlauf und wechselnder Präsenz des betroffenen Elternteils einhergeht, ist für die Kinder über ihre gesamte Entwicklung hinweg bis ins Erwachsenenalter hinein eine kontinuierliche Unterstützung wichtig. Sie brauchen „Personen, die ein Stück Elternfunktion übernehmen, weil es die Eltern nicht konstant können" (EI C.E.). Dies gilt wie oben bereits aufgezeigt umso mehr, wenn die Mutter psychisch erkrankt ist und diese gar alleine mit den Kindern zusammenlebt.

Neben den Entlastungsangeboten im Alltag werden mehrfach Gruppenangebote für Kinder psychisch erkrankter Eltern als bedeutsame Unterstützungsmöglichkeiten benannt. Da hier alle mit der psychischen Erkrankung eines Elternteils konfrontiert sind, kann die Tabuisierung aufgehoben werden. Außerdem wird die Erfahrung möglich, nicht als einzige in dieser Situation zu sein. Es kann eine gemeinsame Auseinandersetzung stattfinden und mögliche Strategien des Umgangs können erarbeitet werden. Darüber hinaus stellen therapeutische Angebote individuelle Unterstützungsmöglichkeiten in der Bearbeitung des familiären Erlebens und der Entwicklung geeigneter Bewältigungsstrategien dar.

Notfallpläne sind eine zentrale Handlungsstrategie für die Kinder wie auch für die Eltern. Dazu gehört die gemeinsame Überlegung, wer sich wann an wen wenden kann, wer wann informiert wird und unterstützend in der Familie tätig werden kann. Vereinbarungspartner für einen solchen Notfallplan sollten möglichst Personen im nahen sozialen Umfeld sein, die schnell und möglichst durchgängig erreichbar sind. Darüber hinaus werden von den Fachkräften auch professionelle Anlaufstellen als notwendig erachtet, die kurzfristig eingeschaltet werden können.

Im Hinblick auf die Eltern werden leicht zugängliche Beratungsangebote als wichtige Unterstützungsstruktur angesehen. Dies können beispielsweise Sprechstunden von Beratungsstellen in der Klinik oder auch Formen der zugehenden Beratung in Kindertagesstätten, Häuser der Familie u.ä sein. Wichtig ist für die Eltern, dass sie das Beratungsangebot mit wenig Aufwand erreichen. Dies bedeutet, dass es räumlich gewissermaßen an den Orten angesiedelt ist, die zum Alltag der Eltern gehören und keine zusätzlichen Wege erfordern. Außerdem sollten Termine möglichst auch kurzfristig bzw. ohne längere Wartezeit wahrgenommen werden können. So können die aktuelle Motivation und Bereitschaft zur Inanspruchnahme des Hilfeangebotes genutzt werden.

Mehrfach wird von Fachkräften festgestellt, dass es wenig systematische Informationen zu möglichen Unterstützungsangeboten gibt. Hier wäre es für die Fachkräfte, aber auch für Eltern und junge Menschen hilfreich, auf eine entsprechende Zusammenstellung von verschiedenen Angeboten zurückgreifen zu können. Diese sollte zugleich so aufbereitet sein, dass sie über zentrale Aspekte psychischer Erkrankung informieren und zur Inanspruchnahme von Unterstützung ermutigen. Außerdem wünschen sich Fachkräfte Materialien, die bei der Aufklärung ihrer Kinder bezüglich der Erkrankung helfen.

Ausgehend von Ansätzen an anderen Orten wurde angeregt über Möglichkeiten von Patenschaften oder auch die gemeinsame Klinikaufnahme von Mutter und Kind (Säuglinge und Kleinkinder) nachzudenken. Diese erschienen den Befragten als hilfreiche Unterstützungsmöglichkeiten. Allerdings konnte im Rahmen des Projektes nur in Ansätzen an konkreten Umsetzungsmöglichkeiten gearbeitet werden.

Als weitere Unterstützungsmöglichkeit wurden darüber hinaus Möglichkeiten des betreuten Wohnens für Familien auf Zeit angeregt. In einem solchen Setting können Eltern und Kinder intensiv im Alltag begleitet werden. Es können Handlungsstrategien und Umgangsformen gemeinsam entwickelt, erprobt und reflektiert werden. Es werden Möglichkeiten des Lernens am Modell geschaffen. Nach einer Zeit der stärkeren Entlastung des psychisch erkrankten Elternteils kann eine stufenweise Wiederaufnahme der Erziehungsverantwortung ermöglicht werden.

Darüber hinaus gilt es bestehende Angebote wie die Sozialpädagogische Familienhilfe, die Erziehungsbeistandschaft oder auch die Heimerziehung samt der hier dazugehörenden Elternarbeit für die Unterstützung von psychisch erkrankten Eltern und ihren Kindern zu qualifizieren. Dies erfordert Fachkräfte, die mit psychischen Erkrankungen entsprechend vertraut sind und damit umgehen können, aber auch eine flexiblere Hilfegestaltung, die sich an den Krankheitsverlauf anpassen kann. Dies bedeutet, dass sich die Intensität der Hilfe an den Möglichkeiten der eigenständigen Verantwortungsübernahme durch die Eltern ausrichten kann. Es sollte aber auch genügend personelle Kontinuität erhalten bleiben, damit in Phasen der stärker notwendigen Entlastung auf vertrauensvolle (Arbeits-)Beziehungen zurückgegriffen werden kann.

In der Zusammenschau dieser Unterstützungsmöglichkeiten für psychisch erkrankte Eltern und ihre Kinder lassen sich mit Blick auf deren Ausgestaltung folgende Aspekte besonders hervorheben. Bezogen auf die Kinder erscheint es vordringlich, möglichst viel „Normalität“ zu bieten, da der familiäre Alltag und die Beziehungsgestaltung häufig stark durch die Erkrankung des Elternteils geprägt sind. Hier braucht es Freiräume für die Kinder, die ihnen andere „normale“ (Beziehungs-)Erfahrungen ermöglichen. Weiterhin muss es für die Kinder möglich sein ihre (je nach Alter unterschiedlich ausgeprägten) Schuldgefühle gegenüber den Eltern sowie bestehende Loyalitätskonflikte zu bearbeiten. Auch der Aspekt der Aufklärung hinsichtlich der Erkrankung der Eltern muss einbezogen und altersgerecht umgesetzt werden.

Es ist wichtig mit den Familien unterstützende Netzwerke zu schaffen und auch das bestehende Hilfesystem besser zu vernetzen. Dabei sollten auch die Regelinstitutionen (Kindertagesstätten, Schulen) Berücksichtigung finden. Darüber hinaus sollten die spezifischen Auswirkungen einer psychischen Erkrankung (Krankheitsschübe, Unterschiede in Fremd- und Selbsteinschätzung etc.) bekannt sein und in der Gestaltung der Hilfen beachtet werden. Dabei hat es sich als bedeutsam herausgestellt, vor allem ambulante Hilfeangebote stärker hinsichtlich der Bewältigung psychischer Erkrankung zu qualifizieren und bedarfsgerechter für diese Zielgruppe auszugestalten. Für die Elternarbeit (auch im stationären Kontext) ist zu beachten, dass hier in besonderer Weise von den Fachkräften Strukturierung und Begrenzung gefordert ist, damit eine gelingende Zusammenarbeit erreicht werden kann. Schließlich bedarf es nach wie vor der Öffentlichkeitsarbeit zu psychischer Erkrankung, um der Stigmatisierung der Betroffenen sowie der Tabuisierung dieses Themas entgegenzuwirken.

Diese Erkenntnisse aus den Einzelinterviews mit Fachkräften wurden anhand von Fallrekonstruktionen vertieft. Mit dieser Form der methodisch strukturieren Fallbetrachtung wurden in jedem Standort zwei Fallverläufe reflektiert, in denen eine Kooperation von Jugendhilfe und Psychiatrie stattgefunden hat. Die Erkenntnisse aus diesen Fallrekonstruktionen bestätigen die Ergebnisse der ExpertInneninterviews. Zugleich zeigt sich, dass dies ein geeigneter Zugang für die Reflexion von Kooperationsstrukturen und damit förderlich für die Initiierung und Weiterentwicklung bestehende Kooperationsbeziehungen ist. Insofern soll die Methode der Fallrekonstruktion als ein möglicher Handlungsansatz zur Entwicklung und Stärkung von Kooperationsstrukturen im fünften Kapitel ausführlicher vorgestellt werden.

8.3 Aus der Perspektive betroffener Eltern – Ergebnisse der Gruppeninterviews mit Eltern

Eingangs wurde aufgezeigt, wie sich psychische Erkrankungen auf die Alltagsgestaltung und damit auch auf die Wahrnehmung von Erziehungsaufgaben auswirken können. Außerdem wurde darauf verwiesen, dass dem Erziehungsverhalten der Eltern eine zentrale Bedeutung dafür zukommt, wie die Kinder die besondere familiäre Situation erleben und bewältigen können. Im Hinblick auf die Entwicklung passgenauer Unterstützungsstrukturen für betroffene Familien stellt sich vor diesem Hintergrund die Frage, was psychisch erkrankte Eltern brauchen, um ihre Elternrolle angemessen ausfüllen zu können. Neben den fachlichen Überlegungen ist es unerlässlich, betroffene Eltern selbst zu Wort kommen zu lassen. Dies gilt umso mehr als die Stärkung von Selbstwirksamkeitserfahrungen einen zentralen Bezugspunkt für entsprechende Handlungsansätze darstellt. Eltern selbst zu befragen, was sie in ihrer besonderen Situation als schwierig, aber auch hilfreich erleben, eröffnet somit nicht nur einen Zugang zu ihren subjektiven Sichtweisen, sondern unterstreicht zugleich ihre Expertenschaft für die Beschreibung von Bedarfen und geeigneten Hilfeansätzen.

Im Rahmen des Landesmodellprojektes wurde zur Befragung der Eltern die Methode des Gruppeninterviews als Form einer strukturierten, leitfadengestützten Befragung gewählt. In diesem Rahmen konnten die Einschätzungen mehrerer Eltern erfasst und zugleich hinsichtlich Gemeinsamkeiten und Unterschieden genauer betrachtet werden. Außerdem sollten hierüber Optionen eröffnet werden, dass die beteiligten Eltern über ihr Mitteilen hinaus zugleich Impulse aus den Erfahrungen der anderen mitnehmen können. Die Interviewsituation sollte somit für die Beteiligten selbst nützlich werden.[28]

Um das Thema Elternschaft und psychische Erkrankung direkt im Interview bearbeiten zu können, war es erforderlich Eltern zur Mitwirkung zu gewinnen, die von sich sagen können, dass sie an einer psychischen Erkrankung

[28] In der Durchführung erwiesen sich die Gruppeninterviews in der Tat als aktivierende Methode. So entwickelte sich in jedem Gruppeninterview über die Leitfragen zugleich auch ein Stück persönlicher Austausch unter den Müttern. Die Erfahrungen der anderen wurden aufmerksam wahrgenommen und praktische Tipps weitergegeben.

leiden. Entsprechend sollten Eltern befragt werden, die sich aktuell oder in der näheren Vergangenheit in psychiatrischer Behandlung befanden. Über die Vermittlung der beteiligten (Tages-)Kliniken der Erwachsenenpsychiatrie konnte an jedem Standort ein Gruppeninterview durchgeführt werden. Es beteiligten sich einmal drei, einmal vier und einmal acht Elternteile. Dies waren 14 Mütter und ein Vater. Allerdings gab es ausschließlich Wortbeiträge durch die beteiligten Mütter. Der Vater nahm zwar am Gruppeninterview teil, brachte sich aber nicht aktiv ins Gespräch ein.

Inhaltlich fokussierten die Interviews auf die Elternschaft und somit die Fragestellung, wie es den Betroffenen gelingt ihren Erziehungsaufgaben nachzukommen. Dazu wurde Hilfreiches ebenso in den Blick genommen wie Grenzerfahrungen und Entwicklungsprozesse im Verlauf der Erkrankung. Die Leitfragen orientierten sich dabei am chronologischen Verlauf. So wurden in drei Fragerunden der Beginn der Erkrankung, zentrale Schlüsselsituationen und Wendepunkte im weiteren Verlauf sowie aktuelle Wünsche und Empfehlungen an andere Eltern in ähnlicher Situation betrachtet.

Aus den Beschreibungen der Mütter kristallisieren sich fünf Themenbereiche heraus, die sich in der Bewältigung ihrer spezifischen Situation als besonders relevant erwiesen haben. Dies sind Möglichkeiten der Entlastung im Alltag, verlässliche Versorgungsstrukturen für die Kinder für den Fall einer Klinikbehandlung sowie die Aufklärung der Kinder über die Erkrankung. Darüber hinaus zeigen sie auf, was ihre Bereitschaft zur Inanspruchnahme von Hilfen beeinflusst, aber auch was sie in bisher wahrgenommenen Unterstützungsangeboten als hilfreich und was sie als schwierig erlebten haben. Wohl wissend, dass sich die Aussagen auf einen spezifischen Ausschnitt der Zielgruppe beziehen, also beispielsweise Betroffene ohne Krankheitseinsicht oder Behandlungsbereitschaft hier nicht beteiligt waren, lassen sich dennoch wichtige Hinweise für die fachliche Ausgestaltung von Unterstützungsstrukturen und konkreten Hilfeangeboten gewinnen. Im Folgenden werden die Einschätzungen der Mütter ausführlicher beschrieben.

8.3.1 Möglichkeiten der Entlastung im Alltag

In der Entwicklung eines angemessenen Umgangs mit der psychischen Erkrankung und den daraus resultierenden Beeinträchtigungen kommt der Balance zwischen zu bewältigenden Belastungen und notwendiger Entlastung gerade auch in Alltagsaufgaben eine zentrale Bedeutung zu. So sind psychisch erkrankte Eltern darauf angewiesen in der Komplexität des Alltags mit Kindern ausreichend Sorge für ihre eigenen Belange und die Anforderungen der Krankheitsbewältigung zu tragen. Darüber hinaus stellen sich für psychisch erkrankte Eltern oftmals Alltags- und Erziehungsaufgaben wesentlich mühsamer und kräftezehrender dar als für andere Eltern. Zugleich birgt Überforderung in den Alltagsaufgaben die Gefahr in sich, dass der Blick für die Bedürfnisse des Kindes verloren geht. Kinder werden zunehmend als anstrengend erlebt. Die liebende Zuwendung, die Achtung und die Kinder beteiligende Alltagsgestaltung als zentrale Säulen einer entwicklungsfördernden Erziehung können schwerer aufrechterhalten werden. Einer solchen Überforderung entgegen zu wirken ist entsprechend als eine wesentliche Zielperspektive in der Unterstützung psychisch erkrankter Eltern anzusehen.

Die Bedeutung von Entlastungsmöglichkeiten wird auch von den befragten Müttern unterstrichen. Dabei wünschen sie sich nach Möglichkeit Entlastung im Rahmen der Regelstrukturen. Anhand von zwei bereits strukturell verankerten Entlastungsmöglichkeiten zeigen sie auf, wie Unterstützung in ihren spezifischen Belangen gestärkt werden könnte. Diese beziehen sich zum einen auf die Ganztagsbetreuung in Kindertagesstätten und Schulen und zum anderen auf Hilfen im Haushalt.

Ganztagsbetreuungsangebote in Kindertagesstätten, Hort und Ganztagsschulen sind für psychisch kranke Mütter insofern eine wichtige Entlastungsmöglichkeit, als hierüber gesicherte Freiräume für sie selbst (z. B. für Therapie, Erholung etc.), aber auch eine zeitliche Begrenzung der mit dem Kind zu gestaltenden Zeit gewährleistet wird. Insbesondere bei Schulkindern geht mit einer ganztägigen Beschulung in der Regel einher, dass keine Hausaufgaben zu erledigen sind. Damit werden die Familien zugleich von einem wesentlichen Stressfaktor entlastet. So wird die Betreuung von Hausaufgaben bereits im fünften Familienbericht der Bundesregierung (1995) als eine erhebliche psychische Belastung für die Eltern (genauer: Mütter) und die Kinder beschrieben (vgl. BMFSFJ 1995, S. 78).

Ganztagsplätze in Kindertagesstätten und Schulen werden in Rheinland-Pfalz zunehmend geschaffen. Allerdings ist der Ausbau der Ganztagsbetreuung bisher stark von der Zielperspektive der Vereinbarkeit von Familie und Beruf bestimmt. Die Aussagen der hier befragten Mütter zeigen dazu auf, dass Möglichkeiten der Ganztagsbetreuung darüber hinaus auch in ihrer spezifischen Situation eine wichtige Entlastung und damit Unterstützung im Hinblick auf den Erhalt des Zusammenlebens von Eltern und Kindern darstellen kann. So fordert eine Mutter konkret, dass sie als psychisch kranke Mutter mit ihren Bedarfen berufstätigen Eltern hinsichtlich der Vergabe von Ganztagsplätzen gleichgestellt wird:

„Da würde ich mir wünschen, dass der Fokus nicht nur auf die Eltern fällt, die schon berufstätig sind, sondern auch so was berücksichtigt wird. ... Nicht nur zu meiner Entlastung. Ich kann es nicht leisten, ich hätte nicht den Nerv mich mit ihr hinzusetzen und Hausaufgaben zu machen. Ich kann es einfach nicht“ (Mutter GI 3).

Hilfen im Haushalt sind rechtlich im SGB V für den Fall eines Klinikaufenthaltes (stationär und teilstationär) verankert. Allerdings endet der Anspruch, wenn alle Kinder das 12. Lebensjahr vollendet haben. Insbesondere für Mütter in tagesklinischer Behandlung ergibt sich hieraus die Situation, dass sie nach der Zeit in der Tagesklinik noch die Hausarbeit erledigen müssen. Dies gilt umso mehr, wenn sie mit den Kindern alleine leben und es keine unterstützenden Personen im Umfeld gibt. Die Inanspruchnahme einer Tagesklinik kann so für ein psychisch erkranktes Elternteil bedeuten, dass angesichts krankheitsbedingter Beeinträchtigungen eine enorme Doppelbelastung bewältigt werden muss. Hier wünschen sich die betroffenen Eltern (Mütter) mehr praktische Unterstützung, zumal die Kinder oftmals schon über Jahre mehr Verantwortung in der Familie übernehmen als andere Gleichaltrige.

Mit der Ganztagsbetreuung und den Haushaltshilfen nach dem SGB V gibt es zwei zentrale Entlastungsmöglichkeiten, die Familien grundsätzlich zur Verfügung stehen und somit durch die Gewährung und Erbringung von Normalität geprägt sind. Wie die befragten Mütter vor dem Hintergrund ihrer Erfahrungen aufgezeigt haben, gibt es für psychisch erkrankte Eltern bezüglich der Inanspruchnahme noch Hürden. Hinsichtlich der Ganztagsbetreuung in Kindertagesstätten und Schulen scheint es dabei vor allem um die Sensibilisierung von Entscheidungsprozessen hinsichtlich der Bedarfe von psychisch erkrankten Eltern und ihren Kindern zu gehen. Bezogen auf die Gewährung von Haushaltshilfen nach dem SGB V stellen sich vielmehr grundsätzlichere Fragen nach den Möglichkeiten der Bewilligung von Ausnahmen oder auch anderen Finanzierungsmöglichkeiten.

8.3.2 Verlässliche Versorgungsstrukturen für die Kinder für den Fall einer Klinikbehandlung

Psychische Erkrankungen zeichnen sich oftmals dadurch aus, dass sie phasenhaft verlaufen und immer wieder eine (teil-)stationäre Behandlung notwendig werden lassen. Je jünger allerdings die Kinder sind, desto stärker stellen sich damit zugleich Fragen nach der Versorgung und Betreuung des Kindes. Dies gilt umso mehr, wenn dasjenige Elternteil erkrankt ist, das überwiegend die Alltagsversorgung der Kinder wahrnimmt. Insbesondere in Bezug auf psychisch erkrankte Mütter lässt sich hier ein deutlicher Zusammenhang feststellen. So ist für sie die Klärung der Versorgungs- und Betreuungsfragen bezogen auf die Kinder eine wichtige Voraussetzung dafür, dass sie sich entsprechend auf eine (teil-)stationäre Behandlung einlassen können (vgl. Lenz 2005). Ist dies nicht gegeben, verzögert sich häufig der Beginn der Behandlung, was meist eine Verfestigung der Störung und eine Verstärkung der Symptome, somit auch gravierendere Belastungen für die Kinder zur Folge hat. So betonen die befragten Mütter, dass es für sie im Hinblick auf einen möglichen Krankenhausaufenthalt sehr wichtig ist zu wissen, wie ihre Kinder im Bedarfsfall gut versorgt werden können. Dies ist zugleich für sie selbst eine zentrale Hilfe:

„Was mir hilft ist erstmal, dass ich weiß, dass die Kinder versorgt sind, dass ich mich um mich kümmern kann“ (Mutter GI 2).

Dabei kommen für sie unterschiedliche Möglichkeiten in Betracht. Positive Erfahrungen haben sie mit Tagesmüttern gemacht. Hier lassen sich oftmals flexible Vereinbarungen treffen. Außerdem kann über die Struktur der Tagespflege ein kontinuierlicher Kontakt gepflegt und es können regelmäßige Freiräume im Alltag gesichert werden. Im Bedarfsfall kann das Kind in einer vertrauten Umgebung auch über Nacht betreut werden. Eine Mutter berichtete außerdem, wie sie gemeinsam mit dem Jugendamt auf der Suche nach einer Patenfamilie ist. Als alleinerziehende Mutter ohne sonstige familiäre Unterstützung wünscht sie sich eine verbindliche Vereinbarung mit einer Familie, in der ihr Kind ein zweites Zuhause finden kann. Die Begleitung durch das Jugendamt beschreibt sie dabei als eine wichtige Hilfe. Eine formale Regelung über das Modell der Tagespflege bzw. der Vollzeitpflege bei Betreuung auch über Nacht erscheint dabei als eine tragfähige Lösung.

Gerade Mütter mit Säuglingen oder Kleinkindern wünschen sich darüber hinaus die Möglichkeit, ihr Kind zu einem stationären Klinikaufenthalt gegebenenfalls auch mitnehmen zu können. Die Trennung vom Kind stellt für sie eine große Hürde dar, die notwendig werdende stationäre Hilfe tatsächlich auch in Anspruch zu nehmen. Im Hinblick auf den Bindungsaufbau zwischen Mutter und Kind stellt die möglicherweise mehrwöchige Trennung eine große Herausforderung bzw. Belastung dar und kann zu einem traumatischen Erlebnis für die Mutter wie auch das Kind werden. So stellt eine Mutter fest:

„Was ich traumatisch fand, dass ich letztes Jahr zwei Wochen nach der Geburt von meinem Kind getrennt worden bin, und das war für mein Kind auch schlimm. Ich möchte halt weitere Trennungen vermeiden, wenn es geht“ (Mutter GI 2).

Darüber hinaus bedarf – wie oben aufgezeigt – gerade die Begleitung der Mutter im Prozess des Bindungsaufbaus der besonderen Aufmerksamkeit. In verschiedenen psychiatrischen Kliniken wurden inzwischen Modelle der

Mutter-Kind-Behandlung entwickelt (vgl. Lenz 2005; Hornstein, Hohm, Rave 2007). Mit der Rhein-Mosel-Fachklinik in Andernach sowie dem Klinikum Idar-Oberstein gibt es bisher in Rheinland-Pfalz zwei Kliniken, die Möglichkeiten der gemeinsamen Aufnahme von Mutter und Kind konzeptionell vorsehen. Andere Kliniken schaffen im Einzelfall Lösungen. Insgesamt bedarf es hier dringend weitergehender Überlegungen, wie gerade für Mütter mit sehr kleinen Kindern adäquate Behandlungsmöglichkeiten erreicht werden können, die die Bedürfnisse von Mutter und Kind angemessen berücksichtigen können.

8.3.3 Aufklärung der Kinder über die Erkrankung

Wie oben aufgezeigt, stellen die Information und Aufklärung der Kinder einen wichtigen Schutzfaktor dar. Wie die Darstellungen der Mütter zeigen, ist es ihnen selbst ein großes Anliegen, ihren Kindern ihre Situation zu erklären. Allerdings sind sie zugleich sehr unsicher, wie sie dies tun können und sollen. So berichtet eine Mutter: „Ich habe es versucht ansatzweise, dass ich manchmal ziemlich kraftlos bin und mich nicht kümmern kann" (Mutter GI 3). Sie resümiert dieses Vorgehen anschließend selbst mit der Feststellung, dass die Kinder das aber auch atmosphärisch spüren und dann versuchen die Mutter zu entlasten.

Die Mütter befinden sich somit in einer gewissen Dilemmasituation. Sie wissen um die Bedeutung der Information und Aufklärung der Kinder, schätzen ihre Kinder auch als „Kenner der Situation" ein. Dennoch ist die Unsicherheit so groß, dass sie letztlich nicht mit ihren Kindern darüber sprechen. So erläutert die Mutter einer 6-jährigen Tochter:

„Sie merkt zwar die Stimmungsschwankungen, dass ich geladen bin und auch laut mit ihr umgehe, ... ich habe mit ihr noch nicht darüber gesprochen, ich weiß nicht, wie ich das verpacken soll, dass sie das versteht, ich möchte sie auch gerne weitestgehend da raus halten. ... Ich weiß nicht, inwieweit das Jugendamt da Hilfestellung leisten kann, oder was es sonst noch für Möglichkeiten gibt" (Mutter GI 3).

Der Wunsch der betroffenen Eltern nach praktischer Unterstützung bei der Aufklärung der Kinder wird an mehreren Stellen der Interviews deutlich. Darüber hinaus äußern einige Mütter auch den Wunsch, dass die Kinder eigene Ansprechpartner und Anlaufstellen außerhalb der Familie haben.

„Ich hätte mir persönlich gewünscht für meinen Sohn damals bei meinem ersten Zusammenbruch, als er sieben Jahre alt war, dass sich auch jemand mit ihm auseinandersetzt, weil ich hätte das nicht tun können. Ich kann ihm nicht sagen, ich habe aggressive Zwangsgedanken. Ich habe ihm das bis heute noch nicht gesagt" (Mutter GI 3).

8.3.4 Bereitschaft zur Inanspruchnahme von Hilfen

Krankheitseinsicht und Behandlungsbereitschaft ebenso wie die Inanspruchnahme von unterstützenden professionellen Hilfen wurden als zentrale Faktoren einer gelingenden Bewältigung herausgearbeitet. Gerade Fachkräfte fragen danach, wie eine solche Einsicht und Bereitschaft entstehen und gefördert werden können. Hierzu ergeben sich aus den Schilderungen der befragten Mütter insbesondere zwei zentrale Hinweise, die für Hürden sensibilisieren, aber auch mögliche Ansatzpunkte markieren. Dies sind zum einen die Angst der Mütter, ihre Kinder zu verlieren, und zum anderen die Reduzierung der Mütter auf ihre Erkrankung.

Mehrere Mütter schildern im Interviewverlauf eindrücklich, wie sie Grenzen in ihrem Erziehungsverhalten feststellen. Sie fühlen sich schuldig, nicht ausreichend für ihre Kinder zu sorgen und ihre Erziehungsverantwortung ungenügend auszufüllen. Zugleich haben sie große Angst, ihre Kinder zu verlieren, wenn sie diese Selbsteinschätzung offen legen. So wissen sie einerseits darum, dass sie beim Jugendamt nach möglicher Hilfe nachfragen könnten. Dieser Schritt fällt ihnen auf Grund ihrer Angst aber sehr schwer. Konnte ein Kontakt zum Jugendamt hergestellt werden, so kann sich u.U. eine ganz eigene Dynamik entwickeln. Beispielsweise berichtete eine Mutter eindrücklich, wie sie sich einerseits Hilfe in der Erziehung ihrer Kinder wünscht, gegenüber dem Jugendamt aber zu beweisen sucht, dass sie selbst für ihr Kind sorgen kann und keine Hilfe braucht.

„Das ständig sich beweisen müssen, noch besser funktionieren als jemand der gesund ist, da setzt man sich selber unter Druck, dass es schon gar nicht funktionieren kann“ (Mutter GI 3).

Dieses zwiespältige Handeln ist wesentlich motiviert von der Angst, dass die Nachfrage nach Hilfe gegen sie verwendet werden könnte und die Kinder aus der Familie herausgenommen werden. Vor dem Hintergrund solcher emotionaler und kognitiver Prozesse stellt sich die Frage, wie gerade für psychisch erkrankte Mütter Zugänge zum Jugendamt und zur Möglichkeit der Beantragung von Hilfen zur Erziehung so eröffnet werden können, dass sie diese möglichst frühzeitig in Anspruch nehmen können.

Aus den Berichten anderer Mütter wird ersichtlich, dass sie das Jugendamt dann als eine Hilfeinstanz wahrnehmen können, wenn sie Vertrauen fassen konnten. Das erfordert oftmals eine sukzessive Annäherung. Eine Mutter stellt dazu einen Vergleich zum Zahnarzt her:

„Man geht nicht gerne zum Amt, man geht nicht gerne zum Gericht, oder man geht nicht gerne zum Zahnarzt. Das Jugendamt ist so ein bisschen wie der Zahnarzt, wenn man es nicht kennt. ... Ich habe die Erfahrung gemacht, dass man keine Angst haben muss. Das sind auch alles Menschen, die tun auch ihr menschenmögliches“ (Mutter GI 2):

Aus den Aussagen der Mütter ergeben sich vor allem zwei vertrauensfördernde Aspekte. So scheint zum einen von besonderer Bedeutung zu sein, inwieweit sie auf ihre psychische Erkrankung reduziert werden und sich als „psychisch Kranke“ stigmatisiert erleben. Zum anderen geht es darum, neben den mit der Krankheit verbundenen Schwierigkeiten gelingende Alltags- und Erziehungssequenzen zu fokussieren und hervorzuheben.

Für die Gestaltung von Zugängen zu psychisch erkrankten Eltern lässt sich daraus ein positiv bestärkender Ansatz ableiten, der die Eltern in ihrer Elternschaft anspricht. Dazu gehört, sie in ihren Bemühungen um ihre Kinder trotz der krankheitsbedingt erschwerten Situation wertzuschätzen, ihre Kompetenzen als Eltern zu unterstreichen, Erlaubnis für die Inanspruchnahme von Hilfen zu geben und dabei gleichzeitig aufzuzeigen, welche Rolle und

Bedeutung ihnen selbst zukommt. So kann Akzeptanz für die (aktuelle) Situation vermittelt, aber auch die Basis für ein gemeinsames Sondieren dazu geschaffen werden, welche Unterstützung die Eltern in der Wahrnehmung ihrer Erziehungsverantwortung wünschen und brauchen.

8.3.5 Erfahrungen mit verschiedenen Hilfeangeboten: Hilfreiches und Schwieriges

Wie sich im Verlauf der Interviews herauskristallisierte, haben die meisten Mütter keine Vorbehalte gegen Hilfeangebote an sich. Vielmehr ist es ihnen selbst ein großes Anliegen, dass sie und auch ihre Kinder über Vertrauenspersonen und Ansprechpartner verfügen. Wesentlich ist für sie dabei eine kontinuierliche und verlässliche ärztliche Betreuung ebenso wie eine psychotherapeutische bzw. beraterische Begleitung.

„In den vergangenen 10 Jahren hat es mir sehr viel gebracht, psychotherapeutisch begleitet zu werden, das hat mich sehr gestützt. Und ich denke mal, dadurch sind auch teilweise neue Krankheitsphasen verhindert worden, dass es nicht nur was bringt, Medikamente zu nehmen, sondern regelmäßige Ansprechpartner, Leute, denen man vertrauen kann, vor allem Leute bei denen man weiß, wenn es einem schlecht geht, die reagieren umgehend" (Mutter GI 2).

Als sehr hilfreich haben Mütter das soziale Kompetenztraining erlebt, das ihnen neue Möglichkeiten zur Bewältigung von Alltagssituationen mit ihren Kindern eröffnet. In der Inanspruchnahme von psychotherapeutischen Hilfen verweisen sie vor allem auf Hürden in der Gewährungspraxis. Hier wünschen sie sich eine großzügigere Bewilligung von bewährten alltagsunterstützenden Beratungsangeboten.

Die Mehrzahl der befragten Mütter hat auch Erfahrungen mit unterschiedlichen Angeboten der Hilfen zur Erziehung gemacht. Dabei wurden die Erziehungsberatungsstellen als eine Möglichkeit herausgestellt, einen kontinuierlichen Ansprechpartner für die ganze Familie zu haben. Hier können Eltern und Kinder in den Beratungsprozess einbezogen werden. Es können differenzierte Termine für die Eltern, die Kinder oder auch die ganze Familie vereinbart werden. In diesem Rahmen kann somit auch aus Sicht der Mütter eine bedarfsorientierte Unterstützungsstruktur geschaffen werden. Die Sozialpädagogische Familienhilfe als weiteres Hilfeangebot wurde von den Müttern teils als hilfreich und nützlich, teils aber auch als zusätzliche Belastung erlebt. Aus den Erzählungen der Mütter ergeben sich in diesem Zusammenhang insbesondere Hinweise auf die Bedeutung einer guten Auftragsklärung sowie einer hohen Transparenz bzgl. des Handlungskontextes (Dienstleistungs- oder Zwangskontext) und der Rolle der SPFH-Fachkraft. So reagieren sie sehr sensibel auf verdeckte Kontrollaufträge. Aber auch unklare Zielsetzungen erschweren die Zusammenarbeit:

„Ich war immer diejenige, die dafür sorgen musste, dass die Regeln eingehalten werden. Und wenn ich es nicht geschafft habe, ..." (Mutter GI 3).

Im Hinblick auf eine notwendig werdende Fremdunterbringung der Kinder zeigte sich, dass für manche Mütter eine Pflegefamilie, für andere die Heimerziehung akzeptabler ist. Für die Mütter selbst ist es hilfreich, wenn hier auf ihre jeweiligen Vorstellungen eingegangen werden kann.

8.4 Aus der Perspektive der Kinder – Ergebnisse der Interviews mit betroffenen jungen Menschen

Anhand der Gruppeninterviews mit Eltern konnte herausgearbeitet werden, was Mütter als hilfreich erleben und welche Unterstützungsangebote sie als geeignet ansehen. Zur Entwicklung bedarfsgerechter Unterstützungsangebote für Kinder gilt es auch ihnen selbst eine Stimme zu geben, so dass ihr Erleben, ihre Lösungsmöglichkeiten und Hilfebedarfe wahrgenommen werden. Denn erst wenn die Bedarfe von Eltern und Kindern gegenüber gestellt und angemessen abgewogen werden, können bedarfsgerechte und möglichst passgenaue Unterstützungsstrukturen für die ganze Familie entwickelt werden. Dies ist Voraussetzung, um familienerhaltend wirken zu können, ohne dass die Kinder mit ihren eigenen Bedürfnissen und Entwicklungsaufgaben aus dem Blick geraten.

So war es trotz des Wissens zur Sicht der Kinder aus anderen Forschungszusammenhängen wichtig, im Rahmen des Landesmodellprojektes eigene Befragungen von betroffenen jungen Menschen durchzuführen. Damit wurde die Perspektivendifferenzierung als zentrales methodisches Element der Bestandsaufnahme vervollständigt. Die eigenen Erhebungen bieten darüber hinaus im Kontext des Entwicklungsprozesses an den Modellstandorten dichtere Anknüpfungspunkte für die Planung und Ausgestaltung von Unterstützungsangeboten.

Als methodischer Zugang zu Kindern wurden Einzelinterviews gewählt, so dass ein individueller Zuschnitt der Erhebungssituation entsprechend dem Alter des Kindes und seiner persönlichen Situation möglich wurde. Insgesamt wurden fünf Interviews mit Kindern und Jugendlichen durchgeführt. Gegenstand der Interviews war das Erleben der jungen Menschen bezogen auf die Erkrankung des betroffenen Elternteils. Dazu gehörten sowohl Fragen danach, woran sie die Erkrankung der Mutter oder des Vaters erkennen und wie sie sich in akuten Phasen der Erkrankung fühlen, als auch danach, was ihnen hilft damit zurechtzukommen und was sie sich für das familiäre Zusammenleben wünschen.

In der Vorbereitung dieser Interviews wurde der Klärung eines geeigneten Settings und methodischen Zugangs für die Befragung besondere Aufmerksamkeit gewidmet. Als Hürde stellte sich dabei die Zustimmung der Eltern für die Befragung ihrer Kinder heraus. So konnte an einem Standort letztlich gar kein Interview geführt werden, an einem weiteren Standort kam ein Interview zustande. Am dritten Standort konnten schließlich vier Interviews geführt werden. Alle befragten jungen Menschen waren Mädchen. Die Jüngste war acht Jahre, die nächst Ältere neun Jahre alt. Zwei Mädchen waren zum Zeitpunkt des Interviews 13 Jahre alt. Die fünfte Interviewpartnerin war bereits 19 Jahre alt.

Die Ergebnisse der Interviews im Rahmen des Landesmodellprojektes stimmen mit den Ergebnissen von Lenz (2005) überein. So zeigen sich dieselben zentralen Themen des Erlebens und der Bearbeitungsstrategien, aus denen sich vier wesentliche Handlungsstrategien im Hinblick auf die Kinder ableiten lassen. Danach sind die Information und Aufklärung der Kinder über die Erkrankung, die Verfügbarkeit einer verlässlichen Bezugsperson sowie die Gewährleistung von kontinuierlichen Alltagsstrukturen zentrale Schutzfaktoren, die es zu aktivieren und zu stärken gilt.

8.4.1 Wahrnehmung und Einschätzung der Erkrankung durch die Kinder

Sämtliche Interviews zeigen deutlich auf, dass die Kinder sehr genau die Besonderheiten ihrer Eltern wahrnehmen. So stellen schon kleine Kinder Unterschiede im Verhalten ihrer Eltern im Vergleich zu anderen fest, z. B. wenn die Mutter den ganzen Tag im Bett liegt oder immer ihre Ruhe haben will. Andere berichten, „dass sie so oft traurig war“ (KI 2) oder „wenn's ihr nicht gut war, dann ist sie immer weg gegangen. Spazieren“ (ebenda).

Besteht die Erkrankung schon vor der Geburt des Kindes oder tritt bald nach der Geburt auf, kennen die Kinder die Mutter (oder den Vater) möglicherweise gar nicht anders. Dann erleben sie das Anderssein des Elternteils gleichzeitig auch als normal.

„Das war halt seltsam und ich habe das auch nicht verstanden, warum sie da jetzt immer liegt und nur schläft. Aber für mich war das dann auch normal so ein bisschen.“ (KI 5)

Was Kinder zunächst auf der Verhaltensebene wahrnehmen, können die Kinder oftmals erst mit einem Klinikaufenthalt des betroffenen Elternteils als Krankheit einordnen und verstehen.

„Und mit der Zeit wurde es dann immer öfter (‚umkippen' Anm. der Interviewerin) und dann kam sie ins Krankenhaus für eine Woche mit ganz vielen Untersuchungen und da, da konnten sie nichts feststellen und da kam halt die Psyche zum Vorschein“ (KI 4).

Für andere Kinder machen gerade auch wiederholte Klinikaufenthalte die Erkrankung „ersichtlich“:

„Weil die so oft im Krankenhaus ist“ (KI 1).

8.4.2 Belastungen, Sorgen und Ängste der Kinder

Mit dem Erleben der psychischen Erkrankung bzw. der spezifischen erkrankungsbedingten Verhaltens- und Umgangsweisen gehen für die Kinder besondere Belastungen einher. Dazu gehören Sorge, Hilflosigkeit, Scham, soziale Isolation und Angst.

Aus den Interviews geht eindrücklich hervor, wie sich die Kinder um ihre Eltern sorgen und ihnen gerne helfen möchten. Dies kann dazu führen, dass sie sich nicht mehr mit Freundinnen und Freunden verabreden, sondern eher zu Hause bleiben um auf die Mutter „aufzupassen“.

„...also erst mal habe ich mich auch ein bisschen zurück gezogen, also auch nachmittags nicht mehr verabredet, also auch wenn die Mama da war, weil ich dann Angst hatte, dass was ist. Und dass sie dann alleine ist, ja, aber sonst geht's ja auch irgendwie.“ (KI 4)

Der Sorge steht zugleich das Wissen gegenüber, dass sie selbst der Mutter bzw. dem Vater nicht helfen können. Diese Erfahrung von Hilflosigkeit stellt einen spezifischen Belastungsfaktor für diese Kinder dar. Eine Interviewpartnerin beschreibt dies so:

„Weil ich konnte ihr ja nicht helfen, ich glaub ich hatte als Kind schon immer das Bedürfnis, ihr zu helfen und ich habe das immer noch aber ich weiß ja, ich kann es nicht. Weil ich bin kein Therapeut“ (KI 5).

Die Sorge um die Eltern begleitet die Kinder oft über Jahre, insbesondere wenn sich die Erkrankung chronisch verfestigt hat. Sich hiervon abzugrenzen und die eigenen Einflussmöglichkeiten realistisch einzuschätzen ist eine besondere Herausforderung, vor die diese Kinder gestellt sind:

„...aber es ist halt manchmal schon schwierig so zu denken, meine Mutter lebt jetzt da und macht vielleicht irgendetwas, was gefährlich ist, und achtet nicht auf sich und wird vielleicht vom Auto überfahren, weil sie gerade nicht ausgeschlafen ist oder was getrunken hat oder, keine Ahnung, ich weiß es nicht und wenn ich mir da den ganzen Tag Gedanken drüber machen würde, da könnte ich mein Leben auch nicht bestreiten." (KI 5)

Je nach Auswirkungen der Erkrankung schämen sich die Kinder oftmals für ihre Eltern. Darum laden sie beispielsweise keine Freunde zu sich nach Hause ein oder versuchen zu vermeiden mit ihren Eltern gemeinsam unterwegs zu sein.

„...und als ich dann älter geworden bin, waren da auch so Sachen, wie ach mit der will ich jetzt nicht rausgehen, weil sie sich halt manchmal nicht wäscht und dann riecht sie ein bisschen" (KI 5).

In dem Maße, wie sich die Kinder zurückziehen, aber auch das soziale Umfeld im Umgang mit der Familie verunsichert ist bzw. den Kontakt ablehnt, besteht die Gefahr, dass die Kinder sozial isoliert werden. Damit bleiben sie zum einen allein mit ihren Sorgen und Ängsten, zum anderen fehlen ihnen Gleichaltrigenkontakte als wichtiger Anregungsraum für ihre eigene persönliche Entwicklung. Die soziale Isolation ist somit als ein weiterer spezifischer Belastungsfaktor anzusehen, den die Kinder in ihrer Lebenssituation bewältigen müssen. Gezielte Angebote für die Kinder einschließlich Formen der Fremdunterbringung können hier u. a. neue Chancen und Zugänge eröffnen:

„Und aus dieser Isolation muss man auch erst mal rauskommen, damit hatte ich halt als Kind auch viel zu kämpfen, weil ich immer wusste, irgendwie etwas stimmt mit mir nicht, mit mir will keiner spielen und keine Ahnung was, und erst als ich im Heim war, ging da wieder was, aber es war halt immer noch irgendwie, dass man da nicht dazu gehört. Deswegen finde ich so was schon gut, weil man dann wenigstens Menschen hat, mit denen man auch so was machen kann, so im Umkreis und so. Und ich glaube, dass sich da auch Kinder bestimmt gegenseitig helfen können. So jemanden hatte ich halt nie als Kind" (KI 5).[29]

[29] Ähnlich berichteten zwei Kinder, die im Rahmen des Projektes „Heimerziehung als familienunterstützende Hilfe" zum Thema „Elternarbeit mit psychisch kranken Eltern" interviewt wurden, dass sie im Heim erstmals Freunde gefunden haben.

Schließlich berichten die befragten Mädchen - ähnlich wie in den von Lenz (2005) geführten Interviews - von ihrer Angst, selbst psychisch zu erkranken. So treibt sie die Frage um, inwieweit die Erkrankung der Mutter oder des Vaters vererbbar ist und sie unweigerlich auch erkranken werden.

„... ich habe dann halt immer Angst, dass meine Eltern, also dass mein Vater auch irgendwas Psychisches hatte und die mir das dann vererbt haben, das irgendwann ausbricht und ich kann da überhaupt nichts gegen machen" (KI 5).

Hier wünschen sie sich Aussagen durch die behandelnden Ärzte, wie das Risiko der Vererbung für sie einzuschätzen ist.

8.4.3 Information und Aufklärung der Kinder

Information und Aufklärung sind ein zentraler Unterstützungsfaktor für die Kinder. Aus den Interviews wird dagegen deutlich, wie wenig Wissen die Kinder über die Erkrankung ihrer Mutter[30] haben. Nur ein Kind berichtet davon, dass der Vater ihr etwas zur Erkrankung der Mutter erklärt hat. Meist haben sie sich selbst Informationen über die Erkrankung beschafft oder sich eigene Erklärungen geschaffen.

Das Wissen um die Erkrankung der Mutter (bzw. des Vaters) kann eine wichtige Entlastung für die Kinder bedeuten. Dies gilt insbesondere dann, wenn Kinder nach der Ursache für das auffallende Verhalten des betroffenen Elternteils fragen, sich selbst die Schuld dafür geben oder auch als „Bösartigkeit" der Mutter bzw. des Vaters einordnen.

„also ich konnte da nie mit umgehen und als ich dann das gemerkt habe, dass das eigentlich nicht ist, weil meine Mutter ein böser Mensch ist, sondern weil sie halt wirklich krank ist und das war irgendwie schon positiv, dass ich das gemerkt habe, weil ich dann schon besser damit umgehen konnte" (KI 5).

[30] Bei allen hier befragten Mädchen war die Mutter erkrankt.

Im Rahmen der Interviews entstand die Frage, inwieweit die Kinder eine Aufklärung über die Erkrankung ihrer Mutter durch den Arzt erfahren wollten. Hier wünschen sie sich zum Teil Sachinformationen wie den Namen der Erkrankung, aber auch zur Ursache und den Behandlungsmöglichkeiten. Zum Teil verhalten sie sich zu dieser Frage aber auch zurückhaltend und halten die Klinik als Ort nicht für passend:

„Aber wenn man dann in der Klinik sitzt, wo sowieso alles schon ganz schlimm ist, und dann sitzt Du da verschüchtert und dann sitzt da so ein Arzt und der sagt dann, so und so ist das, ich glaube, das ist ganz schrecklich. Das wollte ich so glaube ich nicht so einfach hören. Da muss man dann auch erst mal soweit sein, das auch zu akzeptieren, dass die Mutter krank ist" (KI 5).

8.4.4 Hilfreiches aus Sicht der Kinder

Die befragten Mädchen benennen im Verlauf der Interviews eine Reihe von Möglichkeiten, was ihnen in der Bewältigung ihrer spezifischen Lebenssituation geholfen hat. Diese beziehen sich sowohl auf personale als auch auf soziale Ressourcen. Darüber hinaus benennen sie auch materielle Ressourcen, denen sie eine wichtige Unterstützungsfunktion zuschreiben.

Als personale Ressourcen heben die Mädchen vor allem das eigene Selbstwertgefühl, die Freundlichkeit gegenüber anderen Menschen und die Pflege sozialer Kontakte hervor. So empfiehlt eine junge Frau anderen Kindern in ähnlicher Situation sich nicht minderwertig zu fühlen, sondern die Situation wie sie ist eher als Herausforderung zu begreifen.

„Dass man halt versucht, mit der Situation so umzugehen, wie es ist und sich halt nicht minderwertig fühlt, weil man irgendwo herkommt, wo der Vater eben trinkt oder so. Und das vielleicht auch so ein bisschen als Ansporn sehen, was daraus zu machen, trotzdem" (KI 5).

Die Freundlichkeit gegenüber anderen Menschen erfuhr dieselbe junge Frau auch als Schlüssel für Unterstützung durch das soziale Umfeld.

„Wichtig ist halt die Bereitschaft, sich seiner Umwelt gegenüber auch freundlich zu verhalten, weil das war immer so der Schlüssel, dass die Leute sich auch um mich gekümmert haben. Also dass die Bereitschaft da war, mir zu helfen" (KI 5).

Mehrere Mädchen machen schließlich Mut sich nicht zurückzuziehen, sondern sich auch trotz des ungewöhnlichen Verhaltens der Mutter mit Freundinnen und Freunden zu verabreden. Ein Mädchen hat sich zudem mit zwei Freundinnen ein Austauschforum geschaffen.

„Ja, also ich habe mit meinen zwei besten Freundinnen ein Briefbuch, wo wir uns Sachen rein schreiben" (KI 4).

Darüber hinaus betonen die Mädchen mehrfach die Bedeutung von Verwandten und Bekannten, die ihnen unterstützend zur Seite standen bzw. stehen. Dabei erleben sie es zum einen hilfreich miteinander reden zu können:

„Ja, also das Sprechen, einfach so miteinander reden" (KI 4).

Zum anderen erfahren sie aber auch praktische Unterstützung in der Alltagsversorgung.

„Also meine Tante hat sich gekümmert, dass ich einigermaßen regelmäßig was zu essen krieg und Klamotten hab und war halt immer so ein bisschen mehr Halt als meine Mutter eigentlich" (KI 5).

Neben dieser sozialen Unterstützung wünschen sich die Mädchen aber auch mehr Öffentlichkeitsarbeit zum Thema psychische Erkrankung. So ist es ihnen wichtig, dass durch eine entsprechende Aufklärungsarbeit (weiter) der Stigmatisierung von psychisch kranken Menschen entgegengewirkt wird.

„... dass man lernt, dass psychisch kranke Menschen nicht meschugge sind. Weil dann wird halt auch schnell abgestempelt. Dass man denen dann auch helfen kann. Vielleicht brauchen die manchmal nur einen kleinen Schups" (KI 5).

Dazu könnte es auch hilfreich sein, über die Medien aufzuzeigen, wie psychisch erkrankten Menschen geholfen werden kann und entsprechende Behandlungs- und Unterstützungsmaßnahmen sinnvoll sind.

„Ich finde es auch wichtig, das mal zu thematisieren, dass es Sinn macht, die Leute zu unterstützen, also, dass das nicht ins Leere läuft, also das auch vielleicht mal im Fernsehen zeigt, weil ich denke, dass viele Leute denken, dass das gar nichts bringt“ (KI 5).

Psychische Erkrankungen gehen – wie oben aufgezeigt – häufig mit weiteren psychosozialen Belastungen wie beispielsweise Armut einher. Insbesondere eine junge Frau thematisiert den Aspekt der finanziellen Absicherung der Familien und fordert implizit eine gezieltere finanzielle Unterstützung der Kinder.

„Ja, dass man die finanzielle Unterstützung von den Kindern auch nicht unterschätzen sollte, also ich glaube, die finanzielle Unterstützung von den Eltern, die ist irgendwie ein bisschen heikel, weil meine Mutter hat auch mein Kindergeld nie für mich ausgegeben, aber ich glaub das ist wirklich sinnvoll, Menschen die Chance zu geben, durch finanzielle Maßnahmen etwas zu erreichen“ (KI 5).

Damit ist zugleich die gesellschafts- und familienpolitische Frage aufgeworfen, wie die gesellschaftliche Teilhabe von Kindern gewährleistet werden kann, die früh auf sich selbst gestellt sind und unter den Bedingungen stark begrenzter finanzieller Mittel aufwachsen.

Aus sämtlichen Erhebungsschritten, die im Zuge der Bestandsaufnahme und Bedarfsanalyse durchgeführt wurden, lassen sich wertvolle Hinweise gewinnen, um die spezifische Lebenssituation von psychisch erkrankten Eltern und ihren Kind besser zu verstehen und geeignete Ansatzpunkte für eine hilfreiche Unterstützung zu finden. Zugleich bleiben Untersuchungen im Kontext eines Praxisforschungsprojektes immer auch begrenzt und einzelne Fragen bleiben offen.

Nichtsdestotrotz bleibt festzustellen, dass die systematische Betrachtung von Bedarfslagen und Angebotsstrukturen ein unerlässliches Instrument ist, um Veränderungsprozesse beobachten und Planungen entsprechend steuern zu können. Dazu gehört die fortlaufende Erhebung von zentralen statistischen Daten ebenso wie die Gewinnung von methodisch strukturierten Rückmeldungen von Fachkräften, Eltern und jungen Menschen. Dies ist erforderlich, um das fachliche Handeln reflektieren und weiterentwickeln zu können.

Vor diesem Hintergrund gilt es immer wieder nach Möglichkeiten zu suchen, wie im Kontext von Planungsprozessen auch „im Kleinen" solche Erhebungen durchgeführt werden können. Darüber hinaus braucht es aber auch weitere Untersuchungen seitens der Forschung, die zur Erweiterung der Wissensbasis beitragen, einen Reflexionsrahmen für die Praxis schaffen und so immer wieder neue Impulse für die fachliche Entwicklung gewinnen.

9. Literatur

Antonovsky, A., 1997:
Salutogenese. Zur Entmystifizierung der Gesundheit, Tübingen.
BKK Gesundheitsreport 2005.

BMFSFJ (Hg), 2009:
13. Kinder- und Jugendbericht. Bericht über die Lebenssituation junger Menschen und die Leistungen der Kinder- und Jugendhilfe in Deutschland, Berlin.

BMFSFJ (Hg), 1998:
10. Kinder- und Jugendbericht. Bericht über die Lebenssituation von Kindern und die Leistungen der Kinderhilfen in Deutschland, Bonn.

BMFSFJ (Hg), 1995:
Familien und Familienpolitik im geeinten Deutschland. Zukunft des Humanvermögens. Fünfter Familienbericht, Bonn.

Darius, S. u. a., 2007:
2. Landesbericht Hilfen zur Erziehung in Rheinland-Pfalz, Mainz, hrsg. durch MASGFF.

Gehrmann, J. u. a., 2009:
Kinder psychisch kranker Eltern. Die „vergessenen" kleinen Angehörigen; in: Jugendhilfe 1/2009, S. 50-60.

Grabert, A., 2007:
Salutogenese und Bewältigung psychischer Erkrankung.
Einsatz des Kohärenzgefühls in der Sozialen Arbeit, Lage.

Höblich, D., 2008:
Handbuch Netzwerke der Familienbildung in Rheinland-Pfalz,
Mainz, hrsg. durch MASGFF.

Hornstein, Ch., 2008:
Warum Mütter leiden. Eine interaktionszentrierte Mutter-Kind-Therapie;
in: Mattejat, F./Lisofsky, B. (Hg.), 2008: ...nicht von schlechten Eltern.
Kinder psychisch Kranker, S. 147-155.

Hornstein, Ch./ Hohm, E./ Rave, E., 2007:
Die Beurteilung der Erziehungsfähigkeit im Kontext psychischer
Erkrankungen in der frühen Mutterschaft; in: Forum Erziehungshilfe,
Heft 2, 13. Jahrgang, S. 108-113.

Hundsalz, A., 2001:
Erziehungsberatung; in: Birtsch, V./ Münstermann, K./ Trede, W. (Hg), 2001:
Handbuch Erziehungshilfen. Leitfaden für Ausbildung, Praxis und
Forschung, Münster. S. 504-524.

Kühn Mengel, H., 2004:
Gesundheitsförderung und Prävention bei Migranten und Migrantinnen; download: www.psychiatrie.de/apk/article/Psychisch_kranke_Migranten.html.

Klosinski, G., 2001:
Psychiatrische Krankheiten; in: Otto, H.U./Thiersch, H. (Hg), 2001: Handbuch Sozialarbeit/ Sozialpädagogik, Neuwied Kriftel. 2. völlig überarbeitete Auflage. S. 1446-1453.

Lenz, A., 2005:
Kinder psychisch kranker Eltern. Göttingen, Bern, Toronto u. a.

Lenz, A., 2008:
Interventionen bei Kindern psychisch kranker Eltern. Grundlagen, Diagnostik und therapeutische Maßnahmen. Göttingen, Bern, Wien, u. a.

Lisofsky, B./ Schmitt-Schäfer, Th., 2006:
Hilfeangebote für Kinder psychisch kranker Eltern – Kooperation versus spezialisierte Einrichtungen. In: Schone, R./ Wagenblass, S, 2006, S. 19-30.

Mattejat, F., 2008:
Kinder mit psychisch kranken Eltern. Was wir wissen und was zu tun ist; in: Mattejat, F./Lisofsky, B: (Hg.), 2008: ...nicht von schlechten Eltern. Kinder psychisch Kranker, S. 68 – 95.

Mattejat, F./ Lisofsky, B. (Hg.), 2008:
... nicht von schlechten Eltern. Kinder psychisch Kranker.
Neuausgabe, Bonn.

Mattejat, F./ Lisofsky, B. (Hg.), 2005:
... nicht von schlechten Eltern. Kinder psychisch Kranker. Bonn. 5. Auflage.

Meuser, M./Nagel, U., 1997:
Das Experteninterview - Wissenssoziologische Voraussetzungen und methodische Durchführung; in: Friebertshäuser, B./ Prengel, A. (Hg), 1997: Handbuch qualitative Forschungsmethoden in der Erziehungswissenschaft. Weinheim und München. S. 481-491.

Meyer, R., 2006:
Lebenszeitrisiko mehr als 50 Prozent. Metaanalyse der Technischen Universität Dresden; in: Deutsches Ärzteblatt, 1/2006, S. 25.

Modellprogramm Fortentwicklung des Hilfeplanverfahrens (Hg), 2005:
Innovation durch Kooperation. Anforderungen und Perspektiven qualifizierter Hilfeplanung in der Zusammenarbeit freier und öffentlicher Träger der Jugendhilfe, München.

Moos, M./ Schmutz, E., 2005a:
Fallübergreifende Kooperation zwischen öffentlichen und freien Trägern als Fundament einer qualitätsorientierten Hilfeplanung im Einzelfall; in: Modellprogramm Fortentwicklung des Hilfeplanverfahrens (Hg), 2005, S. 30-39.

Moos, M./ Schmutz, E., 2005b:
Das Hilfeplangespräch und die Hilfeplanfortschreibung als zirkulärer Dreischritt; in: Modellprogramm Fortentwicklung des Hilfeplanverfahrens (Hg), 2005, S. 116-127.

Müller, H., 2007:
Qualifizierte Kooperation von Jugendhilfe und Schule im (Vor-)Feld der Hilfen zur Erziehung. Eine Arbeitshilfe für die Praxis, Mainz, hrsg. durch MBWJK und MASGFF.

Müller, H./ Schmutz, E., 2005:
Sozialraumorientierung: eine Entwicklungsperspektive für die erzieherischen Hilfen?! Evaluation der Hilfen zur Erziehung in der Stadt Ludwigshafen, Mainz, hrsg. durch MASGFF.

Münder, J. u. a., 2006:
Frankfurter Kommentar zum SGB VIII: Kinder- und Jugendhilfe, Weinheim und München, 5., vollständig überarbeitete Auflage.

Pretis, M./ Dimova, A., 2004:
Frühförderung mit Kindern psychisch kranker Eltern. München.

Remschmidt, H./ Mattejat, F., 1994:
Kinder psychotischer Eltern. Göttingen.

Rothenburg, E.-M., 2009:
Das Persönliche Budget. Eine Einführung in Grundlagen, Verfahren und Leistungserbringen, Weinheim und München.

Schneider, V./ Schrapper, Ch., 2003:
„Zugehende Beratung in Kindertagesstätten". Evaluation eines Modellprojektes der Lebensberatungsstellen des Bistum Trier, Koblenz.

Schone, R./ Wagenblass, S. (Hg.), 2006:
Kinder psychisch kranker Eltern zwischen Jugendhilfe und Erwachsenenpsychiatrie. Weinheim, München. 2. Auflage.

Schone, R./ Wagenblass, S., 2002:
Wenn Eltern psychisch krank sind. Kindliche Lebenswelten und institutionelle Handlungsmuster. Münster, Fulda.

Tschöpe-Scheffler, S., 2007:
Fünf Säulen der Erziehung. Wege zu einem entwicklungsfördernden Miteinander von Erwachsenen und Kindern, Ostfildern.

van Santen, E./ Seckinger, M., 2003: Kooperation:
Mythos und Realität einer Praxis. Eine empirische Studie zur interinstitutionellen Zusammenarbeit am Beispiel der Kinder- und Jugendhilfe, München.